河南兴文化工程研究专项项目(2022XWHWT
中华优秀传统文化融入高校思政课教

中华优秀传统文化融入高校思政课教学研究

◆

蒋笃运 等 著

郑州大学出版社

图书在版编目(CIP)数据

中华优秀传统文化融入高校思政课教学研究／蒋笃
运等著. -- 郑州：郑州大学出版社，2024.11.
ISBN 978-7-5773-0729-9

Ⅰ.G641

中国国家版本馆 CIP 数据核字第 2024VY0409 号

中华优秀传统文化融入高校思政课教学研究
ZHONGHUA YOUXIU CHUANTONG WENHUA RONGRU GAOXIAO SIZHENGKE
JIAOXUE YANJIU

策划编辑	王卫疆	封面设计	王　微
责任编辑	张　帆	版式设计	王　微
责任校对	吴　静	责任监制	朱亚君

出版发行	郑州大学出版社	地　　址	郑州市大学路40号(450052)
出 版 人	卢纪富	网　　址	http://www.zzup.cn
经　销	全国新华书店	发行电话	0371-66966070
印　刷	郑州市今日文教印制有限公司		
开　本	787 mm×1 092 mm　1／16		
印　张	12.5	字　　数	268 千字
版　次	2024 年 11 月第 1 版	印　　次	2024 年 11 月第 1 次印刷

书　　号	ISBN 978-7-5773-0729-9	定　　价	68.00 元

本书如有印装质量问题,请与本社联系调换。

河南兴文化工程研究专项项目（2022XWHWT08）
中华优秀传统文化融入高校思政课教学研究

课题主持人：蒋笃运

课题组成员：谢梦菲　詹璐遥　杨　韬
　　　　　　赵　昕　杜社娟　张宗岱
　　　　　　蒋晓龙　张雪琴　李　明
　　　　　　范如永

前　言

《中华优秀传统文化融入高校思政课教学研究》一书是河南兴文化工程研究专项项目（2022XWHWT08）的研究成果。本书以习近平新时代中国特色社会主义思想，特别是习近平文化思想为指导，以中华优秀传统文化和思政课教学基本理论为基础，深入探讨中华优秀传统文化融入高校思想政治理论课（简称高校思政课）教学的切入点、结合点和重点、难点，以增强其融入的针对性和实效性，强化高校思政课铸魂育人的功效。

习近平总书记在党的二十大报告中强调："只有把马克思主义基本原理同中国具体实际相结合、同中华优秀传统文化相结合，坚持运用辩证唯物主义和历史唯物主义，才能正确回答时代和实践提出的重大问题，才能始终保持马克思主义的蓬勃生机和旺盛活力。""中华优秀传统文化源远流长，博大精深，是中华文明的智慧结晶，其中蕴含的天下为公、民为邦本、为政以德、革故鼎新、任人唯贤、天人合一、自强不息、厚德载物、讲信修睦、亲仁善邻等，是中国人民在长期生产生活中积累的宇宙观、天下观、社会观、道德观的重要体现，同科学社会主义价值观主张具有高度契合性。"高校思政课的核心要义是以马克思主义中国化时代化最新理论成果和社会主义核心价值观铸魂育人，培养充满文化自信的堪当民族复兴重任的时代新人。可见，中华优秀传统文化融入高校思政课教学具有重要的理论和实践意义。

首先，将中华优秀传统文化融入高校思政课，是党和国家赋予新时代高等教育的重大使命。党的十八大以来，党和国家高度重视中华优秀传统文化传承创新和发展问题。2014 年 3 月，教育部印发《完善中华优秀传统文化教育指导纲要》；2017 年 1 月，中共中央办公厅、国务院办公厅印发《关于实施中华优秀传统文化传承发展工程的意见》；2019 年 8 月，中共中央办公厅、国务院办公厅又印发了《关于深化新时代学校思想政治理论课改革创新的若干意见》，对中华优秀传统文化融入思政课作出重要部署和安排。特别是党的二十大报告，强调了"两个结合"，强调"用社会主义核心价值观铸魂育人，完善思想政治工作体系，推进大中小学思想政治教育一体化建设"。由此可见，加强中华优秀传统文化的教育、传承和创新发展，加快高校思政课改革创新，立德树人，为党育人，为国育才，是党和国家赋予高校的重要历史使命。

其次，将中华优秀传统文化融入高校思政课是落实"两个结合"的必然要求。习近平总书记在党的二十大报告中指出："坚持和发展马克思主义，必须同中国具体实际相结合，必须同中华优秀传统文化相结合。只有植根本国、本民族历史文化沃土，马克思主义真理之树才能根深叶茂。""两个结合"是中国共产党总结百年发展经验得出的重要结论，是马克思主义中国化时代化发展的方向。高校思政课作为马克思主义理论传授的主要阵地，只有将中华优秀传统文化融入高校思政课教学，才能找到马克思主义理论与中华优秀传统文化的结合点，助推二者结合产生更大的功效，从而夯实马克思主义的领导地位，保证高校办学的社会主义方向。

再次，将中华优秀传统文化融入高校思政课是中华优秀传统文化传承、转化与创新发展的需要。中华优秀传统文化源远流长，我们必须坚持古为今用，推陈出新。高校思政课的内容关涉到历史、哲学、政治、经济、法律等领域的多方面知识，要找到这些知识和优秀传统文化的结合点，教师要从多角度对优秀传统文化资源进行筛选和凝练，并运用马克思主义的立场、观点和方法，依据时代需要对其进行创造性转化和创新性发展，并融入思政课教学全过程。这一教学过程本身就是对优秀传统文化的传承、创新与发展。青年学生是未来优秀传统文化传播、传承与创新的主体，他们通过思政课学习，增强了对优秀传统文化的认知、理解，在情感上引起共鸣，从而将优秀传统文化内化吸收为知识、思想和价值观念的一部分，以更好地完成其优秀传统文化传承与创新的使命，并代代永续。

最后，将中华优秀传统文化融入高校思政课是高校思政课创新发展的必然选择。《关于深化新时代学校思想政治理论课改革创新的若干意见》指出，办好思政课，要放在世界百年未有之大变局、党和国家事业发展全局中来看待。思政课如何立足"两个大局"，坚持"两个结合"，科学回答"中国之问、世界之问、人民之问、时代之问"，提高思政课教学的针对性和实效性，是思政课创新发展面临的重大课题。中华优秀传统文化承载着中华民族的精神和智慧，蕴含着丰富的人文精神和价值标准，是高校思政课教学深厚的育人资源和文化力量，为思政课教师引经据典、贯通古今提供重要文化基础，是思政课以理服人、以文化人的重要依托。将中华优秀传统文化与马克思主义基本原理相结合，使马克思主义基本原理具有中国化时代化的表达，则可以增强学生的接受度和认可度，提升课程的感染力、吸引力，为思政课创新发展提供坚实的基础和内生动力。

本书的主要内容分为五个模块：

模块一：融入理论基础研究。

一是以习近平文化思想为指导，引领中华优秀传统文化融入高校思政课理论与实践教学的正确方向和科学途径。二是系统梳理归纳新时代中华优秀传统文化的理论脉络，创造性、体系化提炼总结新时代中华优秀传统文化系列论述的要点特点和核心内涵，并以此作为本书研究的重要理论基础。三是以思政课教学基本理论和规律为基础，特别是以习近平在学校思想政治理论课教师座谈会上的讲话为指针，阐释新时代高校思想政治理论课的概念和属性、基本理论和规律，以及教学的目标任务和根本遵循，依照"八个相统一"的基本要求，探讨中华优秀传统文化融入高校思政课教学的有效路径、基本特点和规律。

模块二：融入课堂教学研究。

课堂教学是思政课教育教学的主渠道、主阵地。课堂教学又分为课堂理论教学和实践教学两部分。本书从融入内容的择取原则、内容特征、内容表现、内容结构四个方面进行阐述和论证，提出中华优秀传统文化融入思政课教学要在五个维度上下功夫，即要在营造学习氛围上下功夫；坚持"内容为王"，在丰富教学内容上下功夫；要加强师资队伍建设，构建融入教学体系；要依托新媒体平台，创新教学模式；要在思政课教材建设上下功夫。

研究发现，中华优秀传统文化和高校思政课实践教学的育人目标耦合、教育内容切合、情感价值高度契合，具有开展融合教育的可能性。提出要以二者自身特点和条件为基础，立足时代诉求，遵循和把握传承性与创新性相统一、理论性与实践性相统一、显性融入与隐性融入相统一、民族性与世界性相统一的实践原则，在教学能力、教学内容、教学形式、活动载体、教学机制创设融入教学的实践路径。

模块三：融入高校思政课教师队伍建设研究。

高校思政课教师是中华优秀传统文化融入高校思政课教学的主力军，是课程的设计者和实施者，其素养和能力决定着融入的质量和水平。因此，一是增强思政课教师把中华优秀传统文化融入课程的意识，教师首先要对中华优秀传统文化有深度的理解、认同和自信，掌握提升优秀传统文化素养的正确途径和方法；二是提升思政课教师把中华优秀传统文化融入课程的本领，包括提高文化素养、更新教学方法、组织实践教学等；三是加强相关政策法规和制度建设，完善教师优秀传统文化培训制度建设，出台政策支持教师优秀传统文化教育，整合多方教育资源，建构多元主体共同参与的教育场域和保障体系。

模块四：拓展创新研究。

一是，中华优秀传统文化融入高校思政课数字化建设研究。本书突出时代特征，坚持问题意识，突破学科壁垒，将思政课与现代信息技术、人工智能技术相融合开展研究，以党的二十大提出的"实施国家文化数字化战略"和"推进教育数字化"重大战略决策为研究起点，在此基础上着重阐述中华优秀传统文化融入高校思政课数字化建设的价值意蕴和主要路径，为中华优秀传统文化融入高校思政课教学开辟了崭新的研究视野和研究路径。二是，中华优秀传统文化融入大思政课建设研究。本书以党的二十大精神为指引，提出植根中华优秀传统文化沃土上好大思政课，从"铸魂育人"到"立根铸魂育人"所蕴含的四重向度内涵，主要包括三重逻辑向度、六重价值向度、六个原则向度、六个实践向度。提出大思政课建设是一项复杂的系统工程，必须坚持系统观念，坚持铸魂育人的政治观、一盘棋的整体观、同频共振的协同观、全时空的开放观、知行合一的实践观。

模块五：习近平文化思想指导中华优秀传统文化融入高校思想政治理论课建设研究。

习近平文化思想是新时代党领导文化建设实践经验的理论总结，是对马克思主义文化理论的丰富和发展，是"两个结合"的典范与结晶，也是指导中华优秀传统文化融入高校思政课教学的行动指南。以习近平文化思想为指导，就是要加强党对高校思政课建设的领导，着力培育和践行社会主义核心价值观，用好用活中华优秀传统文化资源，以文育人，培育新一代文化自信、自立、自强的文化主体和习近平文化思想的自觉学习和践行者，实现高校的育人目标。

中华优秀传统文化源远流长，博大精深。高校思政课是高校立德树人、聚魂育人的关键课程。将中华优秀传统文化融入高校思政课教学是新时代党和国家赋予高校的重要使命，也是新时代高校实现育人目标所面临的重大理论和实践课题。将中华优秀传统文化融入高校思政课教学是一项复杂的系统工程，涉及高校思政课教学的全要素、全方位和全过程。本书只是做了一些初步的肤浅的探讨，挂一漏万，难免谬误，期望得到大家指教！

作　者
2024 年 6 月

目 录

第一章 绪 论

第一节 研究缘由及意义

习近平总书记在党的二十大报告中强调:"只有把马克思主义基本原理同中国具体实际相结合、同中华优秀传统文化相结合,坚持运用辩证唯物主义和历史唯物主义,才能正确回答时代和实践提出的重大问题,才能始终保持马克思主义的蓬勃生机和旺盛活力。"中华优秀传统文化以其独一无二的理念、智慧、气度、神韵沉淀在历史中,凝聚为中华民族持久内在的精神力量和内心深处的文化自信和民族自豪感。她是民族思想的结晶,是世代传承的精神血脉,是我们迎接未来挑战的智慧宝藏和精神指引。中华优秀传统文化既是民族优势,也是我们在世界文化激荡中站稳脚跟的根基。高校思政课教学作为立德树人的关键课程,天然具有讲授、传播中华优秀传统文化的使命。

一、研究缘由

(一)回应新时代中华优秀传统文化传承发展的关切

党的十八大以来,党和国家高度关切优秀传统文化传承发展问题,2014 年 3 月,教育部印发《完善中华优秀传统文化教育指导纲要》,提出"促进思想政治教育与中华优秀传统文化教育的紧密结合,以爱国主义教育为核心,深入挖掘中华优秀传统文化中蕴含的丰富思想政治教育资源,进一步丰富中小学德育课和高校思想政治理论课的教学内容,创新教学方法和手段,提升教学效果"。

2017 年,中共中央办公厅、国务院办公厅印发《关于实施中华优秀传统文化传承发展工程的意见》,指出要把中华优秀传统文化贯穿国民教育始终,全方位融入思想道德教育、文化知识教育、艺术体育教育、社会实践教育各环节,贯穿于启蒙教育、基础教育、职业教育、高等教育、继续教育各领域……推动高校开设中华优秀传统文化必修课,在哲学社会科学及相关学科专业和课程中增加中华优秀传统文化的内容。2019 年 8 月,中共中央办公厅、国务院办公厅印发《关于深化新时代学校思想政治理论课改革创新的若干意见》,就中华优秀传统文化融入高校思政课作出部署。习近平总书记在庆祝建党 100 周年大会上提出的"两个结合"理论,其中"第二个结合"明确为"把马克思主义基本原理同中华优秀传统文化相结合"。新时代,把马克思主义思想精髓同中华优秀传统文化精华贯通起来、同人民群众日用而不觉的共同价值观念融通起来,不断赋予科学理论鲜明的中国特色,不断夯实马克思主义中国化时代化的历史基础和群众基础,让马克思主义在中国牢牢扎根,已经成为重要且紧迫的命题。

(二)源于对中华优秀传统文化时代价值的深度思考

中华文明绵延数千年,有其独特的价值体系。首先是作为维系民族团结的精神纽带。中华民族能够团结一致抵制外侮、民众高度认同"中华一体",都是民族长久以来形成的文化传统在发挥作用。其次是中华民族战胜艰难险阻的强大精神动力。当前,国际国内环境复杂多变,经济社会发展又面临着很多问题,弘扬担当有为、奋发向上的民族精神显得尤其重要。再次,传统的天人合一、天人协调的观点在当今社会指导天人关系、人际关系依然有重要价值,以消解现代社会人被异化的状况,其思想精髓既是个体优秀的安身立命之道,也是世界文明的重要组成部分。另外,社会主义先进文化以中华优秀传统文化为根基,崇尚礼仪、自强不息、厚德载物、居安思危、乐天知足等独特民族性格是社会主义核心价值观形成的理论渊源,也是建设社会主义核心价值体系的深厚滋养。

(三)源于对高校思政课实现立德树人根本任务的使命自觉

党和国家历来重视高校思政课建设,尤其是进入新时代以来,习近平总书记多次强调,高校思政课作为落实立德树人根本任务的关键课程,涉及根本、关系全局、影响深远。"事关意识形态工作大局,事关中国特色社会主义事业后继有人,事关实现中华民族伟大复兴的中国梦"的定位将其置于中国特色社会主义全局的高度,是党和国家在新时代对高校思想政治理论课战略地位集中而深刻的表达。近年来,党和国家相继出台一系列政策措施支持高校思政课建设,极大地推动了思政课教学质量的提升。然而,高校思政课仍然存在针对性不强、说服力欠缺、理论深度不够、吸引力不足等问题,若要提升思政课的亲和力和针对性,教学内容必须与学生认知基础、思想情感产生有效衔接,激发学生学习的内生动力。中华优秀传统文化具有的历史延续性和群体潜意识性以及其精神意蕴都已经根植于中国人的血液中,极易唤起人们的情感认同,若能够将优秀传统文化很好地融入思政课中,必然会极大增进学生的心理认同、情感认同和道德认同,进而提升高校思政课育人效果。

二、研究意义

(一)有助于促进马克思主义基本原理同中华优秀传统文化相结合

"两个结合"既是中国共产党总结百年发展经验得出的结论,也是未来马克思主义中国化发展的方向。文化是贯穿于艺术、法律、经济行为的思想底蕴,是铺陈于社会共同生活中的深层逻辑,是民族历史传承性的时间线索,因而它是最广博最深刻的价值载体,是共同体得以凝聚的精神机制。马克思主义传播到中国后,不断从中华优秀传统文化中汲取力量,才能深深扎根于中国大地,不断获得新的发展。高校思想政治理论课是马克思主义理论传授的主阵地,将中华优秀传统文化融入高校思政课教学中,是基于中华优秀传统文化强大的文化认同功能,以马克思主义为出发点和落脚点,找到马克思主义理论与中华优秀传统文化恰当的结合点。文化认同能够助推二者结合产生更大的力量,从而夯实马克思主义的领导地位。

(二)有助于中华优秀传统文化传承、转化与创新

推动中华优秀传统文化的创造性转化和创新性发展是中国式现代化的题中应有之义,高校思政课在这方面有独特优势。由于思政课的内容关涉到历史、哲学、政治、经济、法律等多领域知识,要找到这些知识和优秀传统文化的结合点,教师要从多角度对优秀传统文化资源进行筛选和凝练,并立足马克思主义,依据时代需要对其进行解读与传授,这一教学过程本身就是对优秀传统文化的传承与创造性转化。青年学生是未来优秀传统文化传播、传承与创新的主体,他们通过思政课学习,增强了对优秀传统文化的认知、理解,在情感上产生共鸣,从而将优秀传统文化内化吸收为知识、思想和价值观念的一部分,有助于未来更好地完成优秀传统文化传承与创新的使命。

(三)有助于提高高校思想政治理论课教学实效

中华优秀传统文化蕴含着丰富的人文精神和价值标准,天人合一的自然观、和而不同的处世观等,这些精神和价值还通过书法、绘画、音乐、舞蹈、民俗等多元形式表现出来,这些都是高校思政课教学有虚有实、有情有义、有滋有味、有己有人的深厚育人资源和文化力量,为思政课教师引经据典、贯通古今提供重要文化基础,是思政课以理服人、以文化人的重要依托。新时代大学生思维活跃、自主意识强,而思政课理论性较强,若采取单一的灌输式教学方式,可能会让学生觉得枯燥和产生畏难情绪。而将优秀传统文化与马克思主义原理相结合,使马克思主义原理具有中国化的表达,则可以提高学生的接受度和认可度。优秀传统文化丰富的理论资源可以作为思政课教学的重要素材,一些耳熟能详的历史典故、诗词歌赋等最能引起学生共鸣,从而拉近学生与理论之间的距离。

总之,将中华优秀传统文化融入高校思政课教学,不仅可以提升课程的感染力和吸引力,也为推进高校课程思政建设、形成全面育人格局提供了有力支撑。

第二节　研究现状及研究前沿预测

运用文献计量分析方法,借助 CiteSpace 可视化分析工具,通过发文量趋势图、关键词共现图、关键词聚类图、关键词聚类时间线图和关键词突现图分析探究中华优秀文化融入高校思想政治理论课研究的热点变化,预测中华优秀文化融入高校思想政治理论课研究的前沿问题和未来发展趋势。CiteSpace 软件由美国德雷塞尔大学的陈超美教授研发,通过可视化的手段来呈现科学知识的结构、规律和分布情况,以树形图与连线等工具表示各个主题关系强弱。在 CNKI(中国知网)数据库中对"中华优秀传统文化(传统文化)"和"高校思想政治理论课(高校思政课)"主题进行检索并进行相关性排序,逐条阅读检索结果,人工剔除会议、综述、书评、征稿启事、新闻报道等非研究型文献以及与主题明显不符的文献,去除无作者、重复记录的,最终筛选出从 2006 年至 2023 年的 712 篇文章。

一、研究趋势分析

通过对历年发文趋势的分析,能够在一定层面上反映出中华优秀传统文化与高校思政课相结合研究的热度和趋势。

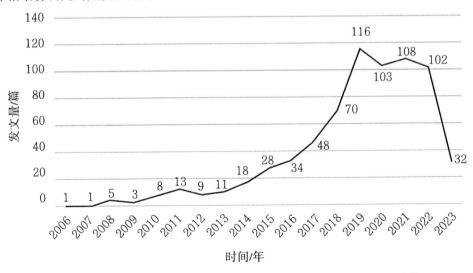

图 1-1　2006—2023 年中华优秀文化融入高校思政课研究历年发文趋势

由图1-1可以看出,中华优秀文化融入高校思政课研究通过将近20年的发展,发文趋势的曲线虽有波动,但整体属于逐渐上升趋势。2014年以前相关研究的发文量一直小范围波动;从2014年至2019年发文量一直呈现上升趋势,2018年发文量同比增长了0.41倍,并且在2019年到达发文量的最高峰116篇;但2019年后发文量略有下降,并呈现小范围波动。

中华优秀文化融入高校思政课研究发文量总体上升的趋势离不开党和国家对中华优秀传统文化和高校思想政治理论课的重视。2013年12月30日,中央政治局就提高国家文化软实力研究进行第十二次集体学习。习近平总书记在主持学习时指出,提高国家文化软实力,关系"两个一百年"奋斗目标和中华民族伟大复兴中国梦的实现。提高国家文化软实力,要努力夯实国家文化软实力的根基。要坚持走中国特色社会主义文化发展道路,深化文化体制改革,深入开展社会主义核心价值体系学习教育,广泛开展理想信念教育,大力弘扬民族精神和时代精神,推动文化事业全面繁荣、文化产业快速发展。对中国人民和中华民族的优秀文化和光荣历史,要加大正面宣传力度,通过学校教育、理论研究、历史研究、影视作品、文学作品等多种方式,加强爱国主义、集体主义、社会主义教育,引导我国人民树立和坚持正确的历史观、民族观、国家观、文化观,增强做中国人的骨气和底气。

2014年2月24日,中央政治局就培育和弘扬社会主义核心价值观、弘扬中华传统美德进行第十三次集体学习。习近平总书记强调,要切实把社会主义核心价值观贯穿于社会生活方方面面。要通过教育引导、舆论宣传、文化熏陶、实践养成、制度保障等,使社会主义核心价值观内化为人们的精神追求,外化为人们的自觉行动。要从娃娃抓起、从学校抓起,做到进教材、进课堂、进头脑。要润物细无声,运用各类文化形式,生动具体地表现社会主义核心价值观,用高质量高水平的作品形象地告诉人们什么是真善美,什么是假恶丑,什么是值得肯定和赞扬的,什么是必须反对和否定的。此后中华优秀传统文化的教育成为高校思想政治理论课的重要内容之一。

2014年3月,教育部印发《完善中华优秀传统文化教育指导纲要》,要求把中华优秀传统文化教育系统融入课程和教材体系。2015年5月,《教育部关于进一步加强高校思想政治理论课建设的意见》明确提出要加强中华优秀传统文化的教育。2017年7月,《中共中央 国务院关于深化教育教学改革全面推进素质教育的意见》提出全面推进素质教育的要求,其中重要的一项内容就是加强中华优秀传统文化教育。2018年6月,《教育部关于加强和改进新时期高校思想政治理论课建设的指导意见》明确提出要深入挖掘中华优秀传统文化的价值,并将其融入高校思想政治理论课程中。这些文件的发布对于推动中华优秀传统文化和高校思政课结合发挥了积极的推动作用。

二、研究热点分析

关键词共现图能够分析出文献中的高频关键词,并通过关键词之间的连接描述它们之间的紧密程度和相互关系。同时,也可以通过分析关键词节点的大小、节点颜色等属性来发现不同节点之间的重要性和差异性。根据 CiteSpace 对所选文献进行分析可以得出图 1-2,剔除检索主题时使用的"高校、思政课、传统文化"这三个出现频次最高的关键词,发现"文化自信、大学生、新时代、融合、教学、融入"这些关键词出现的频次也很高。关键词共现图中出现频次高的

图 1-2 关键词共现图

关键词通常意味着它在研究领域中具有重要的研究价值和影响力,并且在相关论文中出现的频率越高,说明越多的学者在关注这些问题,并在这些关键词上进行研究工作,从而形成了该领域的研究热点。借助 Excel 表格对关键词的中心性、频次、出现年份进行统计得出表 1-1。CiteSpace 关键词共现图的中心性分析可以帮助研究者识别和评估其中重要的关键词,以及它们在研究领域中的影响力和地位,中心性越高代表该关键词在相关研究中的重要程度越高。

表 1-1　高频词和高中心度关键词

序号	关键词	频次	中心性	年份
1	高校	119	0.19	2009
2	思政课	94	0.26	2010
3	传统文化	83	0.23	2008
4	文化自信	71	0.17	2016
5	大学生	43	0.18	2008
6	新时代	30	0.07	2018
7	融合	30	0.03	2010
8	教学	28	0.05	2014
9	融入	27	0.04	2015
10	茶文化	25	0.08	2017
11	路径	24	0.05	2015
12	立德树人	20	0.04	2018
13	教学改革	16	0.06	2011
14	思政课堂	15	0.04	2017
15	价值	15	0.02	2012

续表1-1

序号	关键词	频次	中心性	年份
16	思政教育	14	0.01	2018
17	实践教学	11	0.04	2010
18	中国故事	11	0.04	2016

　　将图1-2和表1-1的结果与具体文献爬梳相结合分析可知,"文化自信"多出现在中华优秀传统文化融入高校思想政治理论课的价值论述中,说明学界对于中华优秀传统文化融入高校思想政治理论课后能够提高大学生的文化自信这一基本达成共识。"新时代"既印证了图1-1中自2013年以后相关研究逐年增多的趋势,也说明了学界对该问题的研究基于共同的时代背景。"融合""融入"说明了二者结合的研究,学界基本上都是在中华优秀传统文化如何融合、融入高校思想政治理论课上做文章。"教学""实践教学""教学改革"则说明在二者如何融入的问题上,更多的学者开始从价值与关系的视角走向教学实践关切。

三、研究重点分析

　　CiteSpace可以根据关键词的关注点进行聚类,聚类有助于识别文献主题和研究现状,通过将关键词分组,可以将研究领域中的主题和子主题从大量文献中筛选出来,系统地将关键词组合在一起,帮助研究者更好地了解关键词之间的交叉点、联系点和共性点。将检索的文章进行聚类,发现"中华优秀传统文化融入高校思想政治理论课"研究的主题可聚类成13个类别,但为了更加明显地突出同类关键词的紧密性,我们将聚类节选为八大类,如图1-3所示。根据图1-3左上角,可知"N"值代表共有368个关键词;"E"值代表

图1-3 关键词聚类图谱

这些关键词有497条连线;"Q"值为0.68(表示聚类结构显著),"S"值为0.9(轮廓值),当"Q"值大于0.5且"S"值大于0.7时即证明聚类图具有参考意义,显然此聚类图符合标准,具有参考意义。

　　从聚类图中可以看出不同的聚类代表了不同的主题,使用聚类的方式可以快速有效地了解文献领域的研究现状,将聚类图中的关键词导出运用得到表1-2。根据表1-2可知不同类别下的关键词研究重点。有关"传统文化"的研究,焦点主要集中在研究的必要性、时代意义,以及优秀传统文化传承创新的有效路径;有关"思政课"的研究,则集中在思政课价值如何实现、通过什么路径实现(重视实践教学、与课程思政有机结合等);在二者"融入"的问题上,则重点是教育者思维方式转变、改革思政课教学、积极实践探索等。

表1-2 关键词聚类统计

聚类序号	研究主体	聚类下的关键词
0	思政课	实践教学；价值实现；课程思政
1	茶文化	中华民族；启示；可行性
2	传统文化	必要性；时代意义；有效路径
3	新时代	中国风格；挑战；中国特色
4	大学生	高校教学；知行合一；创新
5	文化自信	培养路径；价值性；主体性
6	高校	当代视野；人文教育；守正创新
7	融入	教学；思维方式；实践

在聚类的前提下，运用 CiteSpace 可以运算出整个主题的时间线轴，得出聚类时间线图1-4。聚类时间线图可以将研究领域的发展历程可视化，从时间轴看出研究领域各个阶段的主题是什么，有助于研究者了解研究领域演化历程并发掘研究领域的演化规律，为研究者提供了一种更加全面、完整、动态地观察研究领域的方式。在中华优秀传统文化融入高校思政课主题下进行聚类，得到图1-4，图中关键词越大说明热度越高。分析中华优秀传统文化和高校思政课相结合的研究下不同发展阶段研究热点的变化，因此重点关注图中"思政课、传统文化、融入"三个类别。

图1-4 关键词聚类时间线图

从图1-4中可以看出在"思政课"类别下，从2010年至2022年研究热点主要经历了"实践教学、时代价值、教学模式、信仰教育、中国梦、实效性、国学教育、教学反思、课程思政、价值意蕴、爱国主义、两个结合"的演进过程；在"传统文化"类别下，从2008年至2023年研究热点主要经历了"困境、必要性、融合、有效途径、儒家文化、原则、新媒体、思政教学、举措、时代意义"的演进过程；在"融入"类别下，从2012年至2023年研究热点主要经历了"地方高校、培育路径、融合路径、实践、三重逻辑"的演进过程。

四、研究前沿预测

CiteSpace 的关键词突现图可以帮助研究人员深入了解一个领域的主题、关键词和研究热点，发现科研活动的趋势和模式，并通过对关键词的突现强度和持续时间的分析来预测一个领域的研究前沿。运用 CiteSpace 中 Burstness 功能得到图1-5。如图1-5所示，"Year"代表关键词最早出现时间，"Strength"代表关键词的突现强度，"Begin"和"End"代表关键词突变的起始时间和终止时间。将图1-5结合表1-1进行分析，如果一个关键词在最近三年具有一定持续性、低频次、高突现性等特征，则具有较大的研究价值。

Keywords	Year	Strength	Begin	End	2006—2023
民族精神	2008	1.85	2008	2013	
大学生	2008	1.56	2008	2013	
传统文化	2008	2.14	2012	2015	
价值	2012	1.81	2012	2017	
茶文化	2017	4.38	2017	2018	
创新	2017	1.97	2017	2018	
教学	2014	1.78	2018	2019	
课程思政	2019	1.63	2019	2020	
思政教学	2020	2.07	2020	2021	
高校思政	2020	1.65	2020	2021	
新时代	2018	2.02	2021	2023	
思政课	2010	1.99	2021	2023	

图1-5　关键词突现图谱

经分析可知,虽然"传统文化""民族精神""价值"突现强度较高,分别为2.14,1.85,1.81,作为关键词的持续时间也较长,但分别持续到2015年、2013年、2017年,说明这三个关键词不是当前研究热点,一是因为"传统文化"被规范的"中华优秀传统文化"概念取代;二是学者们对传统文化的关注从宏观转向了微观层面,如突现强度最高的"茶文化"。"民族精神"是中华优秀传统文化中的核心内容,价值分析是"中华优秀传统文化融入高校思想政治理论课"合法性和合理性前提,因此"价值"也曾经是热点问题。"新时代""思政课""思政教学""高校思政"等关键词突变时间持续到最近三年,说明在相关研究中,学界开始从二者结合的内涵解读、价值分析、可行性分析转向解决实际问题层面,即高校思政课教学中如何融合的问题。因此,可以断定,我们选择"中华优秀传统文化融合高校思想政治理论课教学"作为研究对象是恰当的。

文献计量结合文献爬梳发现,在目前的中华优秀传统文化融入高校思政课的理论研究中,主要突出三个主题:第一,如何理解"中华优秀传统文化"的内涵。在这一点上研究者基本上达成了共识,那就是主要指的是以儒家思想为主导的传统文化中的"哲学思想、人文精神、教化思想、道德理念"。第二,主要侧重于"融入"的研究,包括"融入"的形式、指导方针、存在的问题与挑战、路径与策略、意义与价值。第三,"双创"的主题。要实现中华优秀传统文化更好地"融入"高校思政课,必须对中华优秀传统文化实施"创造性转化与创新性发展"。学者普遍认为,必须扬弃地继承中华优秀传统文化,加强适合于"当代文化",与"现代社会"相协调的转化工作。

现有的研究还存在如下不足:

第一,从研究的内容来看,在处理"中华优秀传统文化"与"高校思政课"的"融入"之

"融入性"上还不够充分,对这两者在何种意义上相融相通的阐发还显得不够充足。大多数强相关文献更侧重于理论研究而非实践研究。

第二,尽管很多学者从习近平总书记关于中华优秀传统文化的论述出发,细致打磨,但在研究目的上,阐发的力度还不够,根本的原因是对"新时代"的体证不够,没有从世界视野来看待"融入"所彰显的中华优秀传统文化的当代世界意义。

第三,大部分研究者着重"融入"的形式,而忽略甚至回避"融入"的具体内容,没有辨明中华优秀传统文化与高校思政课之间的"相融相通"的具体所在,还有些研究者主张注重媒体中介的重要作用,但是忽略了"融入"之"融入性"的真正内涵,这不但不利于中华优秀传统文化的"创造性转化和创新性发展",还会削弱思政课的意识形态性质。

第四,在目前的研究中,除极个别文献探讨了优秀传统文化融入思政课的评价机制问题之外,大多数研究对"理论—实践—评价"的完善性研究还较为缺乏。

第三节　研究方法及创新之处

一、研究方法

本书以马克思主义理论为指导,遵循高校思想政治理论课的基本要求与教学规律,综合运用多样化研究方法,注重问题研究的针对性和实效性。

(一)文献研究法

在选题论证阶段,爬梳评述文献,明确选题,确定研究价值和意义。写作过程中,持续跟踪搜集中华优秀传统文化与高校思想政治教育相关的一手文献资料,充分收集查阅各类文献资料与学术成果,开展文本分析,为理论研究奠定坚实的文献基础。

(二)调查研究法

通过实地调查、抽样调查、深度访谈等方式进行信息采集和动态研究,深入了解当前高校进行中华优秀传统文化教育与传承的现状,以及高校思想政治理论课的教学情况和教学效果,总结已经取得的成就与存在的问题等,使研究成果贴近实际,具有针对性。

(三)逻辑与历史相统一研究法

对中华优秀传统文化的回顾与梳理本身就带有历史研究的特征,对中华优秀传统文化与高校思政课二者逻辑关系的论证,既是研究开展的前提,也是研究的目的之一。

（四）系统研究与分层研究相结合研究法

中华优秀传统文化融入高校思想政治理论课教学是一项系统工程,需要进行全方位的分析。本书运用系统分析法,从宏观层面分析中华优秀传统文化的内涵、特征,以及高校思想政治理论课的基本要求和教学规律,对二者结合的价值进行分析,又从微观层面分别针对高校思政课课堂教学、实践教学和队伍建设等层面分别进行论述。

（五）多学科交叉研究法

对中华优秀传统文化融入高校思想政治理论课这一课题展开研究,涉及哲学、思想政治教育学、心理学、教育方法论、文化学等多个学科领域,课题研究中借鉴和吸收了相关学科的理论与方法,让研究更具有科学性。

二、创新之处

（一）系统观视角下思考中华优秀传统文化融入大思政课建设

从系统论视角,从高校思政课建设的内容、课堂教学、实践教学全面思考中华优秀传统文化的融入问题,涵盖了高校思政课建设的内容体系、课堂教学的方式方法、教材建设、实践教学的原则和路径等方面。研究视野从高校思政课程延展至大思政课,并对中华优秀传统文化融入大思政课进行了系统思考,指出新时代大思政课建设是一项复杂的系统工程,它由若干子系统构成,如教育者系统、教育信息系统、受教育者系统、教育环境系统等。每个子系统又有自己的子系统,如教育者系统有专职教师系统、兼职教师系统等;受教育者系统有不同学段(大、中、小学)学生系统;教育环境系统有学校环境、家庭环境、社会环境和网络环境等。必须坚持系统观念,坚持铸魂育人的政治观、一盘棋的整体观、同频共振的协同观、全时空的开放观、知行合一的实践观,不断推动大思政课建设守正创新。

（二）中华优秀传统文化融入高校思政课教学的内容体系

首先对当前高校思政课的课程体系和对应的内容体系作出了系统性的说明,并且对构建高校思政课程内容体系的哲学基础和基本方法论作出了阐明。以此为基础,重点围绕中华优秀传统文化在内容呈现上的特征、表达、结构三个方面作出了深入的讨论和总结。一是从中华优秀传统文化的五个突出特征来揭示其内容层面上的结构性特征,作为择取可以融入高校思政课的中华优秀传统文化具体内容的依据和原则。二是就融入的具体内容,从宇宙观、天下观、社会观、道德观四个方面进行具体的归纳、总结和阐述。三是就以上四个方面的具体内容,依循文化内容的不同表现形式和领域,分别从器物、政治、精神三个方面进行结构化和层次化的总结。

(三)高校思政课教师"优秀传统文化融入教学"能力提升的三维度

一是价值观维度。以提高大学生对优秀传统文化的系统学习和深入理解为目标,增强大学生自主传承和弘扬中华优秀传统文化的使命感。通过肯定中华优秀传统文化的人文价值,引导学生用辩证的思维看待、理解现实问题,引导大学生通过优秀传统文化的学习提升个人修养,能够做到把个人的理想和个人价值融入国家发展中考虑,坚定大学生为实现中华民族伟大复兴的中国梦不懈奋斗的理想信念。

二是知识维度。能够在教学中融入儒家思想和诸子百家名篇,让学生对中华优秀传统文化的精髓有一定理解和掌握。要熟悉各个历史时期的发展脉络和重要人物,通过教学使大学生了解历史人物的主要事迹、重要贡献以及为后人留下的精神财富。基本掌握全国知名非物质文化遗产相关知识,了解其形成的过程、产生的影响以及对当代中国的贡献,把握我国文明起源的文化历史特点,深刻理解中华优秀传统文化的时代价值与当代价值。

三是能力维度。具备掌控课堂的基本能力,引导大学生能够运用中华优秀传统文化的观点看待分析时政热点、社会现象及国际问题。通过课堂教学鼓励带动大学生结合自身专业特色,组织举办以中华优秀传统文化与大学生人生发展为主题的学术活动或文体活动。课堂授课中,在深入讲解和理解传统艺术文化精神基础上,引领学生在传统与现代艺术融合中学习审美观念和表现方法。

(四)中华优秀传统文化融入高校思政课数字化建设

本书指出中华优秀传统文化融入高校思政课数字化建设是教育数字化建设的重要组成部分,是思政课服务"数字中国"和中国式现代化建设的必然选择,对思政课自身发展和青少年学生数字化生存发展具有重要意义和价值;提出要树立大思政课理念、个性化精准化教学理念、数据价值和安全理念、人机协同理念、应用为王的建设理念等;提出新教学范式,即以学为主、导学结合的教学新形态,以问题(主题)为导向的全时空研学新模式,功能齐全的智能化新教材,精准高效的教学评价新方法,协同开放的教学新生态;强调中华优秀传统文化融入高校思政课数字化教学关键是提升师生的数字素养与技能。

第二章　新时代中华优秀传统文化融入高校思政课教学的理论基础

第一节　新时代中华优秀传统文化的系统阐释

党的二十大报告提出"把马克思主义基本原理同中国具体实际、同中华优秀传统文化相结合"。2023 年 6 月 2 日,习近平总书记在文化传承发展座谈会上发表重要讲话,进一步阐述"两个结合"深刻含义时指出:"'结合'打开了创新空间,让我们掌握了思想和文化主动,并有力地作用于道路、理论和制度。""'第二个结合'是又一次的思想解放,让我们能够在更广阔的文化空间中,充分运用中华优秀传统文化的宝贵资源,探索面向未来的理论和制度创新。"①在 2023 年 10 月 7 日至 8 日召开的全国宣传思想文化工作会议上,党中央正式提出并系统阐述了习近平文化思想,在党的宣传文化事业发展史上具有里程碑意义,习近平总书记关于"两个结合"根本要求的重要论述是其重要内容。习近平总书记关于中华优秀传统文化的系列重要论述,科学解答了如何认识和正确对待中华优秀传统文化、如何把握马克思主义与中华优秀传统文化关系等系列问题,是高校思想政治理论课教学必须充分运用的宝贵资源。

一、中华优秀传统文化的内涵

中华文明源远流长,中华文化博大精深,答好新时代如何正确对待中华传统文化这份试卷,是习近平总书记一直认真面对、精心解答的时代课题,并且,他对这一时代课题的解答,生动地体现在中国特色社会主义的理论创新和实践创新进程中。在人类文明演进中深刻理解和把握中华文明、中华优秀传统文化,是习近平总书记对中华优秀传统文化经典阐释的显著特征。

---

① 习近平:《在文化传承发展座谈会上的讲话》,《求是》,2023 年第 17 期,第 4—11 页。

（一）中华优秀传统文化的含义

中华优秀传统文化是在中国数千年文明发展史中从人民群众长期生产生活中创造出来的,蕴含着古人先贤智慧,并仍然对当代社会、文化、政治、经济发挥积极影响,具有鲜明中国风格和民族特色的思想理念、道德规范、人文精神的总和。[①] 中华优秀传统文化是我们民族独特的精神标识,是维系中华儿女的精神纽带,是中国文化创新的宝藏。习近平总书记强调:"如果没有中华五千年文明,哪里有什么中国特色? 如果不是中国特色,哪有我们今天这么成功的中国特色社会主义道路?"[②]"中华优秀传统文化是中华民族的文化根脉,其蕴含的思想观念、人文精神、道德规范,不仅是我们中国人思想和精神的内核,对解决人类问题也有重要价值。"[③]

（二）中华优秀传统文化的三大"独特内容"

习近平总书记在考察中华文明发展阶段的基础上,进一步指明了中华优秀传统文化所包含的"三大独特内容",即"独特的思想理念""独特的道德规范""中华美学精神"。其中,"独特的思想理念"包含了"崇仁爱、重民本、守诚信、讲辩证、尚和合、求大同"等思想,"独特的道德规范"包含了"自强不息、敬业乐群、扶正扬善、扶危济困、见义勇为、孝老爱亲"等传统美德,"中华美学精神"包含了"托物言志、寓理于情""言简意赅、凝练节制""形神兼备、意境深远""知、情、意、行相统一"等方面,这三大内容充分彰显了中华文明的独特性。[④]

（三）中华优秀传统文化"思想精华"的四个方面

如何掌握博大精深的中华文明的思想精华,是习近平总书记所关注的重要内容。他曾立足我国新的发展方位,结合领导干部思想工作实际,提出中华优秀传统文化"思想精华"四个方面的具体内容,即讲政治要有"先天下之忧而忧,后天下之乐而乐"的政治抱负,讲爱国要有"位卑未敢忘忧国""苟利国家生死以,岂因祸福避趋之"的报国情怀,讲正气要有"富贵不能淫,贫贱不能移,威武不能屈"的浩然正气,讲奉献要有"人生自古谁无死,留取丹心照汗青""鞠躬尽瘁,死而后已"的献身精神等四种最基本的思想精华。同

---

① 吴潜涛,潘一坡,谢梦菲,蒋笃运等:《坚持马克思主义中国化时代化创新理论铸魂育人的多维思考》,《中国电化教育》,2023 年第 1 期,第 92—117 页。

② 新华社:《习近平考察朱熹园谈文化自信:没有中华五千年文明,哪有我们今天的成功道路》,光明网,https://m.gmw.cn/baijia/2021-03/23/34710034.html,2021 年 3 月 23 日。

③ 新华社:《习近平出席全国宣传思想工作会议并发表重要讲话》,中国政府网,https:www.gov.cn/xinwen/2018-08/22/content_5315723.htm,2018 年 8 月 22 日。

④ 习近平:《在文艺工作座谈会上的讲话》,《人民日报》,2015 年 10 月 15 日,第 2 版。

时,他还要求领导干部要学习一些文学知识,不断提高文学鉴赏能力和审美能力,陶冶情操,培养高尚的生活情趣。这些内容,旨在进一步培养和端正领导干部的世界观、人生观、价值观和政绩观,同时也为广大党员、干部和群众学习理解弘扬中华优秀传统文化提供了"捷径"。①

(四)中华优秀传统文化"和"的"民族基因"

习近平总书记挖掘"和"文化、传播"和"文化,还创新性地提出了中华民族"和"的"民族基因",这更加形象生动地向其他国家和地区传播中国热爱珍惜和平和维护世界和平的理念和实践,不断扩大中国自己的"朋友圈",促进实现国际交往中的"双赢"或"多赢",不断壮大维护世界和平的正义力量。他认为,中华民族爱好和平,中华文明"始终崇尚和平","和平、和睦、和谐"的理念和追求深深植根于中华民族的精神世界之中,深深溶化在中国人民的血脉之中。为此,他还告诉外国政要和朋友,历史上曾经长期是世界上最强大国家之一的中国,"没有留下殖民和侵略他国的记录",他还讲解了中华文明"国虽大,好战必亡"的箴言,传播中华文明"以和为贵""和而不同""化干戈为玉帛""国泰民安""睦邻友邦""天下太平""天下大同"等理念,坚定而自信地宣扬我们"走和平发展道路"的理念和实践。2014年3月28日,他在德国科尔伯基金会上指出,"中华民族是爱好和平的民族。一个民族最深沉的精神追求,一定要在其薪火相传的民族精神中来进行基因测序";2014年8月22日,他在蒙古国国家大呼拉尔的演讲中再次强调"中华民族历来是爱好和平的民族,中华文化崇尚和谐";2015年11月6日,他在越南国会的演讲中指出"中华民族历来爱好和平,'和'的民族基因从未变异,'和'的文化源远流长。早在2400多年前,中国古人就提出'礼之用,和为贵'。和平的愿望扎根于中国人心中,融化在中华民族的血液里。近代中国遭遇了一个多世纪的动荡和战火,人民经历了深重苦难。中国人民热爱并珍惜来之不易的和平局面。中国发展离不开和平稳定的国际和周边环境,中国成长将壮大维护世界和平的正义力量"②。

(五)中华优秀传统文化的"十大重要元素"

习近平总书记在党的二十大报告中凝练列举了中华优秀传统文化所蕴含的重要元素及其凝结所成的中国人民"四观"。这些重要元素包括"天下为公、民为邦本、为政以德、革故鼎新、任人唯贤、天人合一、自强不息、厚德载物、讲信修睦、亲仁善邻"等,并凝结

---

① 新华社:《习近平在中央党校建校80周年庆祝大会暨2013年春季学期开学典礼上的讲话》,《人民日报》,2013年3月3日,第1版。

② 习近平:《共同谱写中越友好新篇章——在越南国会的演讲》,《人民日报》,2015年11月7日,第3版。

为指引中华民族薪火相传、生生不息的"宇宙观、天下观、社会观、道德观",这些都同党所坚持的科学社会主义价值观主张具有高度契合性,是不断开辟马克思主义中国化时代华新篇章的宝贵资源。①

2023年6月2日,习近平总书记在文化传承发展座谈会上,进一步创造性系统性地提出了中华优秀传统文化中的十个"重要元素":

——天下为公、天下大同的社会理想,

——民为邦本、为政以德的治理思想,

——九州共贯、多元一体的大一统传统,

——修齐治平、兴亡有责的家国情怀,

——厚德载物、明德弘道的精神追求,

——富民厚生、义利兼顾的经济伦理,

——天人合一、万物并育的生态理念,

——实事求是、知行合一的哲学思想,

——执两用中、守中致和的思维方法,

——讲信修睦、亲仁善邻的交往之道。②

习近平总书记关于中华优秀传统文化的系列重要论述,充分彰显了中华优秀传统文化的精华和智慧结晶,成为高校思政课教学不可或缺的教学资源,也为转化为大学生日用而不见的价值观念和行为习惯提供了直接指引。

二、中华优秀传统文化的特质

(一)中华优秀传统文化的"三个特点"

习近平总书记根据中华优秀传统文化发展主要时期、主要学说思想及其代表人物,依据辩证唯物主义和历史唯物主义基本观点,分析提出了在先秦诸子百家学说以来的中华优秀传统文化三个基本的特点:一是"长期居于主导地位"的儒家思想"和其他学说处于和而不同的局面";二是中华优秀传统文化因"顺应中国社会发展和时代前进的要求"而具有"长久的生命力";三是因"坚持经世致用原则"和"发挥文以化人的教化功能"而实现"对个人、社会的教化和国家的治理"协调统一。③

---

① 习近平:《高举中国特色社会主义伟大旗帜 为全面建设社会主义现代化国家而团结奋斗——在中国共产党第二十次全国代表大会上的报告》,《人民日报》,2022年10月26日,第1版。

② 习近平:《在文化传承发展座谈会上的讲话》,《求是》,2023年第17期,第4—11页。

③ 习近平:《在纪念孔子诞辰2565周年国际学术研讨会暨国际儒学联合会第五届会员大会开幕会上的讲话》,《光明日报》,2014年9月24日,第2版。

（二）中华优秀传统文化的"独特优势"

习近平总书记认为中华优秀传统文化的"独特优势"在于"深厚的文化传统"和"富有特色的思想体系"，这些深厚文化传统和思想体系充满了"中国人几千年来积累的知识智慧和理性思辨"。他在哲学社会科学工作座谈会上指出："中华民族有着深厚文化传统，形成了富有特色的思想体系，体现了中国人几千年来积累的知识智慧和理性思辨。这是我国的独特优势。"[①]这也深刻地揭示了中华优秀传统文化的独特优势。

（三）中华优秀传统文化的"突出特性"

中华优秀传统文化的重要元素相互联系、相互作用，共同塑造出中华文明的一系列突出特性，形成了中华文明传承发展的文脉根脉，沉淀为中华民族的精神品格和信念胸怀，规定着当代中国发展进步实现民族复兴的客观必然和现实选择。

2023 年 6 月 2 日习近平总书记在文化传承发展座谈会上的重要讲话中深刻指出中华优秀传统文化中的许多重要元素，共同塑造出中华文明的五个突出特性：突出的连续性、突出的创新性、突出的统一性、突出的包容性、突出的和平性。中华文明这些突出特性，也是中华优秀传统文化的突出特性。这五个突出特性，是理解当代中国道路选择的文明密码，也是建设人类文明新形态的内在动力。这五个突出特性从根本上决定了我们"必然走自己的路"，即中国特色社会主义道路，从根本上决定了中华民族具有"守正不守旧、尊古不复古的进取精神""不惧新挑战、勇于接受新事物的无畏品格"，从根本上决定了"中华民族各民族文化融为一体、即使遭遇重大挫折也牢固凝聚"，决定了"国土不可分、国家不可乱、民族不可散、文明不可断的共同信念"，决定了"国家统一永远是中国核心利益的核心"，决定了"一个坚强统一的国家是各族人民的命运所系"，从根本上"决定了中华民族交往交流交融的历史取向，决定了中国各宗教信仰多元并存的和谐格局，决定了中华文化对世界文明兼收并蓄的开放胸怀"，从根本上决定了"中国始终是世界和平的建设者、全球发展的贡献者、国际秩序的维护者"，"不断追求文明交流互鉴而不搞文化霸权"，"不会把自己的价值观念与政治体制强加于人"，"坚持合作、不搞对抗，决不搞'党同伐异'的小圈子"[②]。这些突出特性客观地勾勒出了当代中国的整体性面貌和中国式现代化的文明形态，是高校思政课教学的宝贵资源。

---

① 习近平：《在哲学社会科学工作座谈会上的讲话》，人民出版社，2016 年版，第 17 页。
② 新华社：《习近平在文化传承发展座谈会上强调 担负起新的文化使命 努力建设中华民族现代文明》，《人民日报》，2023 年 6 月 3 日，第 1 版。

三、中华优秀传统文化的发展脉络

习近平总书记坚持历史唯物主义,运用历史思维,系统地阐述了"中华文明"在不同发展时期的显著特征,清晰地梳理出中华优秀传统文化演进的脉络。

(一)中华优秀传统文化学术思想发展的六个主要时期

中华文化,源远流长,深刻揭示中华文明发展演进的脉络就成为习近平总书记首先需要回答的问题。他深入分析并揭示出其中核心的思想文化发展历程,这就是先秦子学、两汉经学、魏晋玄学、隋唐佛学、儒释道合流、宋明理学这六个"学术思想繁荣时期"。2014年9月24日习近平总书记在纪念孔子诞辰2565周年国际学术研讨会暨国际儒学联合会第五届会员大会开幕会上指出:"中国传统文化,尤其是作为其核心的思想文化的形成和发展,大体经历了中国先秦诸子百家争鸣、两汉经学兴盛、魏晋南北朝玄学流行、隋唐儒释道并立、宋明理学发展等几个历史时期。"

2016年5月17日习近平总书记在哲学社会科学工作座谈会上清晰地指出:"中华文明历史悠久,从先秦子学、两汉经学、魏晋玄学,到隋唐佛学、儒释道合流、宋明理学,经历了数个学术思想繁荣时期。"自此,习近平总书记形成了对先秦以来中华文明传承发展的六个主要时期的思想,并分别用"争鸣""兴盛""流行""合流"("并立")和"发展"等特征指出中华文明在不同时期学术思想繁荣的特质。

(二)中华优秀传统文化发展中的重要学说、代表人物及跨越时空的影响

习近平总书记认为,中华文明涌现出了以"儒、释、道、墨、名、法、阴阳、农、杂、兵"等为主要代表的优秀学说思想,自春秋战国以来产生了老子、孔子、庄子等一大批思想大家。最为重要的是,他认为,"中国古代大量鸿篇巨制"就其内容而言,包含了"丰富的哲学社会科学内容、治国理政智慧",因而既具有对于那个时代而言认识世界、改造世界的意义,又具有对于当代"中华文明"和"人类文明"而言的"重大贡献"①。

(三)中华传统思想文化近代以来经历的"阵痛"与"新生"

习近平总书记冷静地回顾了鸦片战争以来中华民族的发展历史,深刻地揭示了中华传统思想文化在半殖民地半封建国家中所经历的"阵痛",道出了中华优秀传统文化在马克思主义引领下获得的"新生"。

1. 中华传统思想文化的"阵痛"

习近平总书记通过考察中国近现代历史,运用历史唯物主义观点和辩证唯物主义观

---

① 习近平:《在哲学社会科学工作座谈会上的讲话》,人民出版社,2016年版,第4—5页。

点,客观分析了中华文化发展中的曲曲折折。他认为,鸦片战争以来,在西方列强入侵下,旧中国逐步成为半殖民地半封建国家;伴随西方思想文化和科学知识的涌入,"中华传统思想文化经历了剧烈变革的阵痛"。习近平总书记在哲学社会科学工作座谈会上指出,"鸦片战争后,随着列强入侵和国门被打开,我国逐步成为半殖民地半封建国家,西方思想文化和科学知识随之涌入。自那以后,我们的国家和民族经历了刻骨铭心的惨痛历史,中华传统思想文化经历了剧烈变革的阵痛。为了寻求救亡图存之策,林则徐、魏源、严复等人把眼光转向西方,从'师夷长技以制夷'到'中体西用',从洋务运动到新文化运动,西方哲学社会科学被翻译介绍到我国,不少人开始用现代社会科学方法来研究我国社会问题,社会科学各学科在我国逐渐发展起来"①。这种"阵痛",从根本上来自旧中国国力衰败,在这种"阵痛"中,优秀的中华儿女并没有消沉下去,并没有被西方列强吓倒,而是不断寻求救亡图存之策,为在阵痛中开辟新生奠定了基础。

习近平总书记认为,我国逐渐由领先变为落后,包括中华文化在旧中国所遭受的"阵痛",一个重要原因就是没有充分重视"科技和产业革命",由此错失了"巨大发展机遇"。2016年1月18日习近平总书记在省部级主要领导干部学习贯彻党的十八届五中全会精神专题研讨班上指出:"近代以来,我国逐渐由领先变为落后,一个重要原因就是我们错失了多次科技和产业革命带来的巨大发展机遇。"②

2.中华传统思想文化的"新生"

中华民族在优秀的中华儿女奋力拼搏中迸发出来了"强大的文化创造力",在积极学习借鉴世界优秀文化中,发现和选择了马克思列宁主义,使中华优秀传统文化获得了"新生"。习近平总书记准确地道出了中华文明发展历史上的新生,他指出:"当代中国哲学社会科学是以马克思主义进入我国为起点的,是在马克思主义指导下逐步发展起来的。"他还高度评价了陈独秀、李大钊、郭沫若、李达、艾思奇、翦伯赞、范文澜、吕振羽、马寅初、费孝通、钱钟书等一大批名家大师,称赞他们运用马克思主义改造中国社会和为哲学社会科学研究而作出的"开拓性努力"。他在哲学社会科学工作座谈会上指出:"特别是十月革命一声炮响,给中国送来了马克思列宁主义。陈独秀、李大钊等人积极传播马克思主义,倡导运用马克思主义改造中国社会。许多进步学者运用马克思主义进行哲学社会科学研究。……可以说,当代中国哲学社会科学是以马克思主义进入我国为起点的,是在马克思主义指导下逐步发展起来的。"③

---

① 习近平:《在哲学社会科学工作座谈会上的讲话》,人民出版社,2016年版,第5页。
② 习近平:《在省部级主要领导干部学习贯彻党的十八届五中全会精神专题研讨班上的讲话》,《人民日报》,2016年5月10日,第2版。
③ 习近平:《在哲学社会科学工作座谈会上的讲话》,人民出版社,2016年版,第5—7页。

四、中华优秀传统文化的历史作用

是什么支撑着这个具有五千年历史和悠久文明的古老民族？习近平总书记统揽中华文明发展脉络，凝望中华民族发展的历史深处，深情地指出，"独具特色、博大精深的中华文化"，"为中华民族克服困难、生生不息提供了强大精神支撑"；环顾中国周边发展，他深刻地指出，中国古代包括"思想文化"在内的许多方面对"对周边发挥了重要辐射和引领作用"；回顾世界进步历程，他指出，中华文明"对人类文明进步作出了重大贡献"。

（一）为中华民族"提供了强大精神支撑"

习近平总书记从文化与民族关系的高度看到了在中华民族发展中中华文化的强大力量，他认为，"一个民族的复兴需要强大的物质力量，也需要强大的精神力量"，这种强大的精神力量，需要"先进文化的积极引领""人民精神世界的极大丰富"和"民族精神力量的不断增强"；由"世世代代的中华儿女培育和发展"的中华文化，为中华民族克服困难、生生不息提供了"强大精神支撑"。这种精神支持，突出地表现在它对于新时代实现中华民族伟大复兴三个方面的巨大作用，即，它是"中华民族的精神命脉"，是"涵养社会主义核心价值观的重要源泉"，是"我们在世界文化激荡中站稳脚跟的坚实根基"①。

（二）"对周边发挥了重要辐射和引领作用"

在看待中华文化对周边发展影响方面，习近平总书记从宏观把握中华民族发展特点出发，分析了中华文明历史上对周边发展的积极作用，他认为，"中华民族是勇于创新、善于创新的民族"，中国古代"在天文历法、数学、农学、医学、地理学等众多科技领域取得举世瞩目的成就"，"历史上长期处于世界领先地位"，包括思想文化在内其他许多方面都"对周边发挥了重要辐射和引领作用"。他还举例说，"16世纪以前世界上最重要的300项发明和发现中，我国占173项"②。

（三）"对人类文明进步作出了重大贡献"

展望世界发展历史，习近平总书记高度评价了中华优秀传统文化对世界发展和人类文明进步的重要作用，他认为，中华优秀传统文化记载了"中华民族自古以来在建设家园的奋斗中开展的精神活动、进行的理性思维、创造的文化成果"，蕴含着"中华民族的精神

---

① 习近平：《在文艺工作座谈会上的讲话》，《人民日报》，2015年10月15日，第2版。
② 习近平：《在省部级主要领导干部学习贯彻党的十八届五中全会精神专题研讨班上的讲话》，《人民日报》，2016年5月10日，第2版。

追求",不仅滋养了中华民族生生不息、发展壮大,而且"对人类文明进步作出了重大贡献"。①

(四)为当今世界共同解决"突出的难题"凝聚人类价值共识

问题是时代的声音。面对当今世界错综复杂冲突不断的现状,面对美国挑起的单边主义、逆全球化恶潮,习近平总书记提出了"世界怎么了、我们怎么办"的时代之问。他运用辩证唯物主义基本观点,冷静观察世界发展现状,剖析问题,找出症结,从文化的角度,提出了解决这一时代之问的基本思路和途径。习近平总书记认为,与古代世界相比,当今世界,人类在物质方面取得了"巨大进步",但是,也面临"许多突出的难题",比如,"贫富差距持续扩大,物欲追求奢华无度,个人主义恶性膨胀,社会诚信不断消减,伦理道德每况愈下,人与自然关系日趋紧张"等。他提出,解决这些问题,需要运用包括中华优秀传统文化在内的"人类历史上积累和储存的智慧和力量"②。这为当今世界共同解决世界性问题提供了新的思路和方案,能够最大限度地凝聚共识、获得普遍性的国际认同。

(五)对"解决当代人类面临的难题"提供"重要启示"

针对当代人类面临的难题,习近平总书记运用马克思主义基本原理,提出了中华优秀传统文化"至今仍然具有世界性的文化意义"③,并且对解决当今人类所面临的难题具有"重要启示"。他具体提出了十五个领域的思想启示,涵盖了当今人类如何处理人与自然、人与社会和人与人之间关系的三大领域,并据此提出了要"结合时代条件加以继承和发扬"的要求。这十五个领域的思想启示,包括关于道法自然、天人合一的思想,关于天下为公、大同世界的思想,关于自强不息、厚德载物的思想,关于以民为本、安民富民乐民的思想,关于为政以德、政者正也的思想,关于苟日新日日新又日新、革故鼎新、与时俱进的思想,关于脚踏实地、实事求是的思想,关于经世致用、知行合一、躬行实践的思想,关于集思广益、博施众利、群策群力的思想,关于仁者爱人、以德立人的思想,关于以诚待人、讲信修睦的思想,关于清廉从政、勤勉奉公的思想,关于俭约自守、力戒奢华的思想,关于中和、泰和、求同存异、和而不同、和谐相处的思想,关于安不忘危、存不忘亡、治不忘乱、居安思危的思想;他认为,这些思想体现了"丰富哲学思想、人文精神、教化思想、道德理念",对于"认识和改造世界""治国理政""道德建设"这三大领域都有重要启

---

① 习近平:《在纪念孔子诞辰 2565 周年国际学术研讨会暨国际儒学联合会第五届会员大会开幕会上的讲话》,《光明日报》,2014 年 9 月 24 日,第 2 版。

② 习近平:《在纪念孔子诞辰 2565 周年国际学术研讨会暨国际儒学联合会第五届会员大会开幕会上的讲话》,《光明日报》,2014 年 9 月 24 日,第 2 版。

③ 新华社:《习近平在中法建交 50 周年纪念大会上的讲话》,《人民日报》,2014 年 3 月 29 日,第 2 版。

示,并且都需要当今人类"结合时代条件加以继承和发扬,赋予其新的涵义",从而不断造福人类。

(六)为中华民族伟大复兴赢得广泛国际认同

实现中华民族伟大复兴,必须解决好西方资本主义国家对中国和平崛起的担忧和顾虑,避免陷入"修昔底德陷阱"。"修昔底德陷阱"是西方国际关系理论的一个专有概念,被许多西方学者视为国际关系中不可避免的规律。根据一些西方学者统计,1495—1975 年,欧洲共发生了 119 次大国战争,其中崛起大国与霸权国同时参加对立双方作战的战争有 64 次,占全部大国战争的 54%。这些西方学者从历史考察中得出了"新兴崛起大国与现存霸权大国之间战略冲突不可避免"的结论。今天,有些人以这一旧逻辑来观察中美关系,认为中美之间也会陷入"修昔底德陷阱"①。

在国际交往场合,习近平总书记总是充分利用历史思维来介绍、传播中华文明的"和"文化,求同存异,促进国家间和平发展。习近平总书记对中华文化"和"文化有自己独到的挖掘和理解,提出了"和"文化的"四观"思想,这就是"天人合一的宇宙观、协和万邦的国际观、和而不同的社会观、人心和善的道德观";"四观"思想孕育着"以和为贵,与人为善,己所不欲、勿施于人"等理念,深深植根于中国人的精神中,深深体现在中国人的行为上。② 习近平总书记还结合中国近代史,深刻地揭示中华"和"文化历史上"和平、和睦、和谐"理念的践行,阐发"和"文化的当代价值,他采用直接对比的方式告诉外国政要和友人,中华民族自古以来"就积极开展对外交往通商,而不是对外侵略扩张;执着于保家卫国的爱国主义,而不是开疆拓土的殖民主义",他还结合中华民族近代史,告诉外国政要和友人,有着"充满灾难的悲惨屈辱史""抵抗外来侵略、实现民族独立的伟大斗争史"的中华民族,更加愿意"同世界各国人民和睦相处、和谐发展,共谋和平、共护和平、共享和平"。③ 这种理念和阐述方式能极大引起广大发展中国家对中华"和"文化的认同,有助于更加坚定地走和平发展之路。

2013 年 6 月,中国国家主席习近平同美国总统奥巴马在安纳伯格庄园会晤,就构建中美新型大国关系达成共识,中美新型大国关系的内涵逐渐明确为:"不冲突不对抗、相互尊重、合作共赢"。2024 年 3 月 27 日,习近平在北京人民大会堂集体会见美国工商界和战略学术界代表,再次明确传递"相互尊重、和平共处、合作共赢"理念。参加此次会见

---

① 王义桅 等:《正确认识"修昔底德陷阱"》,人民网,http://opinion. people. com. cn/n1/2016/0417/c1003-28281386. html,2016 年 4 月 17 日。

② 习近平:《在中国国际友好大会暨中国人民对外友好协会成立 60 周年纪念活动上的讲话》,《人民日报》,2014 年 5 月 16 日,第 2 版。

③ 新华社:《守望相助,共创中蒙关系发展新时代——在蒙古国国家大呼拉尔的演讲》,新华网,http://jhsjk. people. cn/article/25523548,2014 年 8 月 22 日。

的美方代表之一——"修昔底德陷阱"之父、哈佛大学肯尼迪政府学院创始院长艾利森等美国代表在发言中表态:"修昔底德陷阱"并非必然。艾利森表示,习近平主席提出发展中美关系的三原则十分重要并富有启示。身处当今复杂世界,二元对立解决不了问题。中美必须合作,必须找到正确相处之道,这对两国和世界都很重要。希望深入了解中国博大精深的历史文化,更好理解中国外交政策特别是人类命运共同体理念。①

习近平总书记用中华优秀传统文化为价值指引,从思想理念和实际行动方面引导中国和西方国家跨越"修昔底德陷阱",维护世界和平,促进共同发展,为中华民族伟大复兴赢得越来越广泛的国际认同。

五、正确对待中华文化的基本原则和具体要求

习近平总书记着眼于实现中华民族伟大复兴的中国梦,综合运用历史思维、战略思维、辩证思维和底线思维等,提出了"两个正确对待"这一重大课题,即要"正确对待不同国家和民族的文明,正确对待传统文化和现实文化,是我们必须把握好的一个重大课题"。在回答这一课题的理论创新和实践创新中,提出了对待中华文化的基本原则和具体要求,为新时代发展中华优秀传统文化指明了方向,筑牢了"文化自信"之源,助推了全面建设中国特色社会主义现代化国家新征程。

(一)"两个正确对待"的"重大课题"

运用历史唯物主义基本观点,坚持问题导向。习近平总书记在洞察人类文明发展规律的基础上,提出"正确对待不同国家和民族的文明,正确对待传统文化和现实文化,是我们必须把握好的一个重大课题",倡导和推动世界各国和各民族在承先启后、继往开来中开辟、坚持和推进各种文明交流交融、互学互鉴之路,才能"让世界变得更加美丽、各国人民生活得更加美好"②。

(二)"两个正确对待"的四个原则

以"两个正确对待"重大课题为导向,习近平总书记提出了正确对待不同国家和民族的文明、正确对待传统文化和现实文化关系的"四个原则"。

第一个原则是"维护世界文明多样性"。这是习近平总书记根据辩证唯物主义基本原理和世界文明发展实践提出的。他根据"和而不同是一切事物发生发展的规律",引用

---

① 李岩:《"修昔底德陷阱"之父等美国代表在人民大会堂表态:"修昔底德陷阱"并非必然》,北青政知新媒体,https://baijiahao.baidu.com/s? id=1794722667920637484&wfr=spider&for=pc,2024 年 3 月 28 日。

② 习近平:《在纪念孔子诞辰 2565 周年国际学术研讨会暨国际儒学联合会第五届会员大会开幕会上的讲话》,《光明日报》,2014 年 9 月 24 日,第 2 版。

中华优秀传统文化"物之不齐,物之情也"观点,提出维护"万紫千红、生机盎然"的"世界文明之园","要理性处理本国文明与其他文明的差异":一方面要"认识到每一个国家和民族的文明都是独特的,坚持求同存异、取长补短","维护各国各民族文明多样性,加强相互交流、相互学习、相互借鉴";另一方面,坚持不相互隔膜、不相互排斥、不相互取代,坚持"不攻击、不贬损其他文明",更"不要看到别人的文明与自己的文明有不同,就感到不顺眼,就要千方百计去改造、去同化,甚至企图以自己的文明取而代之"。

第二个原则是"尊重各国各民族文明"。这是习近平总书记根据文明特别是思想文化在民族发展中的重要性提出来的。他根据文明特别是思想文化在民族发展中起"灵魂"作用思想,提出"文明特别是思想文化是一个国家、一个民族的灵魂","丢掉了思想文化这个灵魂,这个国家、这个民族是立不起来的",要"承认和尊重别国别民族的思想文化":一方面"每个国家、每个民族不分强弱、不分大小,其思想文化都应该得到承认和尊重","各国各民族都应该虚心学习、积极借鉴别国别民族思想文化的长处和精华";另一方面不要搞自我封闭,更不要搞唯我独尊、"只此一家,别无分店"①。

第三个原则是"正确进行文明学习借鉴"。这是习近平总书记根据文明传播和发展规律提出的。他根据中华文明具有"流动的、开放的"传播发展规律,结合中华文明传播和发展的生动事例提出"文明因交流而多彩,文明因互鉴而丰富",他列举了"丝绸之路的开辟,遣隋遣唐使大批来华,法显、玄奘西行取经,郑和七下远洋"等生动事例说明中华文明在"交流中获得了丰富营养","也为人类文明进步作出了重要贡献";他认为,"独学而无友,则孤陋而寡闻"。我们要对人类社会创造的各种文明,无论古代的中华文明、希腊文明、罗马文明、埃及文明、两河文明、印度文明,还是现在的亚洲文明、非洲文明、欧洲文明、美洲文明、大洋洲文明,"都应该采取学习借鉴的态度,都应该积极吸纳其中的有益成分";他还提出学习借鉴的目的就在于"使人类创造的一切文明中的优秀文化基因与当代文化相适应、与现代社会相协调,把跨越时空、超越国度、富有永恒魅力、具有当代价值的优秀文化精神弘扬起来",学习借鉴的标准在于"从本国本民族实际出发",坚持"取长补短、择善而从""讲求兼收并蓄""去粗取精、去伪存真",不能"囫囵吞枣、莫衷一是"。

第四个原则是"科学对待传统文化"。这是习近平总书记根据传统文化联通古今的客观必然性提出来的。他认为"不忘历史才能开辟未来,善于继承才能善于创新","优秀传统文化是一个国家、一个民族传承和发展的根本,如果丢掉了,就割断了精神命脉",提出"要善于把弘扬优秀传统文化和发展现实文化有机统一起来",要"在继承中发展,在发展中继承"。同时要认识到传统文化"不可避免会存在陈旧过时或已成为糟粕性的东西",必须"坚持古为今用、以古鉴今,坚持有鉴别的对待、有扬弃的继承,而不能搞厚古薄

---

① 习近平:《在纪念孔子诞辰 2565 周年国际学术研讨会暨国际儒学联合会第五届会员大会开幕会上的讲话》,《光明日报》,2014 年 9 月 24 日,第 2 版。

今、以古非今,努力实现传统文化的创造性转化、创新性发展,使之与现实文化相融相通,共同服务以文化人的时代任务"①。

(三)"两个正确对待"的具体要求

习近平总书记明确指出,我们对待中华优秀传统文化总的要求是:"要坚守中华文化立场、传承中华文化基因,展现中华审美风范"②,"实现中华文化的创造性转化和创新性发展"。

1. 在"古"与"今"关系中,坚持"以古人之规矩,开自己之生面"

在对待传统文化方面,习近平总书记认为我们应该坚持"古为今用""继承积极思想","辩证取舍、推陈出新",拒绝"简单复古""摒弃消极因素","以古人之规矩,开自己之生面",实现中华文化的创造性转化和创新性发展。③

2. 在"中"与"外"关系中,"坚持和弘扬中国精神","要睁眼看世界","做到中西合璧、融会贯通"

面对世界大发展大变革大调整和文化多元化的深入发展,习近平总书记认为,我们必须"睁眼看世界","了解世界上不同民族的历史文化,去其糟粕,取其精华,从中获得启发,为我所用"④;"坚持和弘扬中国精神","认真学习借鉴世界各国人民创造的优秀文艺","坚持洋为中用、开拓创新","做到中西合璧、融会贯通"。结合现代以来中国文艺发展历史,习近平总书记还阐述说明了中国文艺正是在和世界文艺进行交流互鉴中不断实现繁荣发展。他还举例:现代以来中国的"白话文、芭蕾舞、管弦乐、油画、电影、话剧、现代小说、现代诗歌"等文化形式,鲁迅等进步作家当年大量翻译介绍国外进步文学作品,新中国成立后我国先后不断学习借鉴苏联普列汉诺夫的艺术理论、斯坦尼斯拉夫斯基表演体系、芭蕾舞、电影等文艺,以及国外兴起的说唱表演、街舞等艺术形式,阐明学习借鉴对我国发展所起到的积极作用。⑤

3. 中华文明也要参与"为人类提供正确精神指引"

习近平总书记在把握中华文明的"特点""独特优势"的基础上,进一步提出发展中华优秀传统文化新要求,赋予中华优秀传统文化新的历史使命,这就是要"加强对中华优

---

① 习近平:《在纪念孔子诞辰2565周年国际学术研讨会暨国际儒学联合会第五届会员大会开幕会上的讲话》,《光明日报》,2014年9月24日,第2版。

② 习近平:《在文艺工作座谈会上的讲话(2014年10月15日)》,《人民日报》,2015年10月15日,第2版。

③ 习近平:《在文艺工作座谈会上的讲话(2014年10月15日)》,《人民日报》2015年10月15日,第2版。

④ 《习近平在中央党校建校80周年庆祝大会暨2013年春季学期开学典礼上的讲话》,《人民日报》,2013年3月3日,第1版。

⑤ 习近平:《在文艺工作座谈会上的讲话(2014年10月15日)》,《人民日报》,2015年10月15日,第2版。

秀传统文化的挖掘和阐发,使中华民族最基本的文化基因与当代文化相适应、与现代社会相协调,把跨越时空、超越国界、富有永恒魅力、具有当代价值的文化精神弘扬起来",紧紧"围绕我国和世界发展面临的重大问题",在"推动中华文明创造性转化、创新性发展"中同世界各国人民创造的多彩文明一道"为人类提供正确精神指引",让全世界知道"学术中的中国""理论中的中国""哲学社会科学中的中国""发展中的中国""开放中的中国""为人类文明作贡献的中国"①。

六、在"第二个结合"中建设中华民族现代文明、创造人类文明新形态

"两个结合"是新时代我们党在文化建设方面取得的重要成就之一,也是我们党在新时代文化建设中必须长期坚持的重要原则,更是我们党持续推进马克思主义中国化时代化的必由之路。

(一)"第二个结合"的提出

在党的理论发展史上,自20世纪40年代以来就有"把马克思主义基本原理同中国具体实际相结合"的总结,它成功指导了中国共产党领导人民革命、建设、改革的伟大实践,被称为"第一个结合"。

2021年7月1日,在庆祝中国共产党成立100周年大会上的讲话中,习近平总书记正式提出,把马克思主义基本原理"同中华优秀传统文化相结合",这被称为"第二个结合"。习近平总书记在党的二十大报告中再次强调了"两个结合":"只有把马克思主义基本原理同中国具体实际相结合、同中华优秀传统文化相结合,坚持运用辩证唯物主义和历史唯物主义,才能正确回答时代和实践提出的重大问题,才能始终保持马克思主义的蓬勃生机和旺盛活力。"

2023年6月2日,习近平总书记在文化传承发展座谈会上指出:"在五千多年中华文明深厚基础上开辟和发展中国特色社会主义,把马克思主义基本原理同中国具体实际、同中华优秀传统文化相结合是必由之路。这是我们在探索中国特色社会主义道路中得出的规律性的认识,是我们取得成功的最大法宝。"同时强调,"更重要的是,'第二个结合'是又一次的思想解放"②。

这个创新理论的提出,标志着党的理论创新和建设的又一次历史性飞跃,为高校思政课建设提供了政治性、思想性、战略性、指导性的遵循。

---

① 习近平:《在哲学社会科学工作座谈会上的讲话》,人民出版社,2016年,第17页。
② 新华社:《习近平在文化传承发展座谈会上强调 担负起新的文化使命 努力建设中华民族现代文明》,《人民日报》,2023年6月3日,第1版。

（二）"第二个结合"是又一次思想解放

习近平总书记指出："价值先进、思想解放，是一个社会活力的来源。"2023 年 6 月 2 日习近平总书记在文化传承发展座谈会上强调："'结合'打开了创新空间，让我们掌握了思想和文化主动，并有力地作用于道路、理论和制度。更重要的是，'第二个结合'是又一次的思想解放，让我们能够在更广阔的文化空间中，充分运用中华优秀传统文化的宝贵资源，探索面向未来的理论和制度创新。""第二个结合"的提出，表明我们党对马克思主义中国化时代化历史经验的深刻总结，是对中华文明发展规律的深刻把握，表明我们党对中国道路、理论、制度的认识达到了新高度，表明我们党的历史自信、文化自信达到了新高度，表明我们党在传承中华优秀传统文化中推进文化创新的自觉性达到了新高度。

1. 从中华民族发展史看，"第二个结合"让中国人民更加坚定文化自信，让中华民族更加以昂扬的姿态屹立于世界民族之林

习近平总书记强调："我们生而为中国人，最根本的是我们有中国人的独特精神世界，有百姓日用而不觉的价值观。"五千多年的中华文明让中华民族曾长期处于世界领先地位，具有高度的历史自信和文化自信。但是，鸦片战争后，伴随着中华民族在工业革命中落伍而陷入的由盛及衰的境地，一些人文化上趋于妄自菲薄、精神上陷入困顿被动，曾一度失去了精神上的独立自主，中华民族在一百多年的奋斗中并没有在世界上站稳脚跟。"第二个结合"，充分肯定、深入挖掘中华优秀传统文化的时代价值和精神力量，让中国人民在历史进程中积累的强大能量因马克思主义基本原理的激活而充分爆发出来，焕发出前所未有的历史主动精神和历史创造精神。

2. 从马克思主义发展史看，"第二个结合"让马克思主义更加具有鲜明的中国特色、中国风格、中国气派，放射出更加耀眼的真理光芒

习近平总书记强调："只有植根本国、本民族历史文化沃土，马克思主义真理之树才能根深叶茂。"马克思主义一来到中国，就以真理的味道深深吸引着中国的先进分子。中国共产党人从一开始就把握马克思主义和中华优秀传统文化高度的契合性，以中华优秀传统文化为马克思主义发展提供源头活水，让它在中国大地扎根开花结果，不断彰显蓬勃生机和旺盛活力。"第二个结合"，让马克思主义思想精髓与中华优秀传统文化中的治国之道、道德理念、思想方法相贯通，同中国人民的宇宙观、天下观、社会观、道德观相融通，二者相互成就，让马克思主义具有了更宽广、更深厚的文明底蕴，展现出鲜明的中国特色、中国风格、中国气派，在中华大地上放射出更加耀眼的真理光芒。

3. 从科学社会主义发展史看，"第二个结合"拓展了中国特色社会主义道路的文化根基，赋予中国式现代化以深厚底蕴

习近平总书记强调："我们的社会主义为什么不一样？为什么能够生机勃勃充满活力？关键就在于中国特色，中国特色的关键就在于'两个结合'。"历经 500 年的世界社会

主义经历了从空想到科学、从理论到实践、从一国实践到多国发展的过程,伴随着高潮与低谷,更遭遇过许多波折。我们党带领中国人民开创中国特色社会主义道路,是在马克思主义指导下走出来的,是从5000多年中华文明史中走出来的。"第二个结合"拓展了中国特色社会主义道路的文化根基,赋予中国式现代化以深厚底蕴。站立在960多万平方公里的广袤土地上,吸吮着中华民族漫长奋斗积累的文化养分,拥有14亿多中国人民聚合的磅礴之力,我们坚持走自己的路,具有无比广阔的舞台,具有无比深厚的历史底蕴,具有无比强大的前进定力。

4. 从人类文明发展史看,"第二个结合"为人类文明发展作出史无前例的重大贡献

习近平总书记强调:"中国共产党将致力于推动文明交流互鉴,促进人类文明进步。"马克思主义与中华优秀传统文化虽然来源不同,但都是那个时代人类文明的精华。"第二个结合"强调要把握二者高度的契合性,推动二者有机结合,造就一个有机统一的新的文化生命体,让经由"结合"而形成的新文化成为中国式现代化的文化形态。它生动具体地彰显了中国共产党人的文明观,为人类文明在交流互鉴中不断创新发展树立了典范。中国式现代化,深深植根于中华优秀传统文化,体现科学社会主义的先进本质,借鉴吸收一切人类优秀文明成果,代表人类文明进步的发展方向,展现了不同于西方现代化模式的新图景,是一种全新的人类文明形态。中国式现代化作为人类文明新形态,与全球其他文明相互借鉴,必将极大丰富世界文明百花园。①

(三)坚持"第二个结合"的价值引领

"一花独放不是春,百花齐放春满园。"习近平总书记提出了全球文明倡议,倡导尊重世界文明多样性、弘扬全人类共同价值、重视文明传承和创新和加强国际人文交流合作。

尊重世界文明多样性,就是要坚持文明平等、互鉴、对话、包容,以文明交流超越文明隔阂、文明互鉴超越文明冲突、文明包容超越文明优越。弘扬全人类共同价值,就是要凝聚起和平、发展、公平、正义、民主、自由是各国人民的共同追求,以宽广胸怀理解不同文明对价值内涵的认识,不将自己的价值观和模式强加于人,不搞意识形态对抗。重视文明传承和创新,就是要充分挖掘各国历史文化的时代价值,推动各国优秀传统文化在现代化进程中实现创造性转化、创新性发展。加强国际人文交流合作,就是要探讨构建全球文明对话合作网络,丰富交流内容,拓展合作渠道,促进各国人民相知相亲,共同推动人类文明发展进步。②

---

① 任理轩:《"第二个结合"是又一次的思想解放》,《人民日报》,2023年8月16日,第9版。

② 习近平:《携手同行现代化之路——在中国共产党与世界政党高层对话会上的主旨讲话》,《人民日报》,2023年3月16日,第2版。

第二节　新时代高校思想政治理论课教学概述

2019 年 3 月 18 日,习近平总书记在学校思想政治理论课教师座谈会上提出"思政课是落实立德树人根本任务关键课程"这一重大论断,充分彰显思政课在坚持和发展中国特色社会主义事业、建设社会主义现代化强国、实现中华民族伟大复兴这一历史进程中具有不可替代作用,充分彰显思政课教师队伍在培养一代又一代拥护中国共产党领导和我国社会主义制度、立志为中国特色社会主义事业奋斗终身的有用人才这一神圣事业中的重大责任。习近平总书记的这一论断具有重要政治意义,开启了广大理论学者深入学习、深化研究、宣传阐释思想政治理论课的热潮,对于深化思政课改革创新,推动全党全社会努力办好思政课、教师认真讲好思政课、学生积极学好思政课具有重要指导意义。

一、高校思想政治理论课的概念和属性

高校思想政治理论课是高等学校落实立德树人根本任务的关键课程,是必须按照国家要求设置的课程。① 高校思想政治理论课承担着对大学生进行系统的马克思主义理论教育的任务,是巩固马克思主义在高校意识形态领域指导地位、坚持社会主义办学方向的重要阵地,是全面贯彻党的教育方针、落实立德树人根本任务的主干渠道和核心课程,是加强和改进高校思想政治工作、实现高等教育内涵式发展的灵魂课程。②

"思想政治理论课"这个概念自 2004 年 8 月 26 日中共中央、国务院在《关于进一步加强和改进大学生思想政治教育的意见》(〔2004〕16 号文件)中一经首次提出,便以其高度的概括性,体现出其自身属性:思想性、政治性、理论性。③

(一)思想性

高校思想政治理论课是对青年学生进行思想教育的"思想课"。思想政治理论课就是要通过教师运用一定的教学方法拓展学生的思想视域,培养学生的思想穿透力,提高学生的思想水平,以期达到帮助青年学生树立正确"三观",成为德才兼备、全面发展人才

---

① 参见《新时代高等学校思想政治理论课教师队伍建设规定》(中华人民共和国教育部令第 46 号,2020 年 1 月)。

② 教育部:《教育部关于印发〈新时代高校思想政治理论课教学工作基本要求〉的通知》,《中华人民共和国教育部公报》,2018 年第 5 期,第 15—18 页。

③ 曾狄,黄齐:《论高校思想政治理论课的基本性质》,《思想政治教育研究》,2015 年第 2 期,第 43—46 页。

的目的。① 此外,高校思想政治理论课的内容体系也决定了其思想性属性。从"马克思主义基本原理""毛泽东思想和中国特色社会主义理论体系概论""新时代中国特色社会主义理论与实践"到"中国马克思主义与当代"等,无不闪烁着智慧的光芒、体现着思想的精华。"习近平新时代中国特色社会主义思想概论"更是当代中国马克思主义、二十一世纪马克思主义,是中华文化和中国精神的时代精华,实现了马克思主义中国化时代化新的飞跃。高校思想政治理论课的思想性在于其与知识性的统一,在于其回答中国之问、世界之问、人民之问、时代之问,解决中国式现代化建设实际问题的思想伟力。高校思想政治理论课的思想性是保证马克思主义及其创新理论"三进"的基本动力。"思想性"是高校思想政治理论课的基本属性。

(二)政治性

高校思想政治理论课是对青年学生进行政治教育的"政治课"。教育是国之大计、党之大计,承担着立德树人的根本任务。思想政治理论课是落实立德树人根本任务的关键课程,发挥着不可替代的作用。习近平总书记在讲话中强调,"办好思想政治理论课,最根本的是要全面贯彻党的教育方针,解决好培养什么人、怎样培养人、为谁培养人这个根本问题"。"青少年阶段是人生的'拔节孕穗期',最需要精心引导和栽培"。"我们办中国特色社会主义教育,就是要理直气壮开好思政课"。办好思政课,需要放在世界百年未有之大变局、党和国家事业发展全局中来看待,需要从坚持和发展中国特色社会主义、建设社会主义现代化强国、实现中华民族伟大复兴的高度来对待。② 高校思想政治理论课的政治性决定着如何回答培养什么人、怎样培养人、为谁培养人这道"必答题",决定着高校思想政治理论课的课程性质、学科体系、教学内容、考核标准等,决定着社会主义的办学方向,决定着党的政治建设各项要求在教育领域的落实落细。"政治性"是高校思想政治理论课根本属性。

(三)理论性

高校思想政治理论课还是对青年学生进行思想政治教育的"理论课"。由高校思想政治理论课的概念内涵可知,高校思政课本就承担着对大学生进行系统的马克思主义理论教育的任务。高校思想政治理论课教学具有理论性的特点,正是由马克思主义理论本身的理论性、科学性特点所决定的。理论性反映了思政课的学理性和系统性,体现了用什么理论、如何用理论培养人的重要问题。高校思想政治理论课所包含的马列主义、毛泽东思想、中国特色社会主义理论体系、习近平新时代中国特色社会主义思想是一脉相

---

① 谢曼:《论高校思想政治理论课的性质》,《学理论》,2018 年第 2 期,第 200—201 页。
② 新华社:《习近平在中国人民大学考察时强调 坚持党的领导传承红色基因扎根中国大地 走出一条建设中国特色世界一流大学新路》,《人民日报》,2022 年 4 月 25 日,第 1 版。

承的、系统的、完整的科学理论体系,它们揭示了自然界、人类社会、思维等诸多领域的客观规律,是我们认识世界和改造世界的强大理论武器。高校思想政治理论课是对大学生进行系统马克思主义理论教育的主渠道,理论创新每前进一步,理论武装就跟进一步。"思政课的本质是讲道理"①。高校思想政治理论课以"理"服人,就是要以透彻的学理分析回应学生,以彻底的思想理论说服学生,以真理的强大力量引导学生,更好地满足学生成长和发展的需求和期待。

二、新时代高校思想政治理论课教学的目标任务和根本遵循

(一)新时代高校思想政治理论课教学的目标任务

按照循序渐进、螺旋上升的原则,立足于思政课的政治性属性,国家对大中小学思政课教学目标进行一体化设计,即以了解学习、理解把握习近平新时代中国特色社会主义思想为课程教学主线,提升学生政治认同、家国情怀、道德修养、法治意识、文化修养等方面政治学科素养,引导学生坚定"四个自信",做德智体美劳全面发展的社会主义建设者和接班人。

高校思想政治理论课教学,在小学阶段重在培养学生道德情感、初中阶段重在打牢学生思想基础、高中阶段重在提升学生政治素养基础上,其目标任务为:重在增强学生的使命担当。重在引导学生系统掌握马克思主义基本原理和马克思主义中国化理论成果,了解党史、新中国史、改革开放史、社会主义发展史,认识世情、国情、党情,深刻领会习近平新时代中国特色社会主义思想,培养运用马克思主义立场观点方法分析和解决问题的能力;自觉践行社会主义核心价值观,尊重和维护宪法法律权威,识大局、尊法治、修美德;矢志不渝听党话跟党走,争做社会主义合格建设者和可靠接班人。本科及高等职业学校专科课程教学重在加强理论教育和学习,高等职业学校课程教学还要体现职业教育特色。研究生课程教学重在探究式教育和学习。②

中国特色社会主义进入新时代,对高校思想政治理论课发挥育人主渠道作用提出了新的更高要求,为继续打好提高思想政治理论课质量和水平的攻坚战,高校思想政治理论课教学承担着以下主要任务:需要坚持不懈传播马克思主义科学理论,讲清讲透习近平新时代中国特色社会主义思想的时代背景、重大意义、科学体系、精神实质、实践要求,全面推动习近平新时代中国特色社会主义思想进教材进课堂进学生头脑,打牢大学

---

① 新华社:《中共中央办公厅 国务院办公厅印发〈关于深化新时代学校思想政治理论课改革创新的若干意见〉》,2019年8月14日。

② 参见《中共中央宣传部 教育部关于印发〈新时代学校思想政治理论课改革创新实施方案〉的通知》(教材〔2020〕6号)。

生成长成才的科学思想基础,引导大学生树立正确的世界观、人生观、价值观,不断提高大学生对思想政治理论课的获得感。

(二)新时代高校思想政治理论课教学的根本遵循

习近平总书记在学校思想政治理论课教师座谈会上强调指出,要不断增强思政课的思想性、理论性和亲和力、针对性,做到"八个相统一"。这是新时代推动思想政治理论课改革创新需要坚持的"八个相统一",更是讲好新时代思想政治理论课必须做到的"八个相统一",是新时代高校思想政治理论课教学的根本遵循:

——坚持政治性和学理性相统一。以透彻的学理分析回应学生,以彻底的思想理论说服学生,用真理的强大力量引导学生。

——坚持价值性和知识性相统一。寓价值观引导于知识传授之中。

——坚持建设性和批判性相统一。传导主流意识形态,直面各种错误观点和思潮。

——坚持理论性和实践性相统一。用科学理论培养人,重视思政课的实践性,把思政小课堂同社会大课堂结合起来,教育引导学生立鸿鹄志,做奋斗者。

——坚持统一性和多样性相统一。落实教学目标、课程设置、教材使用、教学管理等方面的统一要求,又因地制宜、因时制宜、因材施教。

——坚持主导性和主体性相统一。思政课教学离不开教师的主导,同时要加大对学生的认知规律和接受特点的研究,发挥学生主体性作用。

——坚持灌输性和启发性相统一。注重启发性教育,引导学生发现问题、分析问题、思考问题,在不断启发中让学生水到渠成得出结论。

——坚持显性教育和隐性教育相统一。挖掘其他课程和教学方式中蕴含的思想政治教育资源,实现全员全程全方位育人。①

这"八个相统一"围绕一个主题,就是落实立德树人根本任务,增强思政课的思想性、理论性和亲和力、针对性。"八个相统一"贯穿一条主线,这就是守正创新,也就是习近平总书记强调的遵循思想政治教育规律、遵循教书育人规律、遵循学生成长规律,沿用好办法、改进老办法、探索新办法。蕴含着一个科学方法,就是唯物辩证法,"八个相统一"直面思政课的八大矛盾和问题,运用矛盾分析方法深刻阐述矛盾双方的相辅相成的关系、主要与次要的关系、一般与个别的关系。②

这"八个相统一"是对思政课建设长期以来形成的规律性认识和成功经验的科学概

---

① 吴晶,胡浩:《习近平:用新时代中国特色社会主义思想铸魂育人 贯彻党的教育方针落实立德树人根本任务》,《人民日报》,2019 年 3 月 19 日,第 1 版。

② 吴家华:《"八个统一":新时代思想政治理论课改革创新的根本遵循》,《红旗文稿》,2019 年第 7 期,第 11—13 页。

括,是对思政课的重大问题和广大教师关注的热点难点问题的深刻回答,是新时代上好思政课的根本遵循。

三、新时代高校思想政治理论课教学的课程体系

新时代高校思想政治理论课有课堂教学和实践教学两种形式,其中课堂教学开设思想政治理论课必修课程和选择性必修课程两类课程。

(一)高校思想政治理论课必修课程

高校思想政治理论课必修课程根据不同类型学校和不同层次人才培养要求有区别地开设。

本科课程设置:马克思主义基本原理(3学分)、毛泽东思想和中国特色社会主义理论体系概论(5学分)、中国近现代史纲要(3学分)、思想道德与法治(3学分)、形势与政策(2学分)。

高等职业学校专科课程设置:毛泽东思想和中国特色社会主义理论体系概论(4学分)、思想道德与法治(3学分)、形势与政策(1学分)。

硕士研究生课程设置:新时代中国特色社会主义理论与实践(2学分)。

博士研究生课程设置:中国马克思主义与当代(2学分)。

具体课程及对应学分见表2-1。

表2-1　高校思想政治理论课必修课程及对应学分

序号	高校思想政治理论课必修课程	本科学分	专科学分	硕士研究生学分	博士研究生学分
1	马克思主义基本原理	3			
2	毛泽东思想和中国特色社会主义理论体系概论	5	4		
3	中国近现代史纲要	3			
4	思想道德与法治	3	3		
5	形势与政策	2	1		
6	新时代中国特色社会主义理论与实践			2	
7	中国马克思主义与当代				2
8	习近平新时代中国特色社会主义思想概论① (注:2021年新增)				

---

①　参见《国家教材委员会关于印发〈习近平新时代中国特色社会主义思想进课程教材指南〉的通知》(国教材〔2021〕2号)。

（二）高校思想政治理论课选择性必修课程

各高校结合本校实际,统筹校内通识类课程,安排本校"思想政治理论课"选择性必修课程及选择性必修课程必要学时,充分发挥马克思主义学院统筹审核把关作用。

本科及高等职业学校专科教育:围绕马克思主义经典著作,党史、新中国史、改革开放史、社会主义发展史,中华优秀传统文化、革命文化、社会主义先进文化,宪法法律等,开设本科及高等职业学校专科选择性必修课程。确保学生至少从四史中选修1门课程。

硕士、博士研究生教育:围绕习近平新时代中国特色社会主义思想专题研究、马克思恩格斯列宁经典著作选读、马克思主义与社会科学方法论、自然辩证法概论等,开设硕士、博士研究生选择性必修课程。硕士研究生至少选择1学分课程。[①]

具体课程见表2-2。

表2-2　高校思想政治理论课选择性必修课程

培养层次		高校思想政治理论课选择性必修课程	说明
本科 及高等职业 专科课程	一	马克思主义经典著作	"四史"中至少选修1门课程
	二	党史	
		新中国史	
		改革开放史	
		社会主义发展史	
	三	中华优秀传统文化	
		革命文化	
		社会主义先进文化	
	四	宪法法律等	
研究生 课程	一	习近平新时代中国特色社会主义思想专题研究	硕士研究生至少选择1学分课程
	二	马克思恩格斯列宁经典著作选读	
	三	马克思主义与社会科学方法论	
	四	自然辩证法概论等	

（三）高校思想政治理论课实践教学

高校思想政治理论课实践教学是课堂教学的必要补充。《新时代高校思想政治理论课教学工作基本要求》（教社科〔2018〕2 号）规定，从本科思想政治理论课现有学分中划出 2 个学分，从专科思想政治理论课现有学分中划出 1 个学分，开展本专科思想政治理论课实践教学。学生既可通过参加教师统一组织的实践教学获得相应学分，也可通过提交与思想政治理论课学习相关的实践成果申请获得相应学分。

《新时代学校思想政治理论课改革创新实施方案》（教材〔2020〕6 号）规定，各高校要规范实践教学，把思想政治教育有机融入社会实践、志愿服务、实习实训等活动中，切实提高高校思想政治理论课实践教学实效。

《高等学校思想政治理论课建设标准（2021 年本）》在"教学管理"一级指标下要求实践教学纳入教学计划，统筹思想政治理论课各门课的实践教学，落实学分（本科 2 学分，专科 1 学分）、教学内容、指导教师和专项经费。实践教学覆盖全体学生，建立相对稳定的校外实践教学基地。

四、新时代高校思想政治理论课教学的内容体系

高校思想政治理论课教学必修课围绕以下课程内容，根据不同类型学校和不同层次人才培养要求开展教学，进一步增强教学的针对性和实效性。具体教学内容见表 2-3。

表 2-3 高校"思想政治理论课"教学必修课内容

课程		教学内容
课堂教学	本科及高等职业专科课程	
	马克思主义基本原理	主要讲授反映马克思主义世界观和方法论的最基本的原理，帮助学生深刻领会、准确把握马克思主义的根本性质和整体特征，学习掌握贯穿其中的马克思主义立场观点方法，提升运用马克思主义基本原理分析世界的能力，增强对人类社会发展规律、特别是中国特色社会主义发展规律的认识和把握，树立共产主义远大理想和中国特色社会主义共同理想
	毛泽东思想和中国特色社会主义理论体系概论	主要讲授中国共产党把马克思主义基本原理同中国具体实际相结合产生的马克思主义中国化的两大理论成果，帮助学生理解毛泽东思想、邓小平理论、"三个代表"重要思想、科学发展观、习近平新时代中国特色社会主义思想是一脉相承又与时俱进的科学体系，引导学生深刻理解中国共产党为什么能、马克思主义为什么行、中国特色社会主义为什么好，坚定"四个自信"
	中国近现代史纲要	主要讲授中国近代以来争取民族独立、人民解放和实现国家富强、人民幸福的历史，帮助学生了解党史、国史、国情，深刻领会历史和人民选择马克思主义、选择中国共产党、选择社会主义道路、选择改革开放的必然性

续表2-3

课程			教学内容
课堂教学	本科及高等职业专科课程	思想道德与法治	主要讲授马克思主义的人生观、价值观、道德观、法治观,社会主义核心价值观与社会主义法治建设的关系,帮助学生筑牢理想信念之基,培育和践行社会主义核心价值观,传承中华传统美德,弘扬中国精神,尊重和维护宪法法律权威,提升思想道德素质和法治素养。高等职业学校结合自身特点,注重加强对学生的职业道德教育
		形势与政策	主要讲授党的理论创新最新成果,新时代坚持和发展中国特色社会主义的生动实践,马克思主义形势观政策观、党的路线方针政策、基本国情、国内外形势及其热点难点问题,帮助学生准确理解当代中国马克思主义,深刻领会党和国家事业取得的历史性成就、面临的历史性机遇和挑战,引导大学生正确认识世界和中国发展大势,正确认识中国特色和国际比较,正确认识时代责任和历史使命,正确认识远大抱负和脚踏实地
		习近平新时代中国特色社会主义思想概论	主要讲授习近平新时代中国特色社会主义思想,引导广大学生深刻认识习近平新时代中国特色社会主义思想的时代意义、理论意义、实践意义、世界意义,深刻理解这一思想的核心要义、精神实质、丰富内涵、实践要求,深刻把握这一思想的理论逻辑、历史逻辑、实践逻辑和贯穿其中的马克思主义立场观点方法,不断增强政治认同、思想认同、理论认同、情感认同①
	研究生课程	新时代中国特色社会主义理论与实践	专题讲授新时代中国特色社会主义理论和实践的重大问题,帮助学生进一步掌握中国特色社会主义理论体系,深化对习近平新时代中国特色社会主义思想的认识,坚定对马克思主义的信仰、对中国特色社会主义的信念、对实现中华民族伟大复兴中国梦的信心
		中国马克思主义与当代	运用当代中国马克思主义的基本观点,深入分析当代世界重大社会问题和国际经济、政治、文化、生态环境等热点问题,以及全球治理问题、当代科学技术前沿问题、当代重大社会思潮和理论热点等,提高学生正确分析、研判当代世界问题的能力和水平
实践教学			把思想政治教育有机融入社会实践、志愿服务、实习实训等活动中,通过参加社会实践,加深对思想政治理论的理解,深化对党的路线、方针、政策的认识,增强历史使命感和社会责任感

---

① 中共教育部党组:《办好新时代学校思想政治理论课》,《求是》,2020年第17期,第26—32页。

五、新时代高校思想政治理论课教学的哲学根基和桥梁途径

高校思想政治理论课,在专科和本科阶段体现为"马克思主义基本原理""毛泽东思想和中国特色社会主义概论""中国近现代史纲要""思想道德与法治""形势与政策""习近平新时代中国特色社会主义思想概论",在研究生阶段体现为"新时代中国特色社会主义理论与实践""中国马克思主义与当代"等。讲授这些课程,要坚持贯彻其中的科学的世界观、方法论,同时,在具体教学中还要借助"两通""两创"这一桥梁途径。

(一)哲学根基:科学的世界观和方法论

党的二十大报告提出了必须坚持人民至上、必须坚持自信自立、必须坚持守正创新、必须坚持问题导向、必须坚持系统观念、必须坚持胸怀天下等"六个必须坚持",这体现了习近平新时代中国特色社会主义思想的世界观和方法论,是"第二个结合"理论的生动体现,也是高校思想政治理论课教学所必须固守和始终坚持的哲学根基。运用好"六个必须坚持"的世界观方法论,就要处理好运用好所揭示的马克思主义中国化时代化的理论与实践的六对辩证关系。

1. "人民"与本体的关系

2019年3月,习近平在意大利进行国事访问时提出"我将无我,不负人民"。2021年2月20日,习近平在党史学习教育动员大会上指出:"江山就是人民,人民就是江山……"党的二十大报告强调,要站稳人民立场、把握人民愿望、尊重人民创造、集中人民智慧。我们强调"必须坚持人民至上",强调"以人民为中心",是具有本体论意义上的最根本的概念及其实践。"人民至上",是对中国古代与"官本"相对应的"民本"、西方资本主义国家强调个人权利的"人本",宗教观念下的以"神"为本,或者金钱社会中的以"资"为本的扬弃和超越。

2. 自信自立与坚持开放的关系

习近平总书记强调"中国的问题必须从中国国情出发,由中国人自己来解答"。五千多年的中华文明是中华民族通过长期的勤劳奋斗不断创造的,今天的道路是中国共产党领导人民独立自主探索开辟出来的,马克思主义的中国篇章是中国共产党人依靠自身力量实践出来的。自信自立,更加需要我们对外开放借鉴吸收人类一切优秀文明,"第二个结合"理论为我们找到了自信自立的文化之源,我们既不能刻舟求剑、封闭僵化,也不能照抄照搬、食洋不化。

3. 守正与创新的关系

"周虽旧邦,其命维新。"创新要以守正为前提,也就是要坚守马克思主义基本原理、中华优秀传统文化之"正",我们的创新就不会失去根本目标、偏离航向。习近平总书记提出不断推进中华优秀传统文化创造性转化和创新性发展。这不仅应用在狭义的文化

产业与文化事业领域,更是逐步全面嵌入了政治、经济、社会、文化和对外交往等各个领域的理论与实践中。

4.问题导向与理论指导的关系

问题是时代的声音,是理论的先导,理论是问题的升华。问题导向推动着我们的实践不断取得新的成效。习近平在党的二十大报告中指出要聚焦实践遇到的新问题、改革发展稳定存在的深层次问题、人民群众急难愁盼问题、国际变局中的重大问题、党的建设面临的突出问题。对这些问题的真正发掘、解答并上升到理论层面进行总结,构成了推动实践发展的良性循环。

5.系统观念与局部思维的关系

习近平总书记多次强调胸怀国之"大"者,要有系统化思维。中国的传统思维向来具有整体性、关联性,中国人相信,万事万物是相互联系、相互依存的。马克思主义哲学也认为只有用普遍联系的、全面系统的、发展变化的观点观察事物,才能把握事物发展规律。这种整体性、全局性、系统性的思维方式能够超越局部的、分科的、具体的思维,能够不为一时一事困扰,能够看清当前与长远、局部与整体、小与大的关系。

6.中国与世界的关系

"修文德以来之"是古代中国处理与外部民族国家的传统。中国共产党自建立之日就"胸怀天下",坚信共产主义最终解放全人类。推动构建人类命运共同体,表明了中国共产党不仅要为中国人民谋幸福、为中华民族谋复兴,也为人类谋进步、为世界谋大同。世界好,中国才会好。中国好,世界会更好。要拓展世界眼光,深刻洞察人类发展进步潮流,积极回应各国人民普遍关切,为解决人类面临的共同问题作出贡献,以海纳百川的宽阔胸襟借鉴吸收人类一切优秀文明成果,推动建设更加美好的世界。①

(二)桥梁途径:"两通"和"两创"

马克思主义向来坚持批判性继承。习近平总书记坚持马克思主义的世界观和方法论,继承和发展了中国共产党对待传统文化的科学方法,坚持古为今用、以古鉴今,坚持有鉴别地对待、有扬弃地继承,不搞厚古薄今、以古非今,努力实现传统文化的创造性转化、创新性发展,做到把马克思主义思想精髓同中华优秀传统文化精华贯通起来、同人民群众日用不觉的共同价值观念融通起来。

(一)"两通"

"马克思主义基本原理同中华优秀传统文化相结合",点明了"第二个结合"中马克

---

① 新华社国家高端智库:《改变中国的"第二个结合"——建设中华民族现代文明的理论创新与实践创新》,2023 年 6 月。

思主义的主体地位,我们要运用马克思主义立场观点方法,来激活中华优秀传统文化,使之更好地与当代中国实践相结合、与民族复兴时代主题相契合。

习近平总书记在党的二十大报告中强调:"我们必须坚定历史自信、文化自信,坚持古为今用、推陈出新,把马克思主义思想精髓同中华优秀传统文化精华贯通起来、同人民群众日用而不觉的共同价值观念融通起来,不断赋予科学理论鲜明的中国特色,不断夯实马克思主义中国化时代化的历史基础和群众基础,让马克思主义在中国牢牢扎根。"在高校思想政治理论课中,坚持"两通",传承发展中华优秀传统文化,促进外力文化本土化,不断培育创造新时代中国特色社会主义文化。

(二)"两创"

习近平总书记在纪念马克思诞辰200周年大会上指出,学习马克思,就要学习和实践马克思主义关于文化建设的思想,我们要立足中国,面向现代化、面向世界、面向未来,"推动中华优秀传统文化创造性转化、创新性发展,不断提高人民思想觉悟、道德水平、文明素养,不断铸就中华文化新辉煌"[①],还强调我们要从中华优秀传统文化中寻找源头活水。

文化虚无主义全盘否定传统文化,文化复古主义则全盘肯定传统文化,用"悠久传统"反对现代化,用"千古道统"对抗马克思主义中国化时代化,将中华民族伟大复兴简单理解为传统文化的复兴,一些不良思潮,甚至借由"传统文化"之名兴起。

通过创造性转化、创新性发展,中华优秀传统文化的思想观念、人文精神、道德规范等被充分挖掘出来,赋予跨越时空、具有当代价值的新内涵。党的十八大以来,文化"两创"已经深入中国人的日常生活,《唐宫夜宴》《只此青绿》《中国诗词大会》《典籍里的中国》,以及三星堆遗址考古新发现,等等,中华优秀传统文化所体现的生命力被时代精神激活,得到人民群众的喜爱,最终推动了马克思主义思想精髓同中华优秀传统文化精华贯通起来、同人民群众日用而不觉的共同价值观念融通起来。2023年4月18日,甘肃敦煌研究院与腾讯公司合作推出了"数字藏经洞",现代高科技激活了千年的历史遗迹,中国故事、中华美学让全世界都能即时共赏分享。从传统戏曲到文物保护,从非遗传承到文史典籍,从传统村落到年俗节庆,越来越多的人在传统文化的创造性转化和创新性发展中找到文化归属感,坚定了历史自信和文化自信。

---

① 新华社:《习近平在纪念马克思诞辰200周年大会上的讲话》,《人民日报》,2018年5月5日,第2版。

第三章 中华优秀传统文化融入高校思政课教学的内容研究

第一节 中华优秀传统文化内容的结构特征

中华优秀传统文化融入高校思想政治理论课教学的内容建设工作,最核心的关键词在于"内容"和"融入",二者是有机统一的。融入的方式和程度决定了内容选取的方向和层次,同样,内容自身的逻辑与结构,也决定着融入的路径与层次。

中华优秀传统文化融入高校思想政治理论课教学,内容建设是最为根本的。只有明确了融入的内容之后,才能够针对不同的内容形式、特征以及作用和价值,采取针对性的融入方式和路径,以最大化地发挥中华优秀传统文化对高校思想政治理论课的积极作用。对于内容建设,中华优秀传统文化自身的复杂性背景和高校思想政治理论课教学自身的系统性特征,决定了融入内容择取的复杂性。什么样的内容融入什么样的课程,既要考量所选取内容自身的时代性和发展性,还要考量高校思想政治理论课教学自身的规律性特征和价值性引领。因此,首先要厘清中华优秀传统文化融入高校思想政治理论课教学内容建设工作所要遵循的基本思路和原则,在此基础上才能够科学、合理地筹划具体融入内容。

2023年6月2日,习近平总书记出席文化传承发展座谈会并发表重要讲话。在此次讲话中,习近平总书记着重指出了中华优秀传统文化的五个突出特性:突出的连续性、突出的创新性、突出的统一性、突出的包容性和突出的和平性。这就为把中华优秀传统文化融入高校思想政治理论课程提供了融入内容的根本遵循。要紧紧把握和理解优秀传统文化的突出特性,结合高校思想政治理论课程的系统性特征,实现有机融入。

理解中华优秀传统文化的时代价值和意义,就要从理解中华优秀传统文化的突出特性入手。首先,作为人类文明史上唯一没有中断过的中华文明,在其文化形态上,尤其是在其文化内容层面上,具有极其典型和独特的连续性。这种连续性表现在问题的提出、提问的方式、问题的分析与问题的解决在理论逻辑上的连续性。这种内容上的连续性,意味着在当代如果要试图理解这种文化,并且要通过这种文化对当下的生活产生引导性的影响,同当代人的生活意义互构,就必须连续性地审视中华优秀传统文化。发挥传统文化的当代价值,尤其是思想政治教育意义,就不能割裂这种连续性。因此,建设融入高校思想政治理论课程的中华优秀传统文化的内容体系,就要注重联系性的文化理论体系,而不能是单一的文化符号或者表达。其次,中华优秀传统文化的创新性,其中一个重要的表现就在于这个概念本身的当代性。在逻辑上,构建"中华优秀传统文化"这一组合性词汇表达,就具有一种对中华文化的前提性审视。文化是历史的、传统的,但是产生文化的社会历史是流动的,是变化的。中华优秀传统文化就其自身而言,是连续的、绵延不断的。这种审视本身就赋予了中华优秀传统文化一定是在不同的社会历史发展过程和阶段中实现了创造性的发展。另外,从对中华优秀传统文化的内在审视来看,这种审视活动是具有现实的目的性的,这种现实的目的性可能会有多向度的内涵,但总体来讲可以归结为为了构建理想社会和美好生活的现实所需、所求。这种目的性的审视本身也赋予了中华优秀传统文化的时代性。而这种时代性之所以能够成为可能,在根本上是由于中华优秀传统文化内生的创新性要素所决定的。因此,融入高校思想政治理论课程的优秀传统文化,在内容上不能脱离创新性的基本视野。再次,中华优秀传统文化,在其内容的呈现上,是一个文化整体,是中华文明源远流长的历史推进中不断凝结而成的,同时又是对中华文明的内在气质和外呈现的统一性表达。中华优秀传统文化整体上回答了人与外在环境的关系、人与他人的互动关系、人的现实性存在与超越性存在的关系,具有世界观和方法论的整体意蕴。因此,中华优秀传统文化在内容上也呈现出统一性特征。融入高校思想政治理论课程的中华优秀传统文化在内容选取上也必须遵循统一性的原则。再其次,中华优秀传统文化之所以能够对其内在的统一性问题作出整体回答,是与其内在的包容性密不可分的。中华优秀传统文化绵延不绝的生命力的重要支撑就在于中华优秀传统文化具有兼容并蓄的典型特征。"和实生物,同则不继"的价值观表达了中华优秀传统文化强大的包容性特征。中华优秀传统文化在其源头上,就表现出了极强的包容性,先秦百家争鸣就是这种包容性最好的体现,也正是通过这种包容,才能在最终的意义上构建起中华优秀传统文化的基本结构。从其内容呈现来看,中华优秀传统文化中对于本土宗教文化、外来宗教文化都有着极强的包容性。中国历史上也有过多次的文化大融合,尤其是以魏晋时期的文化交流与融合为典型代表。这些文化都对中华优秀传统文化的内容、逻辑、思维方式等产生了重大的影响,并最终构成中华优秀传统文化本身。中华优秀传统文化的包容性特征是其能够融入高校思想政治理论课程的重要支撑。最后,中华优秀传统文化在内容上具有典型的和平性特征。这一特征是植于中华文化的根基之中的,在某种意义上是一种民族性的特征,可以视为中华优秀传统文化的内在之魂。中华优秀传统文化的民族性还体现在其外在的结构表达上,无论是话语体系还是话语逻辑,以及背后凝结着的思维逻辑,都具有典型的中华民族的特征。因此,融入高校思想政治理论课程的中华优秀传统文化的内容体系,在与高校思想政治理论课程本身的规范体系和价值体系匹配调整的过程之中,不能忽视其民族性特征。

一、中华优秀传统文化内容的连续性

2023 年 6 月初,习近平总书记在考察中国国家版本馆和中国历史研究院这两个文化地标时谈到,"把世界上唯一没有中断的文明继续传承下去"①。中华文明作为世界上唯一没有中断过的文明,这个特质本身就表明了中华优秀传统文化的连续性特征。柳诒徵在其著作《中国文化史》中曾论述:"实则吾民族创造之文化,富于弹性,自古迄今,缅缅相属,虽间有盛衰之判,固未尝有中绝之时。"②中华文明的源远流长、绵延不绝是举世公认的且有丰富的考古和历史记载的。文明的连续性一定呈现出对应文化内容表达的连续性。此种内容的连续性,在不同的层次和角度上都得以呈现。如前文所论述到的整体性内容中,关于文化主题的讨论,是自古至今一以贯之的。如关于天人合一的宇宙观讨论与阐释,在不同的时期,乃至不同的流派都有所涉及,如群己之辩、义利之辩的思辨探索,在中华传统文化的演进历程中,也几乎从未中断。同时,不同的文化流派尽管在一定的历史条件下会盛衰易变,但始终存续在中华优秀传统文化的整体性结构之中,或重或轻,或隐或显。"以儒学为例,中国古代儒学由先秦孔子、孟子创立之后,虽遭秦朝的打击和汉初的冷落,其后就进入了不断发展、高峰迭出的历程,先后出现了两汉经学、宋明理学、清代朴学等发展高峰。"③其他学派虽然在先秦百家争鸣之后不断隐没进中华传统文化的内在结构,但也始终存续在文化的演进历程中。如道家与法家的诸多思想与理念,一直作为中国人精神世界的内在构成。

中华优秀传统文化在内容和表达上都有显著的连续性,但是在其绵延数千年的历程当中,也有诸多的曲折发展时期,尤其是以儒家为代表的政治文化,随着中国传统社会朝代更替、民族融合的过程而不断变化,甚至历史上也不止一次有过来自文化体系内部的劫难以及来自外来文化重大冲击。这意味着中华优秀传统文化的连续性发展并不意味着一种线性发展,而是高峰和曲折交替进行的历程。这种曲折性对于文化的连续性发展,从历史的角度看,是具有重要的积极意义的。文化的发展需要不断地从社会历史现实当中汲取营养才能使得文化在内容和价值上获得不断的丰富和更新。中华优秀传统文化在一定程度上正是在经历了诸多曲折乃至劫难之后,才能够更加深厚地根植进中华民族的血脉之中,构建着中华民族的"根与魂"。中华优秀传统文化的强大生命力在这种曲折发展中才能彰显出来。这也正是我们在当下,在新时代努力把优秀传统文化融入高

---

① 新华社:《习近平在文化传承发展座谈会上强调 担负起新的文化使命 努力建设中华民族现代文明》,新华网,2023 年 6 月 2 日,http://www.news.cn/politics/leaders/2023-06/02/c_1129666321.htm。

② 柳诒徵:《中国文化史》,中华书局,2015 年版,第 2 页。

③ 赵坤:《中华优秀传统文化当代价值》,广西师范大学出版社,2019 年版,第 53 页。

校思想政治理论课程的重要依据所在。中华优秀传统文化在新时代发挥其重要的价值,也离不开从联系性的视角来理解和认知。

中华优秀传统文化的连续性要求我们在认识和理解其融入高校思想政治理论课程的问题上,要始终以连续性发展的文化内容为融入对象,不能割裂,更不能忽视这种连续性。习近平总书记在文化传承发展座谈会上强调:"中华文明具有突出的连续性,从根本上决定了中华民族必然走自己的路。如果不从源远流长的历史连续性来认识中国,就不可能理解古代中国,也不可能理解现代中国,更不可能理解未来中国。"①如果割裂这种连续性,就无法从整体的意义上来理解和把握中华优秀传统文化本身,更无法谈及把优秀传统文化融入高校思想政治理论课程的问题。

二、中华优秀传统文化内容的创新性

中华优秀传统文化的连续性本身说明了中华优秀传统文化是关于人与世界、人与社会、人与人关系的系统性回答的文化,而且是在人类文明的演进过程中,独具特色的系统性回答。这种独具特色的回答在根本上体现了中华优秀传统文化的突出的创新性特征。中国的古代先贤依据独特的生产生活方式,创造性地建构了整套的世界观理论,并且创造性地建构了不同于同时期其他文明的方法论体系。中华优秀传统文化的创新性还体现在其随着时代的变迁而不断地丰富和发展,在不同的历史阶段,创造性地回应了时代性的课题,展现出了绵延不绝的生命力。中华优秀传统文化,就其内容结构而言具有整体性和连续性,但是这并不意味着中华优秀传统文化在内容上的单一性。从文化产生和发展的基本逻辑来讲,任何文化都一定是基于其对应的社会历史发展的基本状况。中华优秀传统文化也不例外。

从中华优秀传统文化这个概念的使用来讲,其中的"传统"一词,也规定了其内容的基本历史特性,其内容是传统的而非现代的。如果离开了这种为中华文化的整体审视,就没有办法合理性地说明中华文化中的"传统"内涵,更无法作出中华文化中的"优秀"属性的价值判断。这里的传统和现代的区分本身就是世界历史进入现代以后才给出的基本标定。理论界对于传统与现代尽管有着不同的理解和定义,但是大致上是以总体生产方式的农业化和工业化为基本区分原则的。中华优秀传统文化概念中的传统内涵,也大致遵循这一原则。中华优秀传统文化,本质上是中国几千年农业文明的凝聚和表达。"中华优秀传统文化产生、形成、繁荣、发展于中国古代,从经济土壤上说,主要是一种农耕文化;从政治环境上说,主要是一种封建文化。"②总体来看,中华优秀传统文化

---

① 新华社:《习近平在文化传承发展座谈会上强调 担负起新的文化使命 努力建设中华民族现代文明》,新华网,http://www.news.cn/politics/leaders/2023-06/02/c_1129666321.htm,2023 年 6 月 2 日。
② 赵坤:《中华优秀传统文化当代价值》,广西师范大学出版社,2019 年版,第 57 页。

在内容上有着典型的农耕文明时代的特征。这种特征也构成了中华文明异于其他传统文明的重要依据,在一定程度上,这种差异性也是中华文明绵延不断的重要内在原因。中国历史上长时期的稳定的农耕经济,是中华优秀传统文化持续发展的重要时代性背景。中华优秀传统文化所提供的民族认同感和文化向心力也正是在其不断地创造性地回答时代问题的基础上才得以实现的。

具体而言,中华优秀传统文化的内容,在不同的具体的历史条件下,也呈现出典型的回应时代问题的创新性特征。如春秋战国时期百家争鸣的文化盛景,是与春秋战国时期"礼崩乐坏"的周朝没落直接相关的。百家争鸣的核心目的均在一个"救亡"。胡适曾指出:"吾意以为诸子自老聃、孔丘并于韩非,皆忧世之乱而思有以拯救之,故其学皆应时而生。"①正是基于春秋战国时期的特殊历史背景,中华优秀传统文化中的诸多议题在诸子百家的充分论争之中得到了前所未有的丰富、拓展和升华,确定了中华文化的基本内容和内在气质。再如到了秦汉时期,大一统的宏大历史背景,又在相当的意义上反映在秦汉时期的文化表达中,在思想文化上也呈现出一种统一的趋势和特征,最为典型的"罢黜百家,独尊儒术"在这一时期成为中华文化发展历程中的重要事件。在文化内容上,儒学逐渐被定为一尊,其他诸家学说逐渐地成为一种隐在的文化基因。之后的魏晋时期,中华文化发展又迎来了一次重大的融合变革时期。从社会历史的视角来看,魏晋南北朝阶段是中国历史上大动乱的阶段,乱世中的文化反而迎来了一波融合发展的高潮,尤其是在哲思文化内容上,由于玄学、佛学对于激荡乱世的特殊作用和意义,使得更具哲学意蕴的抽象思辨的玄学迅速发展,佛教及佛学也获得了前所未有的发展。这两种文化从内容到形态上赋予了中华优秀传统文化极其厚重的哲学性和宗教性。这在很大程度上拓展了中华传统文化的向度和深度。"魏晋南北朝时期儒、玄、佛、道二学二教的相互冲突、相互整合,造成意识形态结构的激烈动荡。……在文化的多重碰撞与融合中,中国文化得到多向度的发展和深化,强健而清新的文化精神大放异彩。"②在此之后的隋唐直至明清的各个时代,中华文化都与时代自身的特性紧密相关。这是中华优秀传统文化在内容表达上呈现出的创新性的主要意涵。

在我们论及中华优秀传统文化融入高校思想政治理论课程这个时代命题的时候,认识和理解中华优秀传统文化的创新性特征,并不是在文化史和文化本身的概念的意义上来谈的,而是要通过对中华优秀传统文化的创新性特征的认知和理解,发掘中华优秀传统文化在内容上之所以能够融入当今时代的内在逻辑和依据。也就是说,尽管在概念的使用上有严格的"传统"内涵和视角,但这并不意味着在当代充分发挥中华优秀传统文化的时代价值只能循古、法古,尤其是在"两个结合"的大背景下,中华优秀传统文化深具当

① 胡适:《中国哲学史大纲》,浙江古籍出版社,2023年版,第309页。
② 张岱年,方克立:《中国文化概论》,北京师范大学出版社,2004年版,第69页。

代性。中华优秀传统文化的此种当代性是由中华优秀传统文化内蕴着的创新性特征所决定的。中华优秀传统文化在其内容上的时代性特征在一定程度上说明了其根植于中国农耕文明的基本状况。尽管当前我们在整体上处于以现代工业化文明为核心特征的新的历史阶段,但这并不意味着中华优秀传统文化在当代的隐没甚至消弭,反而可以看到中华优秀传统文化在数千年的发展历程中,在沧桑巨变的时代变迁中,不断地拓展与延伸,不断地构筑着中华民族的"根与魂"。这是中华优秀传统文化强大生命力的体现,这种生命力恰恰是来自对于时代的极其宏阔的包容性和适应性,同时又在基础的意义上构建着和影响着时代本身。"一定的文化(当作观念形态的文化)是一定社会的政治和经济的反映,又给予伟大影响和作用于一定社会的政治和经济"①。文化的沉淀不仅仅是对社会生产方式的表达,更多的是对生活方式的呈现。中国式现代化的推进,在相当的意义上变革了生产方式,但是中国人的生活方式,尤其是在中国式现代化背景以及要求下的中国人文和社会伦理仍旧具有深厚的中国传统。这种中国传统的延续本身也是由中华传统文化构建着的。同时,中华优秀传统文化内蕴的时代性特征所呈现出来的对时代的包容性和融合性本身在中国式现代化的背景下,也再次在时代的变迁中获得了新的生命力。

因此,理解中华优秀传统文化的时代性特征,是理解中华优秀传统文化在当代发挥其价值和意义的前提,更是理解和把握中华优秀传统文化融入当代高校思想政治教育课程的重要前提。融入高校思想政治理论课程的中华优秀传统文化,一定是结合了时代性特征的内容,这种内容的融合,是在创造性转化和创新性发展中的融合。习近平总书记在文化传承发展座谈会上再次强调指出:"中国文化源远流长,中华文明博大精深。只有全面深入了解中华文明的历史,才能更有效地推动中华优秀传统文化创造性转化、创新性发展,更有力地推进中国特色社会主义文化建设,建设中华民族现代文明。"②这为我们认识和理解中华优秀传统文化融入高校思想政治理论课程提供了内容性把握的核心原则。

三、中华优秀传统文化内容的统一性

中华优秀传统文化的凝结,经历了漫长的历史进程,在此进程中,从提出并回答人与外界环境问题的总结性探索天人关系,到回应在社会意义上人与他者以及个体与群体关系的群己之辩,再到对深层次价值观念建构的核心问题义利与理欲之思辨的义利之辩,以及最后极具中国特色的对终极人格和价值目标的非宗教化的追寻"内圣"与"逍

---

①　毛泽东:《毛泽东选集》(第二卷),人民出版社,1991年版,第663—664页。
②　新华社:《习近平在文化传承发展座谈会上强调 担负起新的文化使命 努力建设中华民族现代文明》,新华网,http://www.news.cn/politics/leaders/2023-06/02/c_1129666321.htm,2023年6月2日。

遥",构成了中华优秀传统文化的整体性结构。这一整体结构从个体行为的规范到社会运行的规则,从对现实世界的关照到理想境界的探寻,回应了文明与文化的各个层面的问题,并且形成了对诸种问题既对立又统一的不同流派的回答。"中国传统文化在其历史发展中,通过对天人、群己、义利、理欲等关系的规定,逐渐展示了自己的价值观念,并在儒、道、墨、法、佛诸派的价值原则中取得了自觉的形成。"①这是中华优秀传统文化在逻辑结构上呈现出的统一性特征。

中华优秀传统文化在内容层次上,也呈现出典型的统一性特征。既有关于"天人之学""变易会通""中和之道"的哲学文化的系统性总结,也有关于"修身立德""道德教化"等道德文化的系统性探索,还有"德政""尚贤""法治"的政治文化的建构,更有先秦散文、汉赋、唐诗、宋词、元曲、明清小说等文艺文化的流变,最后还包含着古代传统科技文化的朴素而缓慢的发展。这就构成了中华优秀传统文化在基本内容上,从"代表着人类认识世界的精神成果"的精神层面的文化,到"代表着人类营造社会关系、规范社会行为的制度成果"的制度封面文化,再到"代表着人类改造世界的物质成果"的物质层面文化的系统性、整体性的结构,在这个整体结构中,对不同层次问题的回答,所呈现出来的世界观和方法论是一致的、统一的。

中华优秀传统文化在其精神特质上,也具有统一性。比如在和其他民族传统文化的比照中,我们大致可以判断,中华优秀传统文化具有显著的伦理特性。张岱年曾把这种伦理特性归结为"伦理类型",这种类型的民族文化对中国人的传统生活方式的构建提供了基本的价值遵循。这种文化特性是不同于其他民族文化,尤其是以西方文化为代表的民族文化的。有学者认为中西方文化在传统意义上的区别在于对"德"与"智"的侧重点不同,这个论断是有其合理性的。但是中华优秀传统文化中的伦理特性并不意味着把"德"与"智"对立起来,只注重"德",只是在于西方传统文化的对比中,中华优秀传统文化的伦理特性更加显著。黑格尔在其《历史哲学》中评价中华传统文化时曾指出:"中国纯粹建筑在这一种道德的结合上,国家的特性便是客观的家庭孝敬。"②黑格尔的这个论断指出了中华传统文化的伦理性特征,但是黑格尔对中华优秀传统文化的"道德"优先性的评价是不全面的。中华优秀传统文化是把伦理问题放置在整个世界观的主要线索之中的。"把人伦的观念,贯彻到天地万物之中,正典型地代表了中国文化的伦理型特色。因此我们也可以说,中国古代文化是一种天地合德的伦理类型。"③正是这种民族性特征,呈现出了中华优秀传统文化异于其他文化的统一特性,在两个结合的背景下,这也正是中国式现代化之所以为中国特色的重要内在构成。

---

① 张岱年,方克立:《中国文化概论》,北京师范大学出版社,2004年版,第272页。
② [德]黑格尔:《历史哲学》,王造时译,生活·读书·新知三联书店,1956年版,第65页。
③ 张岱年,方克立:《中国文化概论》,北京师范大学出版社,2004年版,第236页。

中华优秀传统文化在其内容上的统一性特征,是与高校思想政治理论课程内容的整体性高度一致的。高校思想政治理论课,在其内容上也呈现出结构、逻辑、层次的统一性特征。中华优秀传统文化内容的统一性要求融入高校思想政治理论课程是一种统一性的、整体性的融入,而非断裂式的、碎片化的融入,只有整体性融入才能保证中华优秀传统文化在高校思想政治理论教育中发挥结构性的功能。同时,高校思想政治理论课程从其自身的发展规律和特征来看,对优秀传统文化的吸纳与融汇也必须是一个坚持统一性的过程,这与高校思想政治教育工作的全局性和全过程性紧密相关。也正是在这个意义上,才能在真正意义上实现"两个结合"中的第二个结合。高校的思想政治理论课堂是宣传和推广马克思主义同中华优秀传统文化相结合的重要平台和前沿基地,在高校思想政治理论课程里融入中华优秀传统文化的过程中,只有理解和把握住中华优秀传统文化的统一性特征,才能重新激活中华优秀传统文化在现代的价值引领作用,才能实现当代高校思想政治工作的核心目标。

四、中华优秀传统文化内容的包容性

中华优秀传统文化具有中华民族独特的内容表达,这种独特性的形成,源自中华优秀传统文化在孕育发展的过程当中始终保持一种开放和包容的特性,并且在文化的演进过程中已经把此种开放和包容内化为中华优秀传统文化延绵发展的方法论。包容性是中华优秀传统文化内容的重要特征,这一点首先体现在从多民族的历史融合中不断地形成了具有统一认知标识的民族文化的过程之中。中华优秀传统文化的主体在一定程度上是指向具有多样性和多元性的中华民族的,中华民族的多民族性本身也提出了中华优秀传统文化的演化必须具有包容的精神。"文化的民族差异可以从人与自然的关系、民族关系、家庭关系、宗教关系等方面来分析。"①中华优秀传统文化的民族性特征,也正是在回答这一系列问题中不断得以强化的。

中华优秀传统文化在提出问题的视角、回答问题的价值导向上具有一种兼容并包的多元化特征,这种多元性对于文化的内容,尤其是关于世界观和价值观的深层次表达来讲,呈现出一种整体性的意蕴,并非在单一的层次和以单一的视角中来审视人与世界,而是在一种对立的、思辨的状态下回应对人和世界的观察。这种文化在价值层面的多元性所体现出来的整体性意蕴,在某种程度上也是中华文明源远流长的一个内在要素。从中华优秀传统文化的源头活水来看,这一多元价值的第一次涌现是春秋战国时期的百家争鸣。如司马谈认为的"六家"之争,以及在《汉书·艺文志》中对诸子十家参与学术争鸣的记载,无不呈现出这场学术大争鸣所带来的文化大繁荣:它通过各家各派在学术上的相互对擂、相互论争与相互吸纳,推动学者们围绕学术中的是非问题进行自己的理论思

---

① 张岱年,程宜山:《中华文化精神》,北京大学出版社,2015年版,第40页。

考,并通过争鸣这一舞台各抒己见,较量优劣,推动学术走向深化,从而在客观上达到取长补短、择优汰劣的文化效应。百家争鸣在当时既冲击了奴隶制的独断制,也推进了学术领域独立思考新风尚的形成,无疑给中华民族学术发展带来空前机遇。①

马克思主义的世界历史理论揭示了人类社会从民族、地域性的发展随着普遍交往逐渐向世界历史进发的基本趋势,激荡四百年的世界现代化进程也在现实的意义上展现出了世界化的趋势。但是世界历史并不是抹掉所有的民族、国家,重构一个全新的历史生活,而是一个在各自民族历史充分发展的基础之上不断融合交往的过程。在这个过程中,在文化演进中,不但不能够放弃包容性,反而还要更加努力地坚持包容性,通过对多元性、民族性的文明和智慧的包容,才能在真正的意义上通往世界历史。融入高校思想政治理论课程的中华优秀传统文化,要在这样的世界历史的眼光和格局中展开,要在充分地坚持并不断丰富中华优秀传统文化的包容性当中展开,才能为当前高校思想政治理论课程的建设与发展提供真正的价值和力量。

五、中华优秀传统文化内容的和平性

"贵和尚中"是中华优秀传统文化的基本精神之一,这也是中西文化差异性的一个重要表现。崇尚和谐与中道的价值原则,贯穿于中华优秀传统文化内容的各个方面。《国语·郑语》中的一段经典论述集中地说明了中华优秀传统文化的这一突出特征:"和实生物,同则不继。以他平他谓之和,故能丰长而物归之。若以同裨同,尽乃弃矣。"这段论述中对和与同的辩证分析,突出地呈现出了和谐的重要性。在之后的中华优秀传统文化发展进程中,也有非常多的先贤进一步地对和谐在中华文化中的重要性进行了丰富而深刻的探讨。和谐的价值追求,在今天的国际社会关系建构中,就呈现出了弥足珍贵的和平性特征。"重和去同的思想,肯定了事物是多样性的统一,主张以广阔的胸襟、海纳百川的气概,容纳不同的意见,以促进民族文化的发展。"②这是文化内容所呈现出来的底层价值观,这种基础的价值观在国家关系层面上,就呈现出崇尚和平的价值追求。有学者总结了"贵和尚中"的两个层次的内涵:"以和为贵的发展理念包括两个方面:一是对内追求和谐发展,包括追求人与自身和谐、人与人和谐、人与社会和谐及人与自然和谐……二是对外追求和平与发展。中国古代在谋求国家发展、处理国际关系时主张采取和平方式。"③此种处理对外国家关系的和平原则在中国历史上有着非常典型的表现,从汉唐到明清都有诸多的和平发展的案例。

中华优秀传统文化突出的和平性,在指导和规范中华民族在历史上处理与外域文明

---

① 黄钊:《中华优秀传统文化概论》,高等教育出版社,2022 年版,第 35 页。
② 张岱年,方克立:《中国文化概论》,北京师范大学出版社,2004 年版,第 262 页。
③ 赵坤:《中华优秀传统文化当代价值》,广西师范大学出版社,2019 年版,第 125 页。

交流的过程中,秉承允和执中的理念构建和平的交往关系的同时,也为中华优秀传统文化本身带来了非常重要的融合融会的机会。这也是中华优秀传统文化在不同的历史时期回答不同的时代问题中能够获得最为丰富的时代化、创新性的发展的重要原因所在。中华优秀传统文化兼容并蓄的特征不仅仅是对内部各族文化的融会,还包含了在对外交流的过程中对外域文化的交流与融会。比如在不同的历史时期,对佛教文化、游牧文化等的接触与吸纳。"中国文化系统或以外来文化做补充,或以外来文化做复壮剂,使整个机体保持旺盛的生命力。外域文化系统也在与中国文化的广泛接触中汲取营养,滋润自身的肌体。"①中华优秀传统文化突出的和平性在这个意义上不仅仅给中华民族文化自身的发展带来重要的融合发展基础,也对世界其他文化的发展提供了重要的融合基础。

在当前世界文化交融出现典型的现代性张力的背景下,中华优秀传统文化突出的和平性,为构建人类命运共同体,弘扬全人类共同价值提供了非常重要的文化支撑和依据。习近平总书记在文化传承发展座谈会上指出:"中华文明具有突出的和平性,从根本上决定了中国始终是世界和平的建设者、全球发展的贡献者、国际秩序的维护者,决定了中国不断追求文明交流互鉴而不搞文化霸权,决定了中国不会把自己的价值观念与政治体制强加于人,决定了中国坚持合作、不搞对抗,决不搞'党同伐异的小圈子'。"②把中华优秀传统文化融入高校思想政治理论课程教学,也必须遵循中华优秀传统文化突出的和平性,在融入内容的选择上,要发掘和整理呈现和平性的优秀传统文化内容,并且在此基础上从思想政治教育的视角和平台出发,把握和传播具有典型和平性内容的中华优秀传统文化。

第二节 中华优秀传统文化融入高校思想政治理论课程教学的内容体系

一、中华优秀传统文化中的宇宙观

在漫长的历史演进过程中,人类宇宙观经历了不同的历史发展阶段,每一个历史阶段下也都形成了特定的历史形态,留下了深刻的印记。传统文化中的宇宙观不仅仅是在特定的时代展现着其独特的文学魅力,在当今时代的新发展阶段下也同样适用,它不仅能够为我们提供思想引导和哲学启发,同样也为当下观点理念的提出提供了理论支

---

① 张岱年,方克立:《中国文化概论》,北京师范大学出版社,2004 年 1 月,第 86 页。
② 新华社:《习近平在文化传承发展座谈会上强调 担负起新的文化使命 努力建设中华民族现代文明》,新华网,http://www.news.cn/politics/leaders/2023-06/02/c_1129666321.htm,2023 年 6 月 2 日。

撑,是中华优秀传统文化与当下发展理念融会贯通的新的体验。因此,在当下发展过程中,无论是从对于优秀传统文化的继承和发展角度来说,还是从社会发展所面临的现实需要上来说,将中华优秀传统文化中的宇宙观引入思想政治教育课堂都有着非常重要的当代价值。

首先,我们应该对于宇宙观这一观念有一个相应的理解。关于宇宙观的定义,不同的发展阶段对其的描述展开了不同的思考回答,展现了不同维度上的概念体系。宇宙的这一概念自中国古代就已经出现,根据现存古籍的记载中,最早将"宇"和"宙"连接在一起的是《庄子·齐物论》。在其中这样提道:"有实而无乎处者,宇也;有长而无本者,宙也。"它从两个概念意义上阐明了时间和空间的含义,融合了最早的宇宙观念。老子对于宇宙观这样描述——"一生二、二生三、三生万物",他提倡"道法自然"。毛泽东在《矛盾论》一文中对于宇宙观的定义也作出了相应的阐述,他指出:"在人类的认识史中,从来就有关于宇宙发展规则的两种见解,一种是形而上学的见解,一种是辩证法的见解,形成了互相对立的两种宇宙观。"[①]

自古以来,中国人对于宇宙观的形容无论是从物质上还是从空间上来说,都是充满着艺术力和想象空间的。在长期的发展过程中,我们将宇宙观界定为一种文化,但同时又不拘泥于文化的表现形式,不仅仅是从自然层面来进行侧重,也同样强调宇宙观在现实当中的实用和适用。传统文化中的宇宙观经历了长期的积累发展,在当下更是与社会主义核心价值观高度契合,那么,我们该如何理解宇宙观中所蕴含的理论原理,就显得尤为重要。

世界观是高校思想政治理论课程教学中一个基础性的内容,中华优秀传统文化中的丰富而又深刻的宇宙观,对于当前培育大学生科学的世界观可以提供重要的内容支撑。在"两个结合"的背景下,把中华优秀传统文化中的宇宙观同马克思主义世界观有机融合,对于高校思想政治理论教学具有重要的意义。

(一)天人合一

谈及宇宙观,我们首先想到的就是"天人合一"的理念。一位学者曾指出:"主张'天人合一',强调天与人的和谐一致是中国古代哲学的主要基调。"关于"天人合一"的观点,在其发展演进的过程中,汇聚凝练了不同思想家的观点。传统儒家和道家在关于"天人合一"的观点上也有着不同的看法。《老子·二十五章》中有:"人法地,地法天,天法道,道法自然。"《庄子·齐物论》中提道:"天地与我并生,而万物与我唯一。"可以看出,老子和庄子在关于"天人合一"的观念里,更加突出的是"天"的作用,即人要努力提高自身的修为来达到"天人合一"的境界。传统儒家在对于"天人合一"观点的表达上与

① 毛泽东:《毛泽东选集》(第一卷),人民出版社1991年版,第300页。

道家有所不同。儒家思想中对于"天人合一"的阐述更多是突出"人"的主观能动性。汉代董仲舒在《春秋繁露·阴阳义》中指出"天亦有喜怒之气,哀乐之心,与人相副,以类合之,天人一也",这表明了他对于"天人合一"的看法。到了宋代,张载在《正蒙》中提出"天人合一",这是"天人合一"这一概念的首次明确提出,并在随后的发展过程中不断地得以充实和完善。"天人合一"的观点不仅仅在历史进程中发挥着其独特的理论价值,在当下的发展中也同样兼有理论和实践价值。2021年4月,国家主席习近平在领导人气候峰会上强调指出:"中华文明历来崇尚天人合一、道法自然,追求人与自然和谐共生。"追求人与自然的和谐共生是"天人合一"的宇宙观的核心观点阐述,它强调人与天地万物一体同源,即自然万物本身就是一个大的共同体,人和万物共生共存。"天人合一"的观念承载着中华文明千年来的生存理念,这样的生存理念回答了人与自然和谐相处的重要作用,也与当下生态文明理念相得益彰。党的二十大报告指出:中国式现代化的重要内涵之一就是人与自然和谐共生的现代化。这一论断充分彰显了中国式现代化的实践,站在中华民族永续发展的高度,站在赓续人类文明的高度来深刻阐明人与自然是生命共同体,揭示了保护生态环境就是保护生产力、改善生态环境就是发展生产力的全新理念和深刻道理,为我们在今天处理人与自然的关系指明了发展和保护协同共进的新路径。

当前世界大多数国家都同时面临着环境问题,生态文明理念的提出是顺应当下的发展潮流的。"绿水青山就是金山银山",重视生态文明的建设有助于整个世界的长久可持续发展。因此,将宇宙观中所蕴含的"天人合一"的理念引入思想政治教育的课堂有助于帮助同学们更好地树立尊重自然、顺应自然和保护自然的观念,培养爱护环境的基本素养,为生态文明的建设贡献出自己的力量。

"天人合一"作为中华优秀传统文化中宇宙观的核心内容,自然是基于中国哲学的基本前提和逻辑来建构的,具有典型的唯心主义哲学的特征。但是从天人合一的理念所阐发出来的对万物世界的重视与尊重,对人与世界关系的内在和谐的强调,与辩证唯物主义世界观中世界的物质统一性和人与世界基于实践的内在统一性具有高度的可融合性。在马克思主义基本原理课程(后文称"原理"课程)中,辩证唯物主义的世界观强调世界的物质统一性原理,世界的物质统一性是奠基在对人的实践范畴的理解之上的,抛开了人的实践活动,无法从整体上理解世界的物质统一性,且极容易陷入对物质和意识辩证关系的狭隘性理解,也无法从根本上理解社会历史的客观实在性。"天人合一"的宇宙观在本体论上就异于西方传统世界观中的二元论哲学,强调人与世界的内在互动,从这个视角出发,能够很好地帮助大学生在"原理"课程中更深入地理解马克思主义的辩证唯物主义世界观。同时,习近平新时代中国特色社会主义思想课程(后文称"新思想"课程)中,有大量的对时代化马克思主义创造性的理论推进,比如"以人民为中心"的价值论,"人与自然和谐"的生态哲学等,都可以从"天人合一"的传统哲学中找到适合于现代的、有效的理论和思想资源。

（二）民胞物与

"民胞物与"也是传统文化宇宙观中的一个概念表达，这一观念最早是由北宋哲学家张载在《西铭》一篇中所提出的，他指出："民吾同胞，物吾与也。"这一思想是张载在融合了墨子"兼爱"的思想、孔子、孟子"仁爱"的思想以及在继承了"天人合一"的思想基础上所融合成的一个新的较为全面的理论观点。需要指出的是，张载的"民胞物与"思想的提出超越了传统的理解界限，开始从伦理方面进行回答和思考人与人以及人与自然之间的关系。《曾文正公家书》有："君子之立志也，有民胞物与之量。""民胞物与"的思想将万事万物都归于一个平等的位置上来进行考量，这一思想顺应着当今世界和谐共生的理念，对于当下和谐社会、和谐国家的建设有着非常积极的意义。

在当今时代的发展过程中，人们大多重视个人利益而忽略集体利益，人与人之间关系也越来越失真，人们之间的信任度在逐渐降低，在这样的社会现状下，积极学习把握"民胞物与"所蕴含的人与人、人与自然之间"胞生一体"的哲学理念就显得尤为重要。

构建科学的自然观和生态观，是当代高校思想政治理论课程教学中价值观教育的重要内容。这一内容在诸多思想政治理论课程中都有体现，以"原理"课程、"思想道德与法治"课程、"新思想"课程为例，均涉及关于正确认识人与自然的关系、正确把握生态建设的重要意义等内容，有机地融入中华优秀传统文化宇宙观中的"民胞物与"思想，对于达成高校思想政治理论课程的教学目标有重要的意义。尽管民胞物与相关的理论阐述有其典型的时代局限性，但是其所蕴含的对于当今时代而言的积极因素，如其核心所论证并且强调的人与自然和谐相处，以及在此基础之上对人类中心主义的批判等，对于帮助当代大学生树立正确的自然观、生态观具有重要的意义。

（三）厚德载物

"厚德载物"这一概念出自《周易·坤》象辞："地势坤，君子以厚德载物。"何为"厚德"？"德"即为道德、品德，"载"即为承载。在不同时期，对于"厚德载物"的阐述也各不相同。道家创始人老子曾提出"上善若水""上德若谷"等思想观点，从人的品行要求方面对"厚德载物"这一思想进行了延展。儒家"以德为先"的理念也是"厚德载物"思想的延续和发展。从这个方面来说，孔子的思想观念与老子的思想观念有所相同，在关于"厚德载物"思想的表达中，多是从品德教养修养方面来进行着手。孔颖达在《周易正义》中疏曰："以其广厚，故能载物。"这一论述从大地深厚且孕育万物的角度再次深刻彰显出了"厚德载物"的精神意蕴。发展到当下，张岱年先生更是把"厚德载物"这样一种精神定义为中华民族精神的一种体现。"厚德载物"的精神与当下我们所追求的"包容"的价值观念深度契合，它向我们传达出了一个有道德的人应当能够包容"万物"，要敢于承担。它不仅包含着民族理念，同时也包含着丰富的伦理道德观念，能够在社会发展的大环境下,引导学生们培育和践行社会主义核心价值关键,自觉发挥主体意识,构建和谐社会,促进整个社会的健康有序发展。

厚德载物,是中华优秀传统文化价值体系中的关键内容。它不仅承载着中国人传统价值体系中的人与世界价值关系的核心要求,同时承载着人在现实生活中的态度和价值原则。此种道德规范,对于批判和抵制现代社会所带来的个人主义和自由主义风潮具有重要的作用和意义。在高校思想政治理论课程体系中,有多门课程都有相关的价值观教育的内容,尤其是在思想道德与法治课程(后称"德法"课程)、"原理"课程、"新思想"课程中,关于真理与价值,关于社会主义道德,关于社会主义核心价值观,关于新时代中国特色社会主义文化等知识和理论的教学过程中,合理地融入厚德载物的相关阐述和思想,会极大地提升教学效果,提升学生对于相关知识,尤其是对应价值观的理解和认知。

(四)道法自然

不同于前者在概念的形成过程中经过长期地积累、继承和发展,"道法自然"这一概念是老子直接明确提出的。老子在《道德经》中指出:"人法地,地法天,天法道,道法自然。"道家在对于"道"的理解中将其概括为既包罗万事万物但同时又保持自身的独立性,"法"即效法、遵循,"自然"在这里所指向的并不是传统意义上的自然界,而是侧重于老子"无为"的思想观念,即要尊重和顺应客观规律,在这里虽然强调了人作为主体的作用,但它同样要求以遵循客观发展规律作为大的发展前提,要在把握万事万物发展的规律之上来进一步促进自我以及社会的发展。"道法自然"的观念给人们提供了一种认识事物、把握规律的方法论,对于人们的认知方式也有着一定的引领作用。

"道法自然"的观念给人们提供了一种认识事物、把握规律的方法论,对于提升学生的认知方式也有着一定的引领作用。万事万物的存在和发展都有其特定的发展规律,在现实的生活中,无论处理和面对什么样的事情,我们都要找到其中的内在逻辑,遵循事物发展的客观规律,切不可操之过急、"偃苗助长"。

道法自然,也是中华优秀传统文化中极其重要的世界观组成部分。同前所述的其他宇宙观一样,道法自然在其理论体系内部具有强烈的时代性特征,其本体论基础与辩证唯物主义世界观有较大的差异。但是,其内在也蕴含着深刻的朴素唯物的本体论要素和朴素辩证的方法论特征。这种朴素的唯物主义要素是中国人长期以来的宇宙观,其中对人、地、天逻辑关系的论述中所蕴含的朴素辩证思维在一定程度上也构成了中国人传统的认识方法论基础。把这两部分内容融入高校"原理"课程之中,将会对认识和理解相对深刻复杂的马克思主义世界观和唯物主义辩证法方法论体系产生非常有效的促进和帮助作用,对于"新思想"课程当中关于人与自然和谐共生、人类命运共同体理念等都具有启发意义。

二、中华优秀传统文化中的天下观

"天下观"是中华优秀传统文化的一部分,凝聚着中华文明发展史上不同时期的"天下情怀"。中国传统意义上的"天下观"是在朝代的更迭变换中所遗留下来的文化产物,不同的历史阶段,有关"天下观"的定义理解也各不相同。

想要更好地把握"天下观"的相关内容,首先要对"天下观"这一含义有所理解:"天下"这一名词并不是短期内所产生的,中国自古以来就对"天下"这一名词有所阐述,作为传统文化中的一个重要概念,它承载了中华发展史上人们对于所生存社会的见解,也为中华民族的知识体系、价值体系和各类实践活动提供了一个人们可以更好理解的框架。原始社会的发展时期,对于"天下"这一词尚且没有完整的定义,在当时的社会发展和自然地理环境等现实条件制约下,人们的生活更多的是为了寻求满足自身生存的条件,对于"天下"这一词尚且没有明确的定义,更多的是将其作为一个单独的概念所提出,主要是指"天地万物之外的自然空间"。此后,随着社会不断发展演进,对于"天下"这一名词的描述就不仅仅只局限在传统的地理意义上,也相应衍生出了政治伦理等方面的理论研究。

天下观作为中华优秀传统文化中的一个衔接性概念,在不同的历史阶段上有着不同的回答。随着民族国家的建立以及社会的不断更新发展,我们对于天下观这一概念也有了全新的表述。习近平总书记在主持中央政治局第三十九次集体学习时指出:"中华文明自古就以开放包容闻名于世,在同其他文明的交流互鉴中不断焕发新的生命力。"[①]传统文化中的天下观经历了长期的发展演进,在当下更是与社会主义核心价值观高度契合,那么我们该如何理解天下观中所蕴含的理论原理就显得尤为重要。

(一)和而不同

西周末期,史伯提出了"和实生物,同则不继"的观点,旨在劝诫君王能够多方面听取不同的意见;春秋时期,晏婴曾提出君臣"和"则国兴,"同"则国衰。能够看出,早期在关于"和而不同"的观点运用对象上,大多是指向了君臣之间,和我们如今所理解的定义有所不同。根据相关记载,关于"和而不同"思想的明确表述最早来源于《论语·子路》中"君子和而不同"一言,是孔子在继承和发展了史伯及晏婴的观点之上所进一步凝练提出的。孔子提出的"君子和而不同"观点更多的是适用于人与人之间的交往。根据这一观点,朱熹曾注解:"和者,无乖戾之心;同者,有阿比之意。"在这里,我们不难看出,孔子和朱熹关于"和而不同"的观点都是站在人与人之间交往的角度来进行解释的。"和而不

---

① 习近平:《把中国文明历史研究引向深入 增强历史自觉坚定文化自信》,《求是》,2022 年第 14 期,第 4—8 页。

同"的观点也在不断地更新和发展,在不同的时代展现出了不同的思想价值。费孝通将孔子的"和而不同"思想延伸到了国家、民族以及文化与文化的交流融合之间。当今时代,我们对于"和而不同"思想的理解其实更多的也是从不同的民族以及多元化的文化交流碰撞这个角度来进行着手的。"和而不同"这一思想在几千年来的发展中从最初的君臣之间、人与人之间逐渐转化到了当下民族与民族之间、文化与文化交流中间。

对当今时代"和而不同"概念的回答,首先要从定义角度进行。"和"是指和睦或和谐相处,中华民族历来崇尚以"和"为贵。"不同"即为差异性,但在这里所阐述的"不同"并不具有排他性,相反来说其表达了对于差异性的尊重。"和而不同"是各国之间展开交流互动的基础,它涉及和囊括了各种不同的问题。习近平总书记提出,人类应该和衷共济、和合共生,朝着构建人类命运共同体方向不断迈进,共同创造更加美好未来。[①] "和而不同"的理念告诉我们,每一个民族、国家都有着其独特的生存和发展的方式,我们应当在大的发展环境中,始终尊重每个民族、每个国家的独特的一面,在多方面交流碰撞的过程中,尊重差异,友好相处。

"和而不同"蕴含着极为深刻的方法论。在当今世界的现代化进程和当今社会的现代化图景当中,由于个体主义和市场化,对差异性和独特性的价值追求成为显在的主流。但是这种价值选择不可避免地带来了主体间的冲突,并且这种冲突大有加剧之势。如何理解此种现代化途径和趋势,是当代高校思想政治理论课程教学的重要内容,帮助学生们构建科学认识当代社会的和与不同的知识体系和分析复杂问题的方法至关重要。和而不同是中华优秀传统文化中深具智慧的方法论原则。在"两个结合"的背景下,和而不同的天下观更是为时代化的马克思主义理论处理当代世界风波诡谲的重大问题提供了重要的方法论指引。因此,在高校思想政治理论系列课程中,都可以有机地融入和而不同的天下观。比如在中国近代史纲要课程(后称"纲要"课程)和毛泽东思想和中国特色社会主义体系概论课程(后称"概论"课程)中,在"新思想"课程中对于中国式现代化道路、理论和价值体系的纵向、横向的知识和逻辑梳理中,和而不同可以作为一个基础的世界观和价值观为学生提供一个重要的理论视野和方法论遵循。

(二)协和万邦

中国自古以来就秉承着"协和万邦"的友好相处观念。《左传·隐公六年》有"亲仁善邻,国之宝也",深刻地突出了睦邻之间友好相处的重要作用。千百年来,协和万邦的思想一直作为中华优秀传统文化的一部分流传开来。《尚书·尧典》有"克明俊德,以亲九族。九族既睦,平章百姓。百姓昭明,协和万邦",这段话通过记载尧协调妥善处理邦

---

① 习近平:《在中华人民共和国恢复联合国合法席位50周年纪念会议上的讲话》,《人民日报》,2021年10月26日,第2版。

国之间睦邻友好关系的事迹,深刻展示了"协和万邦"的实践意义。《论语·里仁》有"德不孤,必有邻",同样指出了要同周边国家和谐相处。"协和万邦"的思想比较形象地阐释出了自古以来我们所提倡的"和"这样一个基调。"协和万邦"的天下观不仅在以往的发展进程中发挥着作用,在当下,"协和万邦"的观念与当今时代人民对美好世界的追求这一目标也有所契合。

在整个世界共同发展的大环境下,中国一向主张和平发展,并积极践行和平发展道路,始终为和平发展作出自己的贡献,如"一带一路"倡议等都深刻体现了这一观点。此外,"协和万邦"的理念也有助于帮助学生们树正确的价值观,让学生更加深刻地体会到其重要作用。

中国式现代化理论体系中极为重要的内容就是人类命运共同体理论和全人类共同价值理论。它们的提出,是以马克思主义为核心原则和方法,结合中国式现代化的特色道路凝练而成的,但是中国式现代化理论体系中之所以能够凝练出此两种理论,还有一个非常重要的背景因素,就是中华优秀传统文化中"协和万邦"的理念。尽管我们并不能在全部的意义上吸纳中国传统哲学和政治学中的"协和万邦",但是其蕴含的极为深刻的价值观,在百年未有之大变局的今天,仍然具有重要的时代意义。在此意义上,把"协和万邦"理念融入当代高校思想政治理论课程,是必要的,并且也是亟须的。比如在"原理"课程中涉及的世界历史理论,尤其是"新思想"课程中与此相关的种种理论,都可以做有机的融合。这不仅能够帮助大学生更好地认识和理解世界历史演变的基本逻辑,更能够帮助当代大学生在面对复杂的国际局势时确立正确的国际观。最重要的是,此理念在融入高校思想政治理论课程的过程中,由于对其时代价值的揭示和阐发,也在一定程度上加强了大学生对习近平新时代中国特色社会主义思想的深入理解。

(三)家国天下

"家国天下"理念是中国古代天下观的一个重要理念,展现出了古代人民对于整体利益的重视。对于"家国天下"的描述,应当从个人、社会、国家三个角度来进行阐释。《孟子·离娄》有"人有恒言,皆曰天下国家,天下之本在国,国之本在家,家之本在身。"《吕氏春秋·去私》中祁黄羊的著名故事"外举不避仇,内举不避子"深刻地体现出了家国一体的情怀。《尚书·周官》的"以公灭私,民其允怀"强调了统治者要重视家国一体的重要作用。"家国天下"是在个人、社会和国家三位一体的基础上环环相扣的,它彰显出了古代人民对于整体利益的重视,在古代就已经展现出它强大的适用性。在当代,"家国天下"的情怀同样有着深刻意义上的现代价值。

"家国天下"所蕴含的哲学原理对于当今社会精神价值的引领具有重要的意义。它能够引导大家重视集体利益,当个人利益和集体利益发生冲突时,能够更好地作出选择,同时也能够激发大家爱国主义情怀,增强民族的认同感。"家国天下"的思想与当下所提出的人类命运共同体也十分契合,学习和把握其所包含的理论观点十分重要。

"家国天下"是中国人的传统价值体系当中非常重要的一个环节,是中国人政治抱负、精神生活的一个重要目标。家国天下的理念和价值追求,对于培养人的浩然正气,拓展人在生活世界的品质格局,推进社会关系的和谐有序具有重要的引领作用和凝聚价值。把"家国天下"的价值观融入高校思想政治理论课程,有助于提升当代大学生的精神追求,提升当代大学生的精神品格。尤其是在"德法"课程中结合人生观、理想信念、中国精神、价值追求和价值实践等内容,能在更大的程度上激发当代大学生的家国情怀,帮助学生构建更为坚实的国家观。

(四)天下大同

"天下大同"这一思想最初的源起可以追溯到春秋战国时期,在随后社会发展中得以进一步延续发展,直至当下。"天下大同"的完整表述出自《礼记·礼运》:"是故谋闭而不兴,盗窃乱贼而不作,故外户而不闭,是谓大同。"《礼记·礼运》中描述出了一个高水平的文明和社会道德的社会图景,这也是对"大同"这样一个理想世界的描绘。儒家和墨家等也对"天下大同"这样一个图景进行了不同的阐释。《论语·公冶长》有"老者安之,朋友信之,少者怀之",展现出了孔子以仁信对待所有人的志向。这也为"天下大同"理念的建构提供了思想引领。《墨子·尚贤》下篇指出:"有力者疾以助人,有财者勉以分人,有道者劝以教人。"这一论述将墨家"兼爱""尚贤"的观念展现得十分清晰。不论是儒家、墨家还是诸子百家中其他派别的观点,都为"天下大同"观点的产生提供了理论遵循。近代以来,康有为在博览群书的基础上也在其所著述的《大同书》中提出了"大同之世,天下为公"的美好愿景。不难发现的是,无论是古代、近代还是现代,"天下大同"的思想一直都在发展延续。

在当下,"天下大同"的思想与党的十八届五中全会所提出的共享的发展理念也是高度契合的。共享发展的理念从一定意义上来说是对"天下大同"思想的当代阐述,体现的不仅是对人与人、人与社会之间共享美好的憧憬,也是人们对未来社会发展走向更高水平和更高质量发展的向往。在当下深刻把握"天下大同"的理念能够培养广大人民用长远的目光来看待事物的发展,更好地在社会迅速发展的过程中迎合主动、把握机遇,取得更为长久的发展。

天下大同,在一定程度上可以称之为中国传统哲学中最高的价值理想。其对未来美好社会的丰富描述,和共产主义远大理想在价值诉求上具有内在的一致性。尽管二者的哲学基础和论证逻辑具有根本的不同,但是所表达出来的对未来美好社会的向往以及以此为目标所展开的努力奋斗的精神姿态,是当代高校思想政治理论课程的重要任务之一。就具体的融入而言,可以从多课程、多问题来切入,如"原理"课程中对社会主义和共产主义内涵、本质、特征的理论解释和分析，"德法"课程中对共产主义理想信念的理解和把握，"新思想"课程中对人类命运共同体理论的阐释等，有机地融入中国传统社会对天下大同的理论建构和价值追寻，会实现更好的教学效果。

三、中华优秀传统文化中的社会观

习近平总书记指出，"我们必须坚定历史自信、文化自信，坚持古为今用、推陈出新，把马克思主义思想精髓同中华优秀传统文化精华贯通起来、同人民群众日用而不觉的共同价值观念融通起来，不断赋予科学理论鲜明的中国特色"①。中华文化源远流长、博大精深，在中华民族五千多年的发展历程中，不断创造出丰富多彩、灿烂辉煌的中华文化，其丰富的哲学思想、人文艺术、价值准则、道德观念等，为中华民族生生不息、绵延发展壮大提供了强大的精神支撑，沉淀着中华民族最深沉的价值追求。其中无数优秀传统文化至今仍焕发着生机，具有鲜活的时代价值，是当代中国最深厚的文化软实力。

高校思想政治教育以立德树人为目标，肩负着为党为国培育接班人的使命。在当今世界迈入百年未有之大变局与新时代中国加快构建"双循环"新发展格局的背景之下，结合新的时代条件深入挖掘传统文化中的优秀资源，将其赋予时代特色以融入高校思政教学课程中，不仅对培根铸魂、启智润心具有重要意义，也是培养堪当民族复兴重任的时代新人、推动传统文化创造性转化与创新性发展与构建社会主义文化强国的必然要求。

和而不同的社会观一直是传统文化中的重要一部分，历代思想家们通过对理想社会的描摹，提出自己关于"大同世界""小康社会""和谐社会"等方面的主张。现今社会依旧追求求同存异、和谐发展，以达人与人、人与群体及社会、人与国家等多维度的和谐。和而不同的社会观作为指导当代青年处理个体与他人、个体与社会间关系的思想指南，为新时代社会发展提供着丰厚滋养，是高校思想政治教学中不可或缺的重要组成部分。

（一）以和为贵，和而不同

传统文化一向提倡强调"和"，认为人应当宽和处世，从而创造人际关系和睦的社会环境，这与社会主义核心价值观所强调的"和谐"具有内在一致性。不仅西周末年的史伯提出了"和实生物，同则不继"的命题，《论语·子路》中也有明确记载："君子和而不同，小人同而不和。"孔子一生都在研究人际关系，提出了"和为贵"，这种为人处世价值主张体现在社会层面，即强调求同存异、互相包容、尊重他人的权益等，以实现社会秩序稳定、人民生活幸福，最大限度地发挥集体的优越性，促进社会健康发展。和而不同四个字包含三方面的含义：

---

① 习近平：《高举中国特色社会主义伟大旗帜 为全面建设社会主义现代化国家而团结奋斗——在中国共产党第二十次全国代表大会上的报告》，人民出版社，2022 年版，第 19 页。

首先,"和"字体现出一种包容性。人是处在社会关系中的人,无法脱离于集体而存在,承认人与人之间存在的差异与矛盾,提倡人与人之间的异质共存,体现出对他人他事的尊重、理解与包容,说明传统文化在人际关系上所倡导的一种巨大包容理念。这种包容宽和的心态作用于社会层面,即主张人际关系和谐,避免冲突的发生,共同维护良好的社会秩序,这与高校思想政治理论课程所强调的和谐社会观点具有内在一致性。其次,"不同"二字表现出对个性的维护。社会是由不同的个体组成的,思政课教学应当在承认异质共存的前提下,同样注重强调个体具有的独立性,加强教导学生处于人际关系中时在尊重他人、正视差异的基础上不被轻易地同化,坚持自身的独特性,这样的社会观既体现出对社会中每一个人个性与独立人格的尊重,也有利于社会主体朝着多元化方向发展,为社会发展提供生机与活力。最后,"和而不同"蕴含着绵延不绝的生命力。《国语·郑语》有"和实生物,同则不继",思政课教学可以将其与唯物辩证法对立统一规律相结合,让学生更好地理解社会的创生是以和而不同为基础的,和谐是一种多样性的统一,并能切实做到尊重他人、维护社会秩序,保持自我独特性、多元助益社会发展。总之,将以和为基础与承认个体间的矛盾相结合,能够推动形成和谐稳定的社会秩序与永续健康的社会发展。

中和之道,是中华优秀传统文化体系当中,许多不同学派相对一致的价值认同。无论是儒家还是道家,均提出了"尚中贵和"的理念和价值。这一理念成为中国传统社会人们生存、生活中安身立命的核心原则。在今天中国式现代化推进的过程中,这一理念对于构建和美的现代社会关系,也具有重大的理论借鉴意义。以和为贵,和而不同的理论和价值,既可以同"原理"课程中关于辩证思维方法的内容进行深入的结合,也可以同"纲要"课程和"概论"课程中对不同历史时期中国共产党人的具体历史选择背后的价值遵循相结合,更可以同"德法"课程中人生观、道德实践等内容相结合,同"新思想"课程中生态文明理论、国际外交理论等相结合。在此意义上,以和为贵、和而不同既是一种理念和价值观,同时又是一种方法论,还是一种世界观。这与高校思想政治理论课程内容体系有着高度的可融合性。

(二)大同社会观与群己和谐

传统文化中的社会观所追求的和谐不仅指人与人之间的和谐,还包括人与群体的和谐、人与社会的和谐以及社会各群体之间的和谐。先秦思想家通过提出一系列人处在社会中与他人交往处事的道德准则,进一步描摹出一幅天下为公的社会蓝图。

古代中国人心中的理想社会叫作大同,比较系统的关于大同社会理想的论述,在中国古文献中最早见于《礼记·礼运》篇:"大道之行也,天下为公。选贤与能,讲信修睦。故人不独亲其亲,不独子其子,使老有所终,壮有所用,幼有所长,矜、寡、孤、独、废疾者皆有所养……是故谋闭而不兴,盗窃乱贼而不作,故外户而不闭,是谓大同。"在《桃花源记》

中,陶渊明给读者描绘了一个安居乐业、秩序井然的和谐社会,人与人间关系融洽;"致君尧舜上,再使风俗淳",在政治上失意的杜甫直抒胸臆表达对三代圣王之治的渴望。大同的理想社会观不仅是古代文人们向往的乌托邦,也是近代激励许多志士仁人寻求民族解放的重要精神动力。康有为在与西方资产阶级思想的碰撞下作了《大同书》,主张平等、博爱的生活准则,在一定程度上体现了 20 世纪初期对大同理想社会的某种追求。这些传统文化中体现出的大同理想,旨在建立一个社会稳定、人民幸福、安居乐业的大同社会,社会中个体与个体、集体与集体、个体与集体均处于和谐融洽的关系,而这个大同社会中的核心思想就是"天下为公",这既是中国思想文化中的社会主义基因,也是高校思政课教学在社会观层面需要突出强调的公平、正义、民主、和谐。

传统和谐社会观重视以人为本,不仅孔子对大道之行的大同社会心向往之,在维护秩序的同时不忽视对仁与德的强调,历史上也不乏其他文人思想家对人与社会处于和谐状态的追求与向往。孟子从血缘关系出发,通过"推己及人"的方式将自身与他人联系在一起,他说:"老吾老,以及人之老;幼吾幼,以及人之幼。天下可运于掌。"从每个人对父母、子女的感情出发,并将这种感情扩展到整个社会,建立起一张密切联系且团结友爱的社会关系网络,其终极目标是实现和谐社会,这与社会主义核心价值观在个人层面的要求不谋而合。社会中的每一个个体都做到友善互助,将更加接近社会和谐的目标。孟子认为应当推行教化,提高人们的道德水平,从而建立良好的社会风气,这也正是高校教学的任务之一。

除了大同之外,中国古代还向往一种太平之治。"太",通大,言范围;"平",言治,是一种公平、正义与平等的社会理念。传统文化中不乏公平正义思想。《论语》中的"不患寡而患不均",《吕氏春秋》中的"治天下也,必先公"等,这些思想和理论,在一定程度上都表达了一个国家、社会要想谋得和谐稳定与兴旺发达,正确地处理公平问题是首要的。墨子提出"兼爱"的社会观,认为"天下兼相爱则治,交相恶则乱",一旦社会成员做到了兼爱,社会就能实现人际相处友爱与社会公平公正的目标,"强不执弱,众不劫寡,富不侮贫,贵不傲贱,诈不谋愚"。在兼爱的基础上进一步提出"兼以易别"的社会主张,兼爱是解决社会治乱的唯一条件,应当用"兼"来代替等级上的"别",使社会实现公正和平等。和谐与平等是一个永恒的教育主题,社会主义核心价值观明确以"自由、平等、公正、法治"作为社会层面目标。对于高中思想政治学科教学来讲,公正平等是教育的重要内容,应当潜移默化地让学生在各个学习环节中形成对平等、正义、公平的深刻认知,尊重他人权益,认识到只有公平才能够协调彼此矛盾、促进社会和谐发展,切实做到与人友善而平等,尊重自身之外的整个社会群体,共同维护良好的社会秩序。

群己关系是横亘在现代化社会进程中的一个重要问题。尤其是在社会化大生产与个体主体确立的背景下,群己关系涉及现代化的诸多方面。如何认识群己,如何处理群己矛盾,如何评价和期待群己关系,是高校思政课中一个重要并且困难的课题。马克思主义经典理论和时代化的马克思主义为我们理解这一系列问题提供了基础性的理论资源,同时,在中国式现代化理论体系中,中华优秀传统文化中丰富的群己关系理论也可以为我们提供重要的理论资源和方法启示。尽管传统文化中的群己界定是在特定的阶级关系中展开的,但是在这一理论中对群己和谐的强调,为我们在今天处理全新的群己关系提供了重要的价值遵循。从马克思主义基本原理中可以发现,群己关系是马克思主义理论所关注的重点问题,因此可以在"原理"课程、"德法"课程中融入传统文化中对群际关系的论证,尤其是对群己和谐的价值追求,将会加深当代大学生对此问题的深入理解。

(三)尚贤的修身意识

中国古代众多思想家都表达过"尚贤"或类似的有关培育与选拔人才来治理社会的观念。对儒家来说,"尚贤"是对"亲亲"原则的有益补充,借此构建更稳定的社会秩序,孔子在其追求的理想社会中提出"选贤与能,讲信修睦"的观念,主张推崇贤能、重视人才。墨子更是将"尚贤"作为选拔人才思想的核心内容,认为这是治理好社会的必要条件——"夫尚贤者,政之本也",提出"厚乎德行,辩乎言谈,博乎道术"的规范,认为"士虽有学,而行为本焉",把德置于人才三条标准的首位,也将道德品行看作君子为人处世的根本、成为贤能之士的首要条件。墨子认为社会选拔中"官无常贵,民无终贱,有能则举之,无能则下之",应当不避卑贱来选拔贤能,量才而用,赋予其国家与社会治理中相应的位置。

用新视角来理解古代社会的"尚贤"观念并将其融入高校思想政治理论课程教学在当下依然有重大意义。当今社会"选贤与能"是为了挑选适宜者来参与社会治理、维护社会秩序稳定,也已经有一套规范的培养与选拔人才的制度程序。"尚贤"的理念,在今天的政治哲学和政治实践中具有重要的时代意义。从"概论"课程和"纲要"课程中对中国共产党和中国共产党人在革命事业、社会主义建设事业过程中所凝结着的政治素养和政治智慧总结,以及在历史视角下的政治实践中所显露的政治价值可以看出,尚贤仍旧是中国特色社会主义政治事业的重要价值原则。把这一内容有机地融入这几门课程,会在新的视角下帮助学生理解中国近代的政治历程和中国当代的社会主义政治实践。

"修身"在高校思想政治理论课程中则体现为对个人修养与学习能力的强调,意在培养当代青年形成完整而独立的人格,提升自身综合素质,学习一套可以安身立业、对社会能够做贡献的学问或一技之长。在"德法"课程中,有多章节都是关于培养大学生的人格与素养的内容,如人生观、理想信念、价值追求、道德实践等内容,在这些课程内容中,引入中国传统关于"修身"的理论体系,将在一定程度上帮助当代大学生构建更为丰富的社会认知。将传统社会观中的尚贤理论与高校思想政治理论课程相结合,用以丰富思政课教学中关于人性人格培养方面的内涵,可拓展德行培养教学的思路与内容,教导学生意识到应当靠形成良好人格与真才实干在社会上立足,培养学生以自己的真才实学推动社会发展的责任与担当意识,促进他们提高自我修养,在自己的目标领域内加强学问研究,以便后续更好地参与到社会治理与社会秩序巩固的工作上来。

(四)社会责任感与家国情怀

"我国知识分子历来有浓厚的家国情怀,有强烈的社会责任感,重道义、勇担当。"[①]家国情怀作为中国知识分子的高尚人格,自古以来便一脉相承、绵延不绝。此种情怀和人格自觉构成了中华优秀传统文化的组成部分。此种情怀和人格,更是当代中国人坚定文化自信、汲取民族复兴驱动力的宝贵精神财富,也是高校思政课教学中最重要的一环。

"社"字最早指的是"社稷",而并非现代话语里的"社会",先秦思想家们并没有明确将国家与社会加以区分,而且常常把国家与社会作为同一个概念来谈。[②] 从个人的生存境况来讲,尤其是个人发展的事业,无论处于何种境遇,都要心系家国,始终将国家利益、百姓福祉作为钻坚仰高、上下求索的最高追求,有强烈的社会责任感。儒家学说中体现家国情怀的最经典的命题之一就是出自《礼记·大学》的"修身、齐家、治国、平天下"。该理论认为修养人格与学问的终极目的是服务于家国集体,体现儒生强烈的理想抱负与对国家、社会的担当和使命;北宋大儒张载掷地有声的"横渠四句"——"为天地立心,为生民立命,为往圣继绝学,为万世开太平",深刻诠释了中国古代的文人志士心系家国的使命情怀,至今仍勉励着莘莘学子在求学路上勇毅前行;孟子云"乐以天下,忧以天下",北宋文豪范仲淹写出"先天下之忧而忧,后天下之乐而乐",都体现了强烈崇高的奉献精神和强烈的社会责任感;"安得广厦千万间,大庇天下寒士俱欢颜",杜甫饱受风雨之苦,但在落魄之际首先想到的仍是身处苦难中的百姓,愿意用自己一人的凄寒来换天下人民的得其庇护之所,这种伟大的牺牲精神感动着后人;"天下兴亡,匹夫有责"的观点出自明朝顾炎武的《日知录·正始》,此一论断的完整表达是"保国者,其君其臣,肉食者谋之;保天下者,匹夫之贱与有责焉耳矣";清朝末年内忧外患,彼时重要的思想家梁启超将自己对爱国的理解概括为"天下兴亡,匹夫有责",认为国家前途和命运与普通百姓息息相关,维护国家利益是每个人义不容辞的责任。

以天下为己任所表达出的关于家国社会的价值导向,与高校思想政治教育教学的目标具有内在的一致性,中国自古以来就有重视培养青年学子责任意识与爱国情怀的优良传统。大学生是中国式现代化建设的接班人,培养其社会责任感是高校思想政治理论课程不可或缺的重要内容。作为落实立德树人根本任务的重要举措,需要着重强调学生发展的核心素养中关于责任担当的阐述,引导学生形成正确的价值观念,善作为、敢担当,培养其

---

① 习近平:《在看望参加政协会议的民进工农党九三学社时的讲话》,《人民日报》,2017 年 3 月 15 日,第 1 版。

② 胡伟希:《中国古代哲学散论》,北京大学出版社,2019 年版,第 147 页。

社会责任感与坚定爱国主义思想,勇于承担起时代重任,能够在国家与社会需要的时候挺身而出,有担当意识,更有担当的本领,为社会发展积极主动贡献出自己的力量。

四、中华优秀传统文化中的道德观

高校思想政治教育承担的重要使命,即是有效引导青年养成正确的人生观、世界观、价值观。中华优秀传统文化作为民族重要的精神财富,有许多优秀的道德思想与现代高校思想政治理论课程的教学内容完美契合,这既是提升当代大学生个人道德修养的不竭动力,同时也是高校思想政治教育教学的重要理论源泉。

(一)仁、义、礼、智、信的理想人格

"仁义礼智信"是儒家道德规范体系当中的核心内容。孔子提出"仁、义、礼",孟子将"智"加入其中,至汉代时董仲舒进一步扩充为"仁、义、礼、智、信",并将其贯穿于传统思想观念的发展过程之中,成为中华道德体系中最核心的因素。崇仁爱是中华传统道德最具特色的部分,仁者爱人,己所不欲、勿施于人,在儒家的仁学中,"仁"为众德之大集合,是诸多良好德行的汇总与顶端。孟子沿袭了孔子关于"仁"的理论,尤其强调"仁"与"义"并驾齐驱,即"言仁必称义",坚持居仁由义的行为准则,认为在为人处世时应当恪守仁义之道,做到爱人、敬人、持气节、养浩然正气。"礼之用,和为贵。先王之道,斯为美。"与作为内在的爱人美德的"仁"相比较而言,"礼"则是把这种美德以恰当的方式表达于他人,中国是礼仪之邦,新时代大学生要在自我修养中学会守礼达和,学会在交往关系中遵守和气、和睦的原则。在传统的价值体系中,"和"被认为是一种重要的道德标准,尤其体现在待人接物、处理人际关系的时候要处事得体、尊重他人、遵守秩序。智者,知也,主张敏而好学、自省自查、辨明是非、曲直、邪正。信,强调的是做人应当诚实可靠,心口相一。社会主义核心价值观在个人层面提出了"诚信"的要求,传统文化也讲究人无信不立,孔子主张"言必信,行必果"。朱熹曾言:"宁死而不失信于民,使民亦宁死不失信于我也。"应当在高校思想政治理论课程中加强诚信教育,使青年学生认识到诚实守信是做人的根本,更是处事的基本原则,做到诚实待人、诚信做事。

这种以"仁爱"为核心的理想人格的价值取向,是一种先人后己的利他情怀,与高校思想政治教学中所强调的最基本的善良、正义、友爱、懂礼具有内在一致性,对大学生树立正确价值观具有积极影响,也对于个体的发展与完善具有重要意义。以孔孟的仁义思想为基础,按照忠恕原则去引导和规范个人的言行,养成"修己""克己""慎独"等修养理想人格的习惯,增强自我道德约束,来引导大学生不断地提升内在品质,完善自身道德与修养,构建正确的认知观,不断滋养高尚的精神境界。同时也可以将此价值观作为与他者交往、建立良好人际关系的参考方法,以道德规范约束自身,再用良好的美德推己及人,成为"仁人"。

（二）自强不息的奋斗精神与积极进取的人生态度

天行健，君子以自强不息。从中华历史典故与谚语来看，从"悬梁刺股""卧薪尝胆""囊萤映雪""愚公移山"，到"宁可自食其力，不可坐吃山空""明知山有虎，偏向虎山行"，都体现出中国古人的自强不息精神。个体只有做到自强不息，才能立足于社会，为他人和社会作出应有的贡献。自强不息所蕴含的积极进取精神体现在志士仁人的发奋图强上。孔子说："君子上达，小人下达。"青年学生更不应当成为"饱食终日，无所用心"之人，"发愤忘食，乐以忘忧，不知老之将至云尔"才是自强人生的应有之义。孟子说"自弃者，不可与有为也"，荀子也认为"学不可以已"，不论是"长风破浪会有时，直挂云帆济沧海""精诚所至，金石为开"的乐观精神，还是"千磨万击还坚劲，任尔东西南北风""穷且益坚，不坠青云之志"的坚定信念，都体现出顽强拼搏、积极进取的人生态度。

"古之立大事者，不惟有超世之才，亦必有坚忍不拔之志。"自强不息的奋斗精神和积极乐观的人生态度是传统文化的精华和显著特征，在塑造中华民族精神方面发挥着重大而积极的作用。高校思想政治理论课程应当着力引导青年学生树立刚健意志与积极进取的人生态度，激发昂扬的奋斗精神，不被诱惑所吸引，不在困境中颓废，树立敢吃苦、敢攀登、敢拼搏的奋斗精神，坚定理想信念，在乐观向上的人生态度的引领下勇往直前。

（三）以孝为核心的家庭伦理要求与奉献意识

百善孝为先，在儒家文化系统中，家庭伦理关系的和谐有序是至关重要的，中华民族自古以来都重视对"孝"的弘扬。长期以来，中国传统社会的伦理秩序中，核心是孝道。孝文化也是当前中国社会家庭伦理道德的重要组成部分。中国传统社会的孝道伦理理论的系统表述可以追溯至孔子，"人之行，莫大于孝"。至汉代贾谊，在其《新书》中把孝理解为"子爱利亲谓之孝"。到了东汉，许慎在《说文解字》中进一步阐释了其内涵："孝，善事父母者。从老省、从子，子承老也。"在成形于南宋的《十三经》中，确立了孝道伦理的至高意义，把孝当作天经地义的最高准则。张载作《西铭》，融忠孝为一体，最终形成了完整的孝道体系。

简明来讲，孝的基本内涵是奉养父母，在此基础之上，可以推展其内涵为奉献社会。从小处讲，要求个人要懂得尊敬师长、忠于职业，从大处讲，要学会热爱集体、忠于祖国，培养无私奉献、先人后己的服务与奉献精神。家是国的基本组成单位，国是家的集合体，从这个辩证关系出发，家庭伦理道德可以推及国家。高校思政课对孝的教学不仅要教育当代大学生忠于个人家庭，还要忠于自己的社会职业，进而要忠于国家和人民，在每一个人生阶段认真做好当下应该完成的事，认真对待家庭、学业、工作，在孝顺的基础上做到敬业、奉献。加强对高校学生的孝文化的教育，使其在生活中切实践行新时代孝道观念、奉献精神，不仅有助于高校学生形成正确的伦理思想与健康和睦的家庭关系，让自己的心灵获得归属感,更是每个学生应尽的责任与义务,是其道德文化教育中重要的一环。

(四)爱国主义的道德传统

从词源来看,"爱国"在中国传统文本当中早有提及。《战国策·西周策》中曾论述到"周君岂能无爱国哉",《汉纪》中也出现爱国二字,"亲民如子,爱国如家"。爱国主义是中华民族的优良传统,拥有悠久的历史文化渊源,从古至今,爱国主义一直伴随中华民族的成长而不断发展。

《左传》有"苟利社稷,死生以之"。郑国腹背受敌、进退维谷之际,子产临危受命,在国家利益面前抛弃个人生死祸福,对内平息内乱,对外斡旋于大国之间,虽多次身陷囹圄,但其始终为国殚精竭虑,成为郑国存亡之际的关键人物;在没有完全消灭匈奴主力之时,面对汉武帝丰厚的赏赐,霍去病以"匈奴未灭,何以家为"为由相拒,并以此为志,最终大败匈奴,才有"封狼居胥山,禅于姑衍,登临瀚海"之美谈,自此"匈奴远遁,幕南无王庭";"位卑未敢忘忧国,事定犹须待阖棺"这一传世名言是陆游内心的真实写照,揭示百姓与国家的血肉关系,体现着历代爱国志士的真情实感。不论是"但使龙城飞将在,不教胡马度阴山"的护国感慨,或者是"落红不是无情物,化作春泥更护花"的报国期许,又或是"人生自古谁无死,留取丹心照汗青"的坚定信念,爱国主义始终是中华传统文化中最震撼人心的思想情感。

坚定爱国主义信念是青年学生思想道德观念中最重要的一部分,是每个学生应尽的本分,必须将爱国主义根植于心中,落实到实践里,将个人的发展与国家和民族的发展相结合。爱国主义教育承载着历代爱国志士的崇高精神,应当使传统文化中的爱国主义元素与高校思想政治课相结合,将其贯穿于高校思政课的爱国主义教学之中。这不仅有助于加强青年学生对国家的热爱与认同,培养学生的家国情怀,巩固其精神家园,更有利于维护民族团结。新时代的大学生,作为中国特色社会主义的建设者和接班人,在高校的思想政治理论教育过程中,应当接受爱国主义教育的洗礼,并培植深厚的爱国情怀,树立正确的爱国主义观念,将个人的"小我"融入民族、国家的"大我"之中,更好地实现个体的人生价值。

在直接的意义上,中华优秀传统文化中的道德观在融入高校思想政治理论课程教学过程中,绝大部分是结合"德法"课程而展开的,因为在内容上道德以及道德问题是直接与"德法"课程同一的。这一点相较于其他内容是直接和明晰的,无论是人格培养还是家庭、社会、国家层面的道德素养,都是高校思想政治理论课程的重要组成部分,尤其是"德法"课程的重要教学内容和教学任务。在这个意义上,中华优秀传统文化的内容特征和精神特质就决定了其融入当代高校思想政治理论课程教学主要是以道德和伦理为核心内容的。但是这并不意味着在道德观的融入上只能结合"德法"课程教学过程。道德观不仅仅具有规范和引导功能,还具有认识和评价功能,具体的道德理论的论述,还具有深刻的方法论意义。这些内容是可以同其他高校思想政治理论课程相结合的。比如道德观中所包含的社会道德、政治伦理、历史价值等因素,可以以此为准则来评价和分析历史过程以及社会图景,这些内容可以作为一种间接的和隐在的价值观,融入"概论"课程、"纲要"课程等,从更深层次来讲,可以通过对道德以及道德准则的理解,同"原理"课程中的物质与意识的辩证关系、真理与价值的对立统一、上层建筑与经济基础的辩证逻辑相结合,一方面能够从更根本的意义上理解道德以及道德原则对于个人、社会、国家的重要意义;另一方面也能够加深对意识、价值、上层建筑等抽象概念的理解。因此,在这个意义上,关于中华优秀传统文化中道德观在高校思想政治理论课程教学过程中的融入,应该是全方位的、多层次的、系统性的融入,而非简单意义的直接融入。

第三节　中华优秀传统文化融入高校思想政治理论课程教学内容的结构层次

中华优秀传统文化就其文化构成的要素来讲,是具有典型的结构性和系统性的特征的。对中华优秀传统文化的结构要素的理解和认知,可以从不同的结构标准来把握。从文化的层次性结构来看的话,可以区分为:解决人与自然矛盾关系过程中的直接产物的表现要素——器物文化;解决社会关系建构过程中人与他人矛盾关系的直接产物的表现要素——制度文化;解决人在安身立命过程中身心关系的产物的直接表现要素——精神文化。在这三个层次上,中华优秀传统文化都有其丰富的内容。不同要素层次的内容,在文化表现上又有不同的内在特征。器物文化和制度文化更多地表现为一种知识形态,这些知识形态的文化内容,在中国式现代化的背景下,融入当代高校思想政治理论课程是一个更具有直接性和亲近性的内容。但是由于高校的思想政治理论课程最终所需的是一种推动中国式现代化进程的精神力量和价值引导,在此背景下,器物文化和制度文化由于贴近高校学生的生活而显得直接和生动,但是在现实授课中缺乏对这两类文化背后的精神意义和价值的呈现。因此,在融入高校思想政治理论课程的过程之中,还需要进一步梳理,才能够符合高校思想政治理论课程所需要的文化资源的理论性和价值引导性。而精神文化更多地表现为一种价值形态,精神文化融入高校思想政治理论课程,对于高校思想政治教育工作而言,具有更好的契合性和理论直接性。但是由于精神文化自身的相对抽象性,以及中华优秀传统文化中的伦理道德的时代疏离,使得精神层面的文化对于当代大学生而言具有一定的距离感,从而使得在中华优秀传统文化融入高校思想政治理论课程教学的过程中,也需要把精神层面的文化内容进行时代化、生活化的表达转换。因此,不同层次的文化内容在融入高校思想政治理论课程教学的过程中要有针对性地运用不同的方法和路径,互补互构,把中华优秀传统文化融入高校思想政治理论课程根据不同的结构层次的内容,有针对性地进行设计、开展。

一、器物文化及知识

中华优秀传统文化中的器物文化及其知识是中华民族在悠久的认识和改造世界的过程当中凝结的最直接也是最丰富的智慧。器物文化及其知识在内容上其实可以理解为器物本身以及创制器物的知识。器物文化主要是以物的形态展现的,涉及中国人的传统生产、生活中的各个方面,如劳动生产过程中的使用的工具、日常生活中涉及衣食住行的各种产物等。这些器物本身具有极其丰富的文化内涵,并且作为文化的承载物,对于文化的传承与发展具有更为基础性的作用。创制器物的知识,作为器物文化的另一个层次的内容,在文化的表现和表达上更为直接,一般是指技术和经验的总结与沉淀。这类文化内容也构成了中华优秀传统文化体系当中不可或缺的组成部分。

以中国传统建筑为例,中国社会历史长河中,建筑及其文化是中华文明最具有代表性的符号之一。建筑,在一定程度上是人类社会得以开始的重要标识,人类历史以有形的建制建筑为重要的开端标识。在不断复杂化的人类社会进化的过程中,人类的建筑也呈现出多样化的形态。"人类社会自原始社会、奴隶社会、封建王朝、中华人民共和国成立至今的现代社会,随着新材料、新技术、新工具等快速进步,与人类社会联系紧密的居住建筑自最开始的巢居、穴居等满足基本生存需求的居住建筑,渐渐发展出祭祀建筑、礼制建筑、宫室建筑、陵墓建筑及追求人文精神意境的园林建筑等。"①当建筑在超出基本的生存需要的功能以后,建筑的文化意义就变得极为丰富了。即便在仅能满足人类生存需要的建筑本身,也蕴藏着早期人类生存的方式、态度等文化问题,建筑的形式、材料、创制技术等,能够直接反映对应时期人在处理人与自然矛盾的过程中所凝结的文化内涵。中国传统建筑在相当的程度上受到中国传统文化中的礼制、审美、制度的影响。通过传统建筑这一器物形式,可以透视对应时期中国传统社会的生存逻辑、生活思考,这种生存逻辑以及生活思考,在相当的意义上承载着中国人的传统世界观。因此,对器物文化进行整理,梳理背后的中华优秀传统文化要素,并在高校思想政治理论课程中,通过对器物的介绍而引入优秀传统文化的内容,可以实现对中华优秀传统文化中的美育、德育理念的传播与教学。由于建筑背后所凝结的中华优秀传统文化的多层次性和样态丰富性,其融入高校思想政治理论课程的内容范围是相对比较宽泛的。"以建筑与文学的融合为例,把成语和古典文学作为媒介进行知识性导入,以建筑知识来揭示文学的内涵,增强建筑与文学的联系,让学生学习的是有意思的知识,同时还提升了学生的人文修养,培养了

---

① 邱雅茹,宋辉:《中国传统建筑文化的"生与死"》,《城市建筑》,2021 年第 21 期,第 78—80 页。

学生的爱国情怀。"①不仅建筑器物如此,其他如礼器、服饰、手工艺品等也都具备类似的特征,可以根据高校思想政治理论课程的不同内容选择不同的器物形式开展中华优秀传统文化的融入与教学。

器物对应的创制知识作为更直接的文化内容,在融入高校思想政治理论课程中有其自身的优势和特点。中国传统科学技术是器物创制知识的主要表现形式。中华民族在历史上有着极为丰富的科学技术文化的创造,并且在社会发展的多个层面上都有着典型的体现,为我们留下了极其丰厚和宝贵的科学技术文化成果。这些成果背后也凝结着厚重的中华优秀传统文化。有学者指出:"中国古代科技创造的建构采纳了中国哲学所奉行的'天人合一'的思维模式,在方法论上具有思维的整体性特征。具体来说,就是把被创造的对象看成一个大系统,这个系统从宏观的建构到微观的组配,都构成一个互相联系的统一体。一方面,宏观架构涵盖微观部件;另一方面,微观部件又组成宏观架构,宏微相辅,使被创造的客体成为一个完美的统一体。"②这是中国传统科学技术知识所蕴含的中国传统文化的典型表现。如前所述的中国传统建筑,在建筑结构和建筑审美上,就呈现出此种"天人合一"的整体性世界观。另外最具有标志性的就是中国传统医药学的理论,其在世界医药史的范围内都是独具特色的,从中国传统哲学的基本理念和核心世界观出发,建构整体性的理论体系。

中国传统科学技术文化由于受到长时期的农耕文明的影响,其内容主要是以围绕农业生产而展开的,具有典型实用性的特征。这种实用性的特征在一定程度上反映出了中国传统农业生产的先进性。如以为农耕服务为基础的中国古代天文历法的发达,以及由此生发出来的对人与自然关系的抽象的哲学回应,形成了中华文明中独特的世界观。在此背景下,中华传统文化中关于人对于自然的敬畏,对于自然运行规律的基本总结和遵循,在当代社会的价值观建构中仍然具有重要的意义,这也是高校思想政治理论课程中对于塑造当代大学生科学自然观和生态观的内在要求。同时,中国传统科学技术中一个非常重要的构成就是基于礼法、礼制而发展出来的手工艺创制技术。从早期的金属器物的创制,再到瓷器创制,中国传统社会在和同时期的其他民族对照的过程中,保有相当的优势地位。美国著名学者德克·海德说:"虽然从此以后在欧洲和其他地方产生了大量的瓷器,但是,在瓷器之乡以外的地方,还从来没有过什么工艺品可以跟中国陶瓷工最出色的制品相媲美。"③这种优势也在一定的程度上构成了中国特色,构成了中华民族的文化基因。世界史中非常重要的"丝绸之路",除了器物层面的中国向全世界的输出以外,还有器物创制技艺的输出,这种输出在长时期的历史视角中,就是一种典型的民族文

① 张建坤,刘杰:《基于立德树人教学任务的教学"闭环"模式的建立与实践——以〈中国建筑史〉为例》,《建筑与文化》,2022年第6期,第50—51页。
② 黄钊:《中华优秀传统文化概论》,高等教育出版社,2022年版,第204页。
③ 张岱年,方克立:《中国文化概论》,北京师范大学出版社,2004年版,第100页。

化的交流与交融。因此,将器物创制的知识形态的文化融入高校思想政治理论课程,首先会在吸引力和亲和力上提供新的可能性。这是由于此类知识文化内容与生活紧密相关,具有直接性和生动性,此外在价值引领方面,能够进一步地丰富高校学生对于民族文化的理解和把握,并透过此类知识文化背后凝结的中华优秀传统文化中的世界观和价值观,来实现高校思想政治教育工作的价值目标。

二、政治文化及知识

政治文化是一个组合词汇,是在人类的政治实践中反映出来的关于人处理人与他者(包含个体和共同体)关系的文化内涵,尤其是社会意识形态。"政治文化是在一定的政治机制中支配人的行为的设想、原则、规范政治过程的程序、方式,包括心态、信仰、情操等内容的一个概念。"[①]在表现形态上,具有典型的文化属性;在内容上,是对政治活动的直接反映。

中国传统政治文化是中华优秀传统文化当中一个非常重要的内容构成。中国传统社会的政治建构是以中华民族传统文化为核心的价值原则建构的,同时在数千年的政治实践和政治制度的变迁中,也不断地凝结着中国人对政治活动的认知与反思的理论总结。"中国传统政治文化是我国古代封建君臣以及思想家和一切关心政治的人,围绕治国之道、安民之术以及优化政权结构、改善阶级关系与民族关系等问题所作的理论思考及策略构想所形成的文化系列的总概括。"[②]中国传统社会在相当长的时间里是以封建君主专制为政治特征的,其文化表达也一定是对封建君主专制关于治国安民、政治权利结构、政治价值规范等问题的回答和总结。尽管中国社会制度和政治实践相较于传统社会发生了根本性的转变,但是中国传统社会政治实践过程中凝结的关于处理人与他者关系的智慧仍具有时代性的价值倾向和伦理导引。这些价值倾向和伦理导引如前所述,是与中国传统文化的内在要求一致的,尤其是其中那些优秀的文化内容,在今天仍然具有重要的时代意义,如中国传统政治实践中一直所强调的"德政""尚贤""明法申令"等价值规范,在今天构建中国特色政治文化的实践过程中仍然具有借鉴意义。此种借鉴意义,为当代把中华优秀传统文化融入高校思想政治理论课程提供了基础和遵循,也为此种融入提出了新的要求,即是要深入挖掘传统政治文化中的优秀传统文化基因,并且要结合新时代中国政治实践的具体特征和要求,进行传统政治文化的创造性发展与创新性转化。

在内容上,中国传统政治文化是中华优秀传统文化的重要组成部分,更是与中华优秀传统文化的内在机理和核心原则保持高度一致的。以儒家文化为核心的中华传统文

①　朱日耀:《论中国传统政治文化》,吉林大学出版社,1987年版,第2页。
②　黄钊:《中华优秀传统文化概论》,高等教育出版社,2022年版,第152页。

化,在中国政治文化的建构发展过程中也有清晰的体现:以儒家所提倡的"德政"为核心原则和基础。这一点在儒家文化关于理想人格的建构目标和原则中就有典型的表达:"修身、齐家"与"治国、平天下"被放置在同一序列当中,并且作为更为宏阔的人生价值实现的目标。因此,中国古代政治文化中的政治追求与中华优秀传统文化中的精神目标是高度一致的。这就意味着中国传统政治文化中有相当丰富的可以作为当今时代融入高校思想政治理论课程的内容资源。尤其是《礼记》中所描述的关于"大同社会"的理想设定——"大道之行也,天下为公。选贤与能,讲信修睦。故人不独亲其亲,不独子其子,使老有所终,壮有所用,幼有所长,鳏、寡、孤、独、废疾者皆有所养",直接是以社会伦理追求为依据的。这在一定程度上构成了中国传统政治文化中,对伦理道德的高度重视,无论儒家、墨家还是道家,在根本上都可以归结为通过德行来构建政治活动的基本原则。

就其具体而言,中国传统政治文化中的诸多理念,诸如"民惟邦本""选贤任能"等,在今天仍然深具时代价值,值得我们从高校思想政治理论课程的视角,来进一步认识和把握。如前所述,政治文化要回答的一个核心问题就是政治权利结构中的人与人之间的关系,尤其是人民大众在政治权利结构中的地位和作用问题,中国传统社会尽管多是以集权制为特征的制度文化,但是在这种制度文化中,在建构君民关系的过程中,一直比较注重人民大众的重要地位和政治作用。尤其在伦理规范和价值引导中,特别强调民众对于政权稳定以及推动社会进步的重要作用。民惟邦本思想(简称为"民本思想")是"中国古代历史上将民众视为治国安邦根本的政治学说,其基本内涵是在强调民众基础地位的前提下,重视民意和民生、珍惜与利用民力、巩固政治秩序。民本思想包含着一系列'厚民生为本'的富民之策,要求统治者采取富民、养民的经济政策,关心民众生计,使民众生活富足而安乐。民本思想及民生实践对近代以来民主思想的发展、对推进国家治理现代化有重要的借鉴价值"[①]。此种民本思想,源自《尚书·五子之歌》中"民惟邦本,本固邦宁",意在借古代君王之口的训诫,来讲述民众是国家政权的根基,只有民众的生活安定了,君位才会得到稳固,天下才能太平的基本道理。尽管这只是一种最为朴素的对民众政治地位和价值的肯定,并未给出详尽的理论论证,但是其作为一种价值原则或者政治伦理的最高规范,已经具有了极深厚的文化内涵和意义。自此,无论是孔孟时期的儒学建构中,对民本思想的进一步阐发,如孔子提出的诸多命题——"为政在人""修己以爱百姓",孟子阐述的"民为贵,社稷次之,君为轻"等思想,奠定了中国传统政治文化中的"民贵君轻"的文化内涵。直至明清时期,中国传统政治文化中的民本思想发展到了高潮,如黄宗羲提出的"天下之治乱,不在一姓之兴亡,而在万民之忧乐",把万民之忧乐提高到了衡量治乱兴衰的重要位置。

---

① 左玉河:《"民为邦本"的历史渊源和当代价值》,旗帜网,http://www.qizhiwang.org.cn/n1/2023/0109/c448822-32602468.html,2023 年 1 月 9 日。

尽管中国传统政治文化中的如"民惟邦本"这些深具时代价值的积极因素有其不可忽略的时代背景和集权政治逻辑,在本质上是服务于封建阶级统治的,但是其在价值导引和精神内涵上与历史唯物主义所揭示的群众史观有着内在的一致性,这就为中华优秀传统政治文化融入高校思想政治理论课程提供了可能性和必要性。但是中国传统政治文化融入高校思想政治理论课程,是需要对其进行理论反思和结构性批判的。中国传统政治文化对于当代社会而言,有其积极的精神价值,也有其消极的精神内涵。如中国传统政治文化的制度背景缺乏现代社会的基本价值诉求,在这里就需要对传统政治文化的内容进行结构性的批判,发掘其适应当代社会价值的内容,才能将其纳入高校思想政治理论课程的内容范围。

三、精神文化及价值

精神文化是一个非常宽泛的概念,在一定程度上代表着人类认识世界和改造世界在精神意识层面的成果。中华民族在数千年的社会历史发展进程中,有着极其丰富的认识世界和改造世界的独特经验,这些经验和总结在精神层面的反映和表达,就构成了中华优秀传统文化当中非常厚重又独具特色的精神文化。中华民族的优秀精神文化反过来又在中国人不断地拓展和推进历史进程中发挥着重要的价值引领和规范作用。正是中华民族的优秀精神文化,构建起了中华民族从未间断的精神家园,滋养着一代又一代的中国人,形成了在人类社会历史中认识世界和改造世界的独特的中国方案和中国智慧,在世界文化极其多元的现代社会,仍旧呈现出浓郁的中国气质。

中华优秀传统精神文化的内容是极其丰富的,如道德文化、文艺文化、哲思文化、宗教文化等,在不同的领域都有着丰富的精神成果。这些精神文化成果在漫长的社会历史发展过程中,虽然有着显著的阶段性、历史性的局限,但是在很多方面也呈现出积极的价值意蕴,尤其是在对个人、社会乃至国家层面向善、向美的价值引导方面,仍然具有重要的时代价值。如中华优秀传统道德文化中极为丰富的精神资源,对于构筑现代中国人的精神家园,仍然具有重要的意义。道德文化是中华优秀传统精神文化中最为重要的,也是最为基础的文化内容。这跟前文所述中华优秀传统文化的伦理性特征是有着紧密关联的。中华传统文化在整体上是以回应伦理道德问题为核心构建的,因此在道德文化层面就有着体系化的内容。如关于道德问题的本体论、认识论和价值论认知都有结构性的理论内容,对中华民族的道德构成体系、道德价值导向、道德原则规范、道德生活实践等问题也都有系统性的总结和回答。尤其是中华传统道德文化所构建的由个体出发的以"修身立德"为核心的安身立命的价值体系,推延至家国社会的"教化"体系,在原则上构建起了从个人到社会再到国家的一致性的伦理原则及道德规范,并且在道德实践中实现了个人到国家的高度统一。这在一定程度上也呈现出了中华优秀传统文化的内核即是中华传统道德文化。

"伦理道德学说在各种文化形态中处于中心地位,中国哲学是伦理型的,哲学体系的核心是伦理道德学说,宇宙的本体是伦理道德的形而上的实体,哲学的理性是道德化的实践理性。因此人们才说,西方哲学家具有哲人的风度,中国哲学家则具有贤人的风度。"①这种把道德文化放置在民族文化的基础和核心位置的中华优秀传统文化,在世界文化史中,是极为独特的。本质上这种独特性也并不是中国先贤刻意为之,而是在文化构建之处,中国先贤认知、理解、改造世界的实践中所形成的独特的文化和价值。在此意义上,尽管中国传统文化没有开显出如西方轴心时代所强调的"理智",却在本体论的意义上构建起了"道德",从宏观层面讲,这是东西方文化中对人的存在性本身的不同理解路向,这一路向也确实在大的历史尺度上影响着甚至决定着东西方文化的不同。这一影响一直延展至东西方的现代社会。

现代社会,也是一个大历史观的概念。人类进入所谓的现代,就目前来看本质上只有两种路径或者整体性的方案,一种是西方资本商品的现代化方案,一种是马克思主义的现代化方案。就资本现代化路径而言,在经历了数百年充分的发展之后,资本现代性危机已经成为西方现代社会发展的窠臼。资本现代性危机的一个基础性的问题就是资本现代社会的精神危机和价值困境。从民族文化的视角来讲,"理智"文化发展的最终结果之一,或者说在一定的社会历史条件下,就是会呈现出对精神世界和价值问题的贬抑乃至忽视。中国式现代化对于资本现代化的批判和超越之所以可能,除了在马克思主义的现代性批判的基础之上,最重要的一点就是中华优秀传统文化中精神文化的本体论意义和以此为基础构建的从个体到家国、从道德认知到道德实践高度一致的文化体系。因此,中国式现代化的方案以及历史进程中,中华优秀传统文化的道德文化,就具有了现代性的意义,在一定程度上为人类构建全新的现代化道路、探索新的现代化方案,提供了独特的中国智慧。2023年6月,习近平总书记在文化传承发展座谈会上强调:"在五千多年中华文明深厚基础上开辟和发展中国特色社会主义,把马克思主义基本原理同中国具体实际、同中华优秀传统文化相结合是必由之路。这是我们在探索中国特色社会主义道路中得出的规律性的认识,是我们取得成功的最大法宝。"②中华优秀传统文化之于现代化,有着极其重要的世界历史意义,正如习近平总书记进一步深刻指出的:"'结合'的结果是互相成就,造就了一个有机统一的新的文化生命体,让马克思主义成为中国的,中华优秀传统文化成为现代的,让经由'结合'而形成的新文化成为中国式现代化的文化形态……'结合'筑牢了道路根基,让中国特色社会主义道路有了更加宏阔深远的历史纵深,拓展了中国特色社会主义道路的文化根基。中国式现代化赋予中华文明以现代力

① 张岱年,方克立:《中国文化概论》,北京师范大学出版社,2004年版,第199页。
② 新华社:《习近平在文化传承发展座谈会上强调 担负起新的文化使命 努力建设中华民族现代文明》,新华网,http://www.news.cn/politics/leaders/2023-06-02/c_1129666321.htm,2023年6月2日。

量,中华文明赋予中国式现代化以深厚底蕴。"①中华优秀传统文化的道德文化体系在一定程度上赋予了中国式现代化丰厚的文化底蕴和理论内涵。

中华优秀传统文化中的精神文化,在过往的认知中,其最重要的价值就在于为当代人提供精神生活的原则和依据,为精神共同富裕提供支撑。当然这是中华优秀传统文化中精神文化的重要意义。但是从更为根本的视角来看,中华优秀传统文化中的精神文化,作为中华优秀传统文化的核心和基础,对于构建中国式现代化理论体系具有重大的价值和意义。首先,中华优秀传统文化中的精神文化构建及发展的内在逻辑为中国式现代化理论体系的建构提供了方法遵循。其次,中华优秀传统文化中的精神文化为中国式现代化理论体系提供了极为重要的内容构成。最后,中华优秀传统文化中的精神文化的道德实践和价值规范为中国式现代化的践行提供了实践经验。在这个意义上,中华优秀传统文化融入高校思想政治理论课程,其精神文化及价值构成了融入内容上的基础和核心。

第四节　中华优秀传统文化融入高校思想政治理论课程教学内容的案例分析

如前所述,中华优秀传统文化融入高校思想政治理论课程教学,在内容的选择上是一个系统性的和整体性的工作,这种系统性和整体性一方面体现在具体的课程教学过程中,要针对某一门课程(如"原理"课程、"概论"课程等)的教学任务和要求,以及此门课程本身的知识结构和价值体系进行系统性和整体性的考量,而非"实用主义"似的临时、碎片化、随机摘取传统文化的某个概念或者结论;另一方面体现在就中华优秀传统文化自身而言,要系统性地建构其在当今时代具有思想政治教育功能和价值的内容,而非一股脑地不加考证和辨析地把传统文化中的内容直接放置进高校思想政治理论课程教学中。

在现实的教学实践过程中,对上述两个问题的忽略或者无意识还是相对比较普遍的,大多是临时性在思政课程教学中零散地加入传统文化的某个对应性概念或者简单摘用一些具体论断,来作为对所讲授思政课程内容的一个佐证或者形象化说明。当然,高校的思想政治理论课程本质上并不是传统文化的课程,有其自身的知识结构和价值体系,在这个意义上,高校思想政治理论课程之中融入中华优秀传统文化的内容,也只能以思政课程既有的理论体系和价值体系为根本遵循,在此基础之上充分发挥中华优秀传统文化的价值引领意义。在传统认知中,高校思想政治理论课程教学过程里中华优秀传统

①　新华社:《习近平在文化传承发展座谈会上强调 担负起新的文化使命 努力建设中华民族现代文明》,新华网,http://www.news.cn/politics/leaders/2023-06/02/c_1129666321.htm,2023年6月2日。

文化的核心功能就在于为当代马克思主义意识形态的理论教育和教学提供有益支撑。但是在"两个结合"的背景下,我们需要重新定位中华优秀传统文化在马克思主义中国化时代化的理论演进中的独特意义。在一定程度上说,中国式现代化的现实出发点是当代中国独特的现实国情,以及面对此种国情我们依循马克思主义现代化理论对中国通往现代化的实践探索。那么这里的中国国情,以及中国之所以能够在马克思主义的指导下所作出的中国选择,有一个不能回避的问题就是中国传统在当代中国人的生产生活中的延续和发展,当然也包含了中国传统所凝结着的中国人独有的世界观和思维方式的共同作用。因此,中华优秀传统文化对于当代中国现代化实践基础之上的理论总结也必然有着其内容上和方法上的内在融合。在马克思主义中国化时代化的理论演进过程中,"化"的方法和内容,就必然内在包含了中华优秀传统文化。故而重新厘定马克思主义基本原理同中华优秀传统文化在当代中国式现代化理论体系视域下二者之间的关系,就不再是传统意义上的中华优秀传统文化仅仅提供一种佐证和支撑的功能了,而是具有一定程度上的内在构成性。

也正是在这个意义上,在高校思想政治理论课程教学过程中融入中华优秀传统文化的具体实践,就不能仅仅停留在寻章摘句的层面上了,需要深入中华优秀传统文化某一具体理论、结论、概念的结构性当中去,批判性地研判其不再合乎马克思主义基本原理所呈现的世界观和方法论的内容,剔除其不再合乎中国现代化发展的时代要求的内容。如前所述,中华优秀传统文化在其内容上具有连续性和统一性等特性,这些特性也在根本上决定了我们不可能抛开中华优秀传统文化的统一结构,只在个别概念和个别结论上进行引述和融入。只有在此基础上,才能真正找到与高校思政课有效结合的切入点和逻辑结构。

以此为方法,我们尝试从中华优秀传统文化的内容体系中,选择其中的部分内容来做融入高校思想政治理论课程的尝试性案例分析,以期在此基础上把中华优秀传统文化融入高校思想政治理论课程教学推进至实践探索。

一、"天人合一"的宇宙观融入实例

如前文所述,"天人合一"的宇宙观,应该可以确立为中华优秀传统文化的核心理念,也是中国传统哲学的核心理念,更是中华优秀传统文化在世界观意义上的基本价值立场。中国传统哲学认为,"天道与人事之间,也即价值世界与现实世界之间并不是绝对割裂开来的,而是互融、互摄,你中有我、我中有你,彼此之间保持着一种发展的张力。中国哲学与文化一般将人间秩序和道德的价值归源于'天理''太极''道''自然'等本体,以天道作为人道的基础,故'天人合一'是中国传统哲学价值观的'核心'理论"[1]。因

---

① 章伟文:《中国传统价值观及其当代转换》,四川人民出版社,2018年版,第8页。

此，"天人合一"的宇宙观从理论内容到文化价值再到精神气质，都具有十分广泛而丰富的可融入性。

首先，天人合一的理论内涵是直接指向人与自然的关系问题的，既论证人与自然的内在统一，同时也论证外在自然和内在精神的统一。从此视角来看，这与辩证唯物主义所论证的世界观具有一定程度的契合性。在"原理"课程中，第一章节首先涉及的就是"世界的物质统一性"原理。论证世界的物质统一性，最核心的问题就是要解释和论证思维和存在、精神和物质的统一性。在教材中，对精神意识活动的物质属性的论证，是基于意识的起源和本质两个方面进行的。在这个问题上，尤其是论证意识活动起源的物质属性过程中，中国传统哲学中对天人合一问题的论述，就与上述问题有内在的一致性。天人合一在两宋时期，尤其是在张载的气论哲学中，有着清晰的关于人是自然界的一部分的深刻论述，这里作为自然界的一部分的人，自然也包含了人的意识活动。

其次，天人合一理论中一个重要的内容就是天人之间的作用关系，即天人感应。这就在人与自然的内在统一的基础之上，更深层次地指出了人与自然获得统一性的基础和路径，也即是人能够感知自然的本性，并以此为目的展开和规范人的现实生活。从此视角来讲，这与"原理"课程教材中对辩证唯物主义部分论证物质和意识的辩证关系内容有了进一步的内在关联。意识活动的物质属性并不是指把意识活动还原为纯粹物质性的存在，而恰恰是指在辩证的视角中审视意识与物质活动的辩证关系。意识是可以反应物质性的客观世界的，并且意识活动保有一定的内在独立性，并以此为基础构成了意识活动对物质世界的反作用。这一马克思主义世界观的原理，同天人合一理论中对天人之间的感应关系，尤其是人对外在自然的感应关系，在论证逻辑上具有一致性。

但是，中华优秀传统文化融入高校思想政治理论课程教学的真正意义，并不仅仅是停留在从中华优秀传统文化的内容中择取部分内容作为高校思想政治理论课程教学的佐证和支撑。这种传统文化对思想政治理论的佐证和支撑作用仅仅是融入的最外在的层次。如果只把融入停留在这个层面，那么就不可能实现系统性和结构性的内在融合，也不可能实现真正的融合。所谓的系统性和结构化的融合，是深入理论内在的机理之中，探究理论的互补性和互构性。尤其是在当前"第二个结合"的背景下，马克思主义基本原理同中华优秀传统文化的结合，也绝不是停留在表面的佐证和支撑层面，而是从内在的理论机理出发，探究真正意义上的中国化的马克思主义理论，为中国式现代化的恢宏实践提供全新的理论支撑和引导。

在这个意义上，天人合一的宇宙观融入高校思想政治理论课程教学，就需要深入挖掘其内在的能够为当代中国式现代化推进提供支撑的思想意蕴。中国传统哲学中天人合一的宇宙观，在根本上规定了中国传统文化异于西方文化中观照世界的核心方法，这种方法尽管也进行天人相分，但更重要的是要强调天人相参，也即是在区分了天与人之后，并没有把二者严格对立起来，这一点是在根本上异质于西方文明的。在古希腊哲学中,自巴门尼德始,到苏格拉底,再到柏拉图,一种二元对立的世界观和方法论构建,成为西方文明把握世界的基础性观点和核心的方法。尤其是以柏拉图为代表的先验哲学,对先验世界和经验世界的严格区分,以及在此区分之上所做的严格对立关系的建构,深刻地影响着整个西方文明,直至现代社会。在某种意义上,我们深知所谓的现代社会是由资本现代化运动开启的,这种先发的关于现代化的运动背后,也是根植于二元对立的思维模式和方法论的。比如现代社会的基石——主体性的确立,是奠基在严格的主体和客体相分相对的基础之上的。而此种主客体的严格对立,在一定的意义上构成了今天西方社会重重困境的形而上学根源。就现代性危机而言,价值危机可能是最为深切的一重。现代社会价值的虚无问题,在本质上就是由于主体与客体的严格分裂并且对立所导致的。当现代人以绝对主体的身体投入社会交往和社会生活之中时,也旋即成为绝对的价值主体,麻烦的是当每个被抛进现代社会关系之中的个体人之间以无差别的价值主体出现时,价值本身就被消解了,价值共同体就成了不可能,这就意味着共同的价值生活成为虚幻的事情。在这个问题上,破解现代社会价值虚无问题,在本体论上,就是要破除形而上学所规定的主客体二元对立论。在这个意义上,马克思主义哲学通过其哲学革命实现了突破。与此同时,中国传统哲学中,基于天人合一的本体论和方法论建构,从一开始就内蕴着对二元对立的批判。

因此,天人合一的宇宙观有着极其深刻的本体论内涵和方法论意义,此种内涵和方法论对于克服或者破解现代社会的主体性问题,能够提供直接的有益滋养。在融入当代高校思想政治理论课程当中,就可以并且需要从最深层次的意涵出发,发掘天人合一对于支撑中国式现代化伟大实践的理论内涵,从而具有针对性地融入高校"原理"课程之中。

第一,在"原理"课程开篇第一章第一节"世界多样性与物质统一性"当中,最先涉及的就是哲学世界观问题。马克思主义哲学是在对近代以来哲学基本问题的破解之中实现唯物主义变革的,构建起了物质和意识的辩证关系,从而奠基了辩证唯物主义哲学世界观。但是在中国传统哲学之中,天人合一的宇宙观本体论,并不是基于物质和意识的二分,也不是基于主体与客体的二分的。尤其是在荀子的《天论》之中,不仅仅从唯物主义的视角阐释了"天行有常,不为尧存,不为桀亡"的天人关系,还构建了天人相分相参、"从天而颂之,孰与制天命而用之;望时而待之,孰与应时而使之"的天人辩证关系。到这里,在"原理"课程的哲学世界观部分,就可以把天人合一的宇宙观从本体论和方法论两个视角,融入对辩证唯物主义的理解之中。并且是以独特的视角,更具体地讲,是在剥离了主客体二元分化与对立的关系中来理解世界的物质统一性原理。

这种融入,对于大学生理解和把握辩证唯物主义世界观而言,具有两个层面的意义:一方面这种方法能够为当代中国的大学生提供更加容易理解和把握的认知路径,有助于大学生更加深刻和更加全面的理解辩证唯物主义的世界观,尤其是其中物质和意识的辩证关系。在当前的认识现状下,有些大学生在关于物质和意识辩证关系的理解和把握上,存在着对马克思主义的僵化理解甚至是误解,也即是在更多的程度上单一地强调物质的决定性作用,而忽略意识的能动性作用,从而把马克思主义哲学简单地理解为一种决定论哲学。这种误解产生的重要原因之一就是在西方哲学中根深蒂固的二元对立思维。而天人合一的宇宙观之中蕴含着的非二元思维,能够很好地在本体的意义上破解物质和意识二者之间的前提性对立,能够在一定程度上消除上述对马克思主义物质观的误解。另一方面,用基于天人合一的宇宙观来理解马克思主义的物质和意识的辩证关系,能够以中国视角和中国思维来理解中国式现代化的理论基础和方法前提。如前文所述,面对现代化进程中的现实困境,能够提供中华优秀传统文化独特的智慧和可能性的解决方案。

第二,在"德法"课程第五章第二节"吸收借鉴优秀道德成果"中第一目就是关于传承中华传统美德的内容。现有教材关于这个话题的内容安排中,主要涉及了中华优秀传统美德的基本精神。在对五个基本精神的梳理过程中,更多的是侧重内涵性的介绍,相对缺少关于如何传承中华优秀传统美德的路径阐释和具体操作参考。就中华传统美德的具体实现方法和路径来讲,也是中华优秀传统文化和中国传统哲学中极为深刻并且深具特色的一项内容。

关于天人合一的宇宙观,前文已经述及,这一命题不仅仅包含了对天人关系的本体论解释,还内蕴了丰富的方法论内容。比如实现天人合一所要求的价值诉求的核心路径是一种内在超越的路径,这也是天人合一的重要内涵之一,即要求"修己之德"。天人合一的哲学理念认为,在每个个体中都秉承有普遍的道性,是一个小宇宙,是整个大宇宙的缩影,是自足自为的。因此,每个个体都可以通过修己之德,达到与大道的相通,天人同构。这种内在超越的路径与天人合一在本体论上所强调的非二元性和非对立性是高度一致的,也只有通过体认天人之间的相分相参,并在此基础上通过修己之德,来把握天道之建德,才能真正实现天与人的合一。《道德经》有言:"修之于身,其德乃真;修之于家,其德乃余;修之于乡,其德乃长;修之于邦,其德乃丰;修之于天下,其德乃普。"

这条道路是与西方传统哲学中的价值实现路径截然不同的,尤其是在现代性的语境中,人是一个完全理性的存在者,人只能依靠并且充分地相信理性自身才能够通达价值彼岸。在现代科学技术的意识形态下,这种对理性的完全信任直接导致了完全的科学主义倾向,从而在相当的意义上疏离和排斥人的感性生存。在今天科学理性主义的背景下,天人合一的宇宙观内涵通过内在超越道路建构人的内在精神家园和价值生活,就显得极为重要。在理性主义的影响下,当代大学生也呈现出一定的实用主义和功利主义的价值观倾向,这种价值观倾向在特定的情境下不利于大学生持续性的成长。通过内在超越的路径,传承中华传统美德,是对此种实用主义和功利主义的抵制和批判。

因此,在"思想道德与法治"课程的这一节里融入天人合一的宇宙观,尤其是其蕴含的内在超越的实现路径,是对这一节内容的有效补充。在教材现有的关于如何传承中华美德的简单回应之上,作出基于传统美德本身的理论建构逻辑而得出的具体路径,有助于大学生形成关于传承中华美德的完整理解。在此基础上,将有助于大学生更加深刻地理解"第二个结合"的重要论断。

二、天下大同与群己和谐的社会观融入实例

如前文所述,传统文化中的社会观所追求的和谐不仅指人与人间的和谐,还包括人与群体的和谐、人与社会的和谐,以及社会各群体之间的和谐。先秦思想家通过提出一系列人处在社会中与他人交往处事的道德准则,进一步描摹出一幅天下为公的社会蓝图。天下大同的社会观,在相当的意义上为当今世界人类命运共同体的理论和实践提供了重要的中华优秀传统文化的独特思想资源。马克思主义的现代化方案中一个极为重要的理论基础便是历史唯物主义所揭示的世界历史理论。中国传统哲学中对大同社会的向往与今天我们对世界历史的推动,在一定程度上有着相应的契合性。这些都为天下大同与群己和谐的社会观融入当代高校思想政治理论课程提供了必要性和可能性。

在中国式现代化理论体系的视域下,现代化的历史进程尽管肇始于西方资本社会,但是现代化的理论和通往现代化的具体方案,并非仅仅局限于西方资本现代化,现代化本身是人类共同体的当代诉求,它包含了多样的形态和不同的路径,现代化并不能完全等同于资本现代化。而且在资本现代化四百年后的今天,西方现代社会已经暴露出其内在无法调和的社会矛盾和冲突的景观。与此同时,在马克思主义指导下的中国式现代化的历史推进中展现出了前所未有的生命力,并且呈现出了巨大的现实优势。固然此种优势奠基于马克思主义的现代化理论和方案对资本现代化的批判和超越,但同时之所以以此种全新的现代化景观在当今中华大地上呈现,与中华优秀传统文化对中国式现代化的思想滋养和支撑须臾不可分离。就现代社会而言,中华优秀传统文化所给予的一个重要滋养就在于通过天下大同的社会理想而映射出中国人独有的社会价值秩序以及世界历史意义上的格局。

第一,在此意义上,"新思想"课程的第十六章"中国特色大国外交和推动构建人类命运共同体"第三节"推动构建人类命运共同体"的内容,向同学们说明了这一理论的当代价值:"推动构建人类命运共同体,是当代中国共产党人回答和解决关乎人类前途命运的时代之问的中国方案。"①这里指出的中国方案,就需要从中华优秀传统文化的视角给出其内涵。在中华优秀传统文化的体系中,能够为人类命运共同体理论提供思想滋养的,首先就是天下大同的传统哲学理念。在"新思想"课程教材中,这一部分的论述,是把人类命运共同体思想,奠基在马克思主义的世界历史理论,在教材里也专门引用了马克

---

① 本书编写组:《习近平新时代中国特色社会主义思想概论》,高等教育出版社,2023年版,第328页。

思、恩格斯在《德意志意识形态》中关于世界历史问题的经典论述。毫无疑问,这是人类命运共同体理论最直接的理论来源和哲学基础。但是除了揭示这一理论来源和基础之外,人类命运共同体作为当代中国式现代化进程中提出的重要概念,必然蕴含着极其重要且丰富的中国智慧和中国理解。要达成帮助当代大学生深刻理解人类命运共同体这一命题的时代性内涵,深入阐释其中的中国智慧和中国理解就必不可少了。

但是,如前所述,在人类命运共同体这一章节中融入中国传统哲学里天下大同的概念,并不能停留在直接和简单意义上的引入介绍,而是要从天下大同这一理念同人类命运共同体这一理念二者之间内在的逻辑关系出发,从各自的时代背景出发,才能够正确地把中华传统文化中的天下大同与当代人类命运共同体结合起来。这是因为,中国传统哲学中关于天下大同的阐述,有其特定的哲学本体论基础以及所蕴含的基于特定历史背景的价值内涵,这与当代中国式现代化背景下的人类命运共同体理论有着本质的区别。

"大同"是中国传统社会对理想国家和理想社会的一种总体称谓,代表着中国古人对未来美好生活的无限憧憬。尽管这一概念以及背后延伸的思想在中国历史上也经历了不同时期的演变,但是对"大同"社会基本特征的表述具有相对的一致性。一般意义上对大同社会的构想都是从基本的社会生活状态开始的,比如安居乐业、友邻互爱互助、远离纷争、众生平等。在长期的思想演变过程中,逐渐形成了以儒家的大同为主流的世界大同思想。我们经常引用的经典文本就出自《礼记》——秦汉以前各种礼仪论著的选集。《礼记》的成书时期,有着特殊的社会历史背景,新兴的地主阶级建立起了统一的中央集权,封建制度不断巩固,整个社会的经济发展相对乐观,对未来充满了乌托邦式的希望,并在此基础上构建起了乐观的大同社会。因此,在这里我们把大同社会的思想融入世界命运共同体的过程中,要向学生讲清楚,中国传统社会大同思想的具体历史背景以及这一理论背后的本体论基础。就中国传统哲学中的大同概念而言,具有典型的基于社会伦理出发的空想特性。这一点与当今我们提出的人类命运共同体有着本质的区别。

大同社会的思想,融入"新思想"课程中的人类命运共同体一节内容,尽管要区分其本质差异,但是仍然要强调其在当代的独特价值。要把人类命运共同体放置在世界历史当中来考量,放置在中国式现代化的推进过程中来考量,就能明晰在此处融入中华优秀传统文化中大同社会观的价值所在了。肇始于西方的资本现代化进程,在近百年来呈现出一个巨大的特征就是马克思所揭示的世界历史的不断形成。这个过程主要是以经济全球化为载体和核心呈现。经济全球化在一定意义上推进着人类整体的现代化进程。但是经济全球化披荆斩棘的推进过程中,已经出现了无法解决的矛盾和问题。其中最为严重的就是经济全球化所强调的仅仅是经济领域的全球化和现代化。在这个过程中就不可避免地出现经济差异和经济剥削。基于此种差异和剥削,全球不同地区和国家之间就呈现出了前所未有的对抗和矛盾。在此基础上,由于过于强调经济领域的全球化和现代化,不同民族、国家、地区在通往现代化的进程中遭遇到了非经济领域的难题,即在文化上和文明上,如何处理其在经济全球化过程中的冲突与对抗。在资本现代化的历史进程中,一般是以文明的冲突和对抗为基本判断,以西方文明的强势输出为手段,呈现出西方霸权的局面。

在这一背景下,中国式现代化的历史进程,不仅打破了过去西方资本现代化的唯一路径,更是提出并努力建构全新的世界历史推进图景,其中最为核心的理论支撑便是人类命运共同体理论。这一理论"是应对人类共同挑战、建设更加繁荣美好世界的人间正道"①。而提出这一理论,离不开中华优秀传统文化之中的"天下为公、世界大同"思想的滋养。在"新思想"课程中关于人类命运共同体的部分,在辨析大同思想和人类命运共同体思想本质差异的基础之上,强调对当代理论的提出和建构的内在支撑作用,会极大地帮助当代大学生充分理解人类命运共同体理论的内在逻辑和时代价值。

第二,在"德法"课程第二章"追求远大理想 坚定崇高信念"第二节"坚定信仰信念信心"中,要求当代大学生应"胸怀共产主义远大理想"。在过往的讲述过程中,由于共产主义这一命题本身的宏大属性,决定了这一节在内容上和情感价值上难以激发起当代大学生的理解和共鸣。尽管教材中已经相近地说明了世界共产主义运动的基本历程以及在此过程中世界发生的巨大变革,并且在逻辑上说明了共产主义实现的艰巨性和长期性,在此基础上要求大学生要坚定共产主义信念。在以往的教学实践中,通过对大学生关于此问题的认知和理解的调查可以发现,学生对这一部分内容的疏离感是比较强的。其中一个重要的原因即是当前学生对共产主义概念本身还缺乏一定的理解。在这里,为了帮助学生接近和了解共产主义的建构理论,可以引入中国传统社会的大同社会观,这将会在最直观的意义上让学生对人类文明中关于未来美好社会的建构有基础性的认知。

但是,在过往的授课过程中,在此部分融入大同社会观的案例更多的是一种未加全面辨析的简单引入。这不仅不能达到帮助同学们对共产主义有更为形象和生动的理解,反而会因简单地引入天下大同的社会观而导致对共产主义本身的误解。如前所述,天大大同的思想和理念,尤其是儒家大同思想,是基于伦理视角所勾勒出来的一种理想社会的蓝图,在其内容上具有简单和朴素的性质,在方法上缺乏最基本的逻辑论证,在历史上具有一定程度的复古主义,也即是对远古社会的简单回溯。即便到了近代,中国的仁人志士提出的大同观念,在很大程度上也具有空想的性质。如康有为在《大同书》中提出的在"公政府"之下的大同社会畅想。这与在历史唯物主义论证逻辑下得出的关于未来共产主义社会的理论建构有着本质的不同。

因此,"德法"课程中在共产主义信仰这里融入大同社会观,首先需要辨析两者之间的内在差异,之后在明确了二者之间的差异基础上,才能够帮助学生充分理解和认识科学的共产主义理论的内在机理和逻辑依据。弄清楚共产主义概念本身是坚定其信仰的

---

① 本书编写组:《习近平新时代中国特色社会主义思想概论》,高等教育出版社,2023 年版,第 328 页。

前提和基础。因此在这一部分融入大同社会观的一个重要内容就是要在辨析的逻辑下帮助大学生形成对共产主义的科学认知。与此同时,在这里引入天人大同的社会观,还要强调另外一个视角,即价值情感的视角,也就是让大学生认知到一个基本的问题:人类对未来美好社会的构想和为之而付出的努力是人类历史不断前进的一种常态,甚至是人类历史不断进步的内在动力。共产主义理想并不是人类文明中突发奇想的一种关于未来社会的建构。对未来美好社会的信仰和信念,是人类文明中一个不可或缺的部分,在当代,坚定共产主义信仰是一件极为正常的事情,而不是人类文明中特殊的一件事情。那么,当代中国青年之所以要坚定共产主义信仰而不是其他信仰,重要的原因就在于共产主义是在人类历史上第一次科学地提出对于人类未来的理解。在历史唯物主义的视角下,共产主义不同于人类历史上任何一种其他主义,这不是对人类未来的简单构想,不是基于伦理的或道德的朴素设想,而是历史自身的演进规律导致的必然。在这里融入中华优秀传统文化的大同社会观,将会帮助大学生对共产主义信仰建构一种厚重的历史感,从而增加其对知识和信仰的认知和确信。

第四章 中华优秀传统文化融入高校思政课的课堂教学研究

思政课是落实立德树人根本任务的关键课程,思政课作用不可替代。将中华优秀传统文化融入学校思政课教学,能够让学生了解传统文化的内涵与价值,促进学生政治素质和道德素养的提升,培养担当民族复兴大任的时代新人。

第一节 中华优秀传统文化融入思政课课堂的必要性

习近平总书记强调:"中国传统文化博大精深,学习和掌握其中的各种思想精华,对树立正确的世界观、人生观、价值观很有益处。"[①]作为当代大学生,理应继承和发扬中华民族的优秀传统文化,肩负起中华民族伟大复兴的光荣使命。新时代大学生作为国家的栋梁之材,青年群体的发展与国家的高质量发展密不可分。将中华优秀传统文化与学校思政课教学有效结合,能够创新思政教育内容,提高学生的思想道德和综合修养,以及学校的人才培养质量,更好地体现思政课价值。通过高校思政课课堂这一平台,充分利用中华传统文化中精神财富与价值观念,将中华优秀传统文化融入高校思政课教学中去,能够丰富高校思想政治教学内容,守正创新,落实立德树人根本任务。

一、中华优秀传统文化继承和发展的需要

"文化"一词有着丰富的内涵,从本质上来讲,"文化是相对于经济、政治而言的人类全部精神活动及其产品";从广义上来讲,文化可以指称"人类改造世界的一切活动及其创造的物质成果和精神成果";从狭义上来讲,文化就专指"文学艺术和科学知识,或指人民受教育的程度"。文化作为一种精神力量,能够在人们认识世界和改造世界的过程中转化为物质力量,对社会的发展产生深刻的影响,这种影响既体现在个人的成长历程中,同时表现在民族和国家的历史之中。

---

① 习近平:《在中央党校建校 80 周年庆祝大会暨 2013 年春季学期开学典礼上的讲话》,《理论视野》,2013 年第 3 期,第 5—8 页。

党的二十大报告指出,"全面建设社会主义现代化国家,必须坚持中国特色社会主义文化发展道路"。中华文化的力量深深地熔铸在民族的生命力、创造力和凝聚力之中,是激励中国人民几千年来克服艰难险阻、创造幸福生活的强大精神力量,也是激励中华儿女共同创造祖国美好明天的力量之源。纵观中国近年来的发展,每当国家有难之时,都会涌现出一批又一批舍小我为大家的英雄人物,也正是在这一次次艰难困苦之下,让我们一次次感受到了中华儿女骨子里对于中华文化的强烈认同感和归属感,一次次领略到了中华民族厚重的文化底蕴和强大的民族凝聚力。

优秀的中华传统文化要继承,也要发展,在继承的基础上不断推陈出新、革故鼎新,才能永葆中华优秀传统文化的活力,将中华优秀传统文化发扬光大。"中华优秀传统文化体现了中国人几千年来积累的知识智慧和理性思辨,蕴藏着解决当代人类面临的难题的重要启示。在新时代,只有用好中华优秀传统文化的宝贵资源,把跨越时空、超越国度、富有永恒魅力、具有当代价值的文化精神弘扬起来,才能不断提高国家文化软实力,推动建设社会主义文化强国。"①由此可见,继承和发展中华优秀传统文化是当代社会发展义不容辞的责任和义务。

2023年6月2日,习近平总书记出席文化传承发展座谈会并发表重要讲话。讲话从党和国家事业发展全局战略高度,全面系统深入阐述中华文化传承发展的一系列重大理论和现实问题,具有很强的政治性、思想性、战略性、指导性,为我们深刻理解把握"两个结合"的重大意义,共同努力创造属于我们这个时代的新文化,建设中华民族现代文明,指明了正确方向,提供了根本遵循。习近平总书记指出,"在五千多年中华文明深厚基础上开辟和发展中国特色社会主义,把马克思主义基本原理同中国具体实际、同中华优秀传统文化相结合是必由之路。这是我们在探索中国特色社会主义道路中得出的规律性的认识,是我们取得成功的最大法宝"。"我们的社会主义为什么不一样?为什么能够生机勃勃充满活力?关键就在于中国特色,中国特色的关键就在于两个结合"。他还重点强调,"结合"的前提是彼此契合;"结合"的结果是互相成就;"结合"筑牢了道路根基;"结合"打开了创新空间;"结合"巩固了文化主体性。习近平对"两个结合"作出的一系列重大论断,是从现代化维度确认精神命脉,增进文化认同,为文化发展提供了更为丰沛的精神动力,为民族复兴提供了必要的思想资源,标志着中国共产党对中国特色社会主义的理解,已经进入文化和文明的层面。因此,"第二个结合"是中国共产党对马克思主义中国化时代化历史经验的深刻总结,是对中华文明发展规律的深刻把握,表明中共对中国道路、理论、制度的认识达到了新的高度,对历史自信、文化自信达到了新的高度,对在传承中华优秀传统文化中推进文化创新的自觉性达到了新的高度。

---

① 中共中央宣传部:《习近平新时代中国特色社会主义思想学习问答》,学习出版社、人民出版社,2021年版,第317页。

二、新时代加强思想政治教育工作与文化建设的需要

高校思政课教学旨在培养大学生的思想道德素养、政治素质和社会责任感,帮助他们树立正确的价值观,提升个人综合素质和社会适应能力。2019 年 3 月 18 日,习近平总书记在学校思想政治理论课教师座谈会上强调了思想政治教育的重要意义,明确提出社会主义建设者和接班人是人才培养目标,同时指出:"思想政治理论课是落实立德树人根本任务的关键课程。"德才兼备是社会主义建设者与接班人必须满足的条件,那么对受教育者道德水准的培养就显得格外重要,高校思想政治课通过传授和引导,帮助学生树立正确的价值观和道德观念,以及正确的思维方式和判断能力,引导他们对自己、社会和国家的发展有清晰的认识和准确的判断;提高学生对法律、道德和社会规范的认识,增强他们的公民意识和社会责任感,培养学生的社会责任感和社会发展的参与意识,使他们成为具有社会责任感的公民;在关注学生的思想观念和道德品质的同时,注重培养学生的心理素质和综合素质,提高学生在未来职业发展和社会生活中的竞争力。此外,高校思想政治教育是弘扬社会主义核心价值观和中华优秀传统文化的重要途径之一,通过传承与弘扬社会主义核心价值观和中华优秀传统文化,引导学生树立正确的世界观、人生观和价值观,提高他们的社会责任意识和道德水平,促进社会和谐稳定。

近年来,国家先后出台了关于高校思政工作及思政课堂建设的文件。《完善中华优秀传统文化教育指导纲要》指出,"分学段有序推进中华优秀传统文化教育,把中华优秀传统文化教育系统融入至课程和教材体系","大学阶段,应增强学生传承弘扬中华优秀传统文化的责任感和使命感"。《关于实施中华优秀传统文化传承发展工程的意见》明确提出要"围绕立德树人根本任务,遵循学生认知规律和教育教学规律,按照一体化、分学段、有序推进的原则,把中华优秀传统文化全方位融入思想道德教育、文化知识教育、艺术体育教育、社会实践教育各环节,贯穿于启蒙教育、基础教育、职业教育、高等教育、继续教育各领域"[①]。由此可见,思政课是高等教育阶段思想政治教育工作的主要阵地,好好利用中华优秀传统文化这一优质资源,将思想政治教育工作与中华优秀传统文化结合起来,传承弘扬中华优秀传统文化,培养德智体美劳全面发展的社会主义建设者和接班人。

学习贯彻习近平总书记在文化传承发展座谈会上的讲话精神,更深刻认识到中华文化源远流长,中华文明博大精深。习近平总书记强调"中华优秀传统文化有很多重要元素,共同塑造出中华文明的突出特性",高度凝练提出并精辟透彻分析了中华文明具有突出的连续性、突出的创新性、突出的统一性、突出的包容性、突出的和平性。连续性,从根本上决定了中华民族必然走自己的路;创新性,从根本上决定了中华民族守正不守旧、尊

① 陈先达:《马克思主义和中国传统文化》,人民出版社,2015 年版,第 26—28 页。

古不复古的进取精神和不惧新挑战、勇于接受新事物的无畏品格;统一性,从根本上决定了各民族文化融为一体,国土不可分、国家不可乱、民族不可散、文明不可断的共同信念;包容性,从根本上决定了中华民族交往交流交融的历史取向和对世界文明兼收并蓄的开放胸怀;和平性,从根本上决定了中国始终是世界和平的建设者、全球发展的贡献者、国际秩序的维护者,中国不断追求文明交流互鉴而不搞文化霸权。"五个突出特性"构成了中华文明在世界文明图谱中独树一帜的"身份证"和"识别码",为我们在更深层次理解古代中国、认识现代中国、把握未来中国提供了一把"金钥匙"。

三、培养担当民族复兴大任时代新人的需要

习近平总书记在全国宣传思想工作会议上强调:"宣传思想工作是做人的工作的,要把培养担当民族复兴大任的时代新人作为重要职责。""育新人,就要坚持立德树人、以文化人,建设社会主义精神文明、培育和践行社会主义核心价值观,提高人民思想觉悟、道德水准、文明素养,培养能够担当民族复兴大任的时代新人。"文化是民族的血脉,人民的精神家园。"育新人"与"兴文化"辩证统一,"育新人"是"本","兴文化"是"道","本"源自"道","道"成于"本"。中国特色社会主义进入新时代,实现中华民族伟大复兴的中国梦,必须把"培养什么样的人"与"发展什么样的文化"紧密结合起来,以文化滋养心灵、以文化涵育德行、以文化引领风尚、以文化凝聚力量,培养更多有自信、尊道德、讲奉献、重实干、求进取的时代新人,更好地担负起民族复兴的大任。

"时代新人"这一时代命题提出以后,学术界关于"时代新人"的讨论便迅速成为研究热点,不同的专家学者从不同的角度提出了一系列富有创新性的学术观点,在研究视域、研究内容和研究方法上取得了诸多研究成果,呈现出鲜明的时代特色,把以往对"新人"问题的研究推向一个新的高度。当前,学术界关于"时代新人"的研究主要聚焦在生成背景、目标模式、内涵特征、现实困境以及实践路径等方面,从整体性和实证性视角出发探讨"时代新人"培育问题,内容丰富,见仁见智,奠定了坚实的研究基础。但是,当前的研究成果中对于"以文化人、以文育人"的研究并不鲜见,立足传统文化审视"时代新人"培育问题更是匮乏。因此,很有必要及时梳理已有研究成果,从文化育人价值的角度理解和把握"时代新人"的出场视域,进而从学理和实践上对这一重大课题的研究进行深入拓展。

新时代大学生群体的年龄通常在18到25岁之间,处于青春期和早期成年期的转变阶段,面临着身心发展和角色转变的挑战。在这一阶段,他们逐渐形成自己的独立思考能力和价值观念,开始关注社会问题、人生意义和社会责任,高度关注社会变革和社会问题。他们朝气蓬勃,充满活力,具备较高的学习能力和接受新事物的能力。不仅如此,大学生群体具有广泛的社交圈子,他们更注重与同龄人的互动、信息交流,非常乐于并且擅长与来自不同背景和地区的同龄人接触,形成多元化的社交网络。但通过辩证的角度来

思考,大学生群体在拥有以上优点的同时,也因为这些优点产生了一些需要规避的弱点。简单纯粹的校园生活很好地保护了大学生的精神世界,他们对于外界和陌生事物有着较弱的防备心理和天然的信任感,这也就意味着在错综复杂的社会关系中,大学生群体实际上处于一种比较弱势的地位。此外,在校大学生的世界观、人生观与价值观虽然已初具雏形,但仍缺乏稳定性,在面对一些突发或尖锐问题时,大学生的朝气与冲动容易造成情绪的不稳定与独立思考能力的暂时缺失。同时,社会环境也赋予了大学生群体新的时代特征。社会节奏加快,信息更迭速度提升,具有较强适应能力的大学生面对越来越多的新鲜事物,求知欲和好奇心使其在琳琅满目的社会商品中流连忘返。同样单位时间内需要接收的信息越来越多,也使得大学生群体的注意力稳定性有所下降,浮躁和急功近利的特点在大学生群体中日益显现。

习近平总书记在《发扬五四精神,不负伟大时代》中说:"新时代中国青年要自觉树立和践行社会主义核心价值观,善于从中华民族传统美德中汲取道德滋养,从英雄人物和时代楷模的身上感受道德风范,从自身内省中提升道德修为,明大德、守公德、严私德,自觉抵制拜金主义、享乐主义、极端个人主义、历史虚无主义等错误思想,追求更有高度、更有境界、更有品位的人生,让清风正气、蓬勃朝气遍布全社会!"①中华优秀传统文化作为中华五千年文明的重要组成部分,具有丰富的智慧和价值观念,对于培养大学生的思想道德素质和文化素养具有重要意义。将中华优秀传统文化融入思政课堂,深度挖掘其中所蕴藏的真理名言,结合时代特征,利用现代化媒介,唤醒和增强中华优秀传统文化在大学生思想深处的信念感,巩固大学生作为中华儿女内心深处与生俱来的优秀特质,在喧嚣繁杂的社会大环境中不忘初心,就显得十分必要。

不仅如此,我国的教育环节层层相扣,是一个逐渐积淀和升华的过程。中华优秀传统文化的教育是漫长且延续的,对于中华传统文化的学与悟是看似分离但实际相接的过程。对于学生而言,中小学的教育是一个相对集中的接受过程,在这一阶段,学生对于中华传统文化的理解大部分仅停留在应试层面,是一种通过反复背诵而形成的较为机械的记忆。这种记忆不一定时时刻刻显现在脑海中,而是在将来的某一个瞬间,在人生阅历和知识积淀的基础上,因某一事物触发了记忆深处的知识储备,死板晦涩的文字才会鲜活地活跃在脑海中,直到这一刻,对于中华传统文化的学习才算是完成,才算真正体会到蕴含在中华传统文化之中历经千年而不衰的底蕴。因此,中华优秀传统文化的学习并不能仅仅停留在启蒙阶段,而是应该延伸到高等教育阶段,渗透到大学生的日常学习生活中去,在大学阶段实现传统文化价值的升华,并在其人生观、价值观中起到中流砥柱的作用。

人的思想道德品质不是与生俱来的,它是从学习和实践中得来的,需要加强思想政

---

① 习近平:《习近平谈治国理政》(第三卷),外文出版社,2020年版,第337页。

治理论课的"主阵地"和"主渠道"作用,从学生的需求出发,以学生的兴趣爱好、成长需要为导向,运用生动活泼的教学方式,加强与学生的"双边对话",在交流碰撞、知识启发、思想启蒙中渗透主流价值观,引导学生摒弃模糊的、错误的认识,能够认清真、善、美,明晰假、恶、丑,不断提高思想道德觉悟,培育良好的思想道德品质,增强认识和改造世界的能力。高校思政课可以通过教授中华优秀传统文化的内容,帮助学生更好地了解和认识自己民族的文化根源,培养对中华文化的自豪感和认同感;汲取中华优秀传统文化中有关家庭、社会、道德等方面的优秀价值观,培养正直善良的品质,为未来的人生道路提供道义指引;开阔视野,学习传统文化中蕴含的丰富的人文精神,提升审美能力,培养创造力和独立思考的能力,提升人文素养。同时,传统文化是一个国家的独特标志和符号,也是国家认同感的重要元素,学习传统文化可以帮助大学生更好地认知和理解自己所属的国家,从而培养对国家的认同感和责任心。

第二节　中华优秀传统文化融入思政课教学的路径选择

中华优秀传统文化是中华民族漫长历史发展进程中积淀的优秀成果,是中华民族共同精神支柱,也是促进社会进步发展和国家建设的重要力量源泉。将中华优秀传统文化融入思政课课堂可以从三个维度来思考,即中华优秀传统文化的发展、思政课课堂的发展以及教师群体的发展。

一、树正融入导向,提升教学实效

将中华优秀传统文化融入思政课教学,必须占领和打通思想政治理论课教学这个"主阵地"和"主渠道"。一方面是因为课堂教学具有时间权重最大、价值效用最高、课程搭配最合理、学段衔接最默契、知识容量最丰富的特点,以"教"和"学"的需求为基础,以师生对话交流为前提,能够有效体现教师主导性和学生主体性的统一,教师在课堂上进行准确的价值传输、理性的解疑释惑、稳定的情绪疏导最能聚焦学生的目光,走进学生的内心,赢得学生的尊重,也最能激发出师生"双边对话"的热情。另一方面是因为旗帜鲜明的理论灌输,既是有效落实中华优秀传统文化"进教材、进课堂、进头脑"的基本要求,也是不断提高大学生价值判断和价值选择能力的重要举措。当前,高校思想政治理论课包括"马克思主义基本原理概论""毛泽东思想和中国特色社会主义理论体系概论""中国近现代史纲要""思想道德修养与法律基础"等课程。这些课程相互联系、相互支撑,共同构成一个具有鲜明意识形态特点的知识体系,这些课程既是课程内容,又是价值观念;既是基本原理,又是实践遵循。将中华优秀传统文化融入思政课教学,就要紧紧围绕思想政治理论课,找准课堂教学的结合点,有计划、有步骤地将中华优秀传统文化分解进章节里、体现到教案上、落实在互动中、融入大学生学习成长的全过程,让大学生从国家、社会、个人不同层面系统地理解和掌握其科学内涵、精神实质、基本要求,不断提升大学生的道德认知、是非判断和价值选择,并积极转化为自身的价值观念和价值追求,从而达到"内化于心、外化于行"的目的。

二、丰富融入内容,打造精品课程

思想政治课是提升学生思想政治素质、强化学生道德修养的主渠道。传统的思政课教学,教师往往局限于教材本身开展教学,这样的课堂存在内容单一枯燥、远离学生实际生活等问题,一定程度上影响教学质量和学生学习效果。思政课融入中华优秀传统文化,能够进一步丰富课堂教学内容、提高教学质量、增强教学效果,使学生在学习传统文化的过程中潜移默化地增强对中华民族的情感认同。道德伦理方面,传统文化中蕴含着丰富的道德伦理观念,如仁爱、孝道、忠诚等。这些价值观可以用来引导学生的道德判断和行为规范,培养良好的人格品质和道德意识。社会关系方面,传统文化中对人际关系和社会关系有着深刻的思考和教诲。传统文化强调家庭观念、社会责任、和谐共处等,可以帮助学生理解和处理复杂的社会关系,培养健康的社会交往能力。国家认同与社会责任方面,传统文化是民族认同的重要元素,可以帮助学生加深对国家的认同感和文化自信心。同时,传统文化中也强调个人的社会责任和义务,培养学生的公民意识和社会担当。历史文化方面,传统文化承载了丰富的历史信息和文化遗产。通过学习传统文化,可以使学生深入了解中国历史、民俗风情、文人雅士等,从而增强对中华文化的认同和传统文化的传承。美学教育方面,传统文化中蕴含着丰富的艺术、文学、音乐、绘画等元素。通过学习传统文化,可以培养学生的审美能力和欣赏水平,丰富内心的艺术享受,提高个人的文化修养。

三、强化师资队伍,构建融入体系

在课堂教学过程中,教师不仅是课堂教学的设计者、教学效果的检验者、教学过程的组织者,更重要的还是教学活动的引领者,即整个课堂教学的主导者。因此,广大思政教师的传统文化素养对于课堂效果至关重要。习近平总书记在学校思想政治理论课教师座谈会上曾指出:"办好思想政治理论课关键在教师,关键在发挥教师的积极性、主动性、创造性。"高校思政教师首先应充分发挥内因的作用,通过阅览各类传统文化书籍、参加专题培训等方式进行积极主动的自我"充电",不断增强自身的传统文化知识储备并提升自身的传统文化素养。有了丰富的传统文化知识储备,才能在教学过程中,将优秀传统文化以"润物细无声"的方式有机融入思政课堂中。此外,高校思政教师在开展科研工作时,也应有意识、有目的地进行学科交叉,不断提升对中华优秀传统文化的内涵、价值、传播路径等问题的研究意识和研究水平。一方面,在教学过程中发现问题并积累问题,把中华优秀传统文化融入思政课时遇到的困境作为自己理论研究的课题;另一方面,也要及时将自身科研成果转化到教学中去,反哺于教学、服务于教学,实现教学和科研的良性互动。

四、拓展融入渠道,创新教学模式

任何国家的主流价值观要在全社会范围内宣传与普及,都离不开传播媒介的参与和支持。随着科技的飞速发展,特别是网络技术的飞速发展,网络在弘扬中华优秀传统文化中的作用越来越重要。当前,网络已成为大学生获取新知、信息传递、情感交流的主渠道,校园内"低头一族"玩微博、刷微信已成为一道独特的风景。网络所营造的虚拟世界已经成为大学生生活中重要的活动空间。网络对于大学生群体来说,不再是"最初"的一种工具,而是"最近"的一种环境。既然网络生活已经是不可逆转的历史潮流,将中华优秀传统文化融入思政课教学就要顺势而为,积极利用好网络新媒体平台,依靠数字化、网络化助力思政教育工作,实现工具性和价值性的融合。在课堂教育中,转变传统的教育模式,以新媒体平台作为载体对大学生进行传统文化的教育和引导,让信息技术赋能,使中华优秀传统文化教育的时空性、课堂内容的深度得到有效扩展。此外,教师可以引导学生组建"中华优秀传统文化"宣讲团、创建"中华优秀传统文化"相关科研团队、开展"中华优秀传统文化"征文活动,用文字的方式传承传统文化;结合大学生专业特色,引导艺术类专业的学生编排传统文化音乐剧;组织开展优秀传统文化知识竞赛活动;等等,将中华优秀传统文化真正内化为大学生的价值追求,外化于他们的自觉行动。

第三节　中华优秀传统文化融入思政教材建设

中华优秀传统文化是中华民族的精神命脉。推动中华优秀传统文化融入教材,对于建设培根铸魂、启智增慧的新时代中国特色高质量教材体系,培养具有高度文化自信的社会主义建设者与接班人具有重要意义。中华优秀传统文化教材建设经历了从"沉寂"到"复兴"的曲折发展历程,反映出中华优秀传统文化顽强的生命力。在中国特色社会主义新时代,中华优秀传统文化"进教材"既是一种注重文化传承与精神引领的知识建构,也是一种凝聚文化教育合力的协同发展。

一、中华优秀传统文化融入思政教材建设的政策依据

2014 年,教育部提出了分学段有序推进中华优秀传统文化教育,把中华优秀传统文化教育融入课程和教材体系。2017 年,中共中央办公厅、国务院办公厅印发《关于实施中

华优秀传统文化传承发展工程的意见》，强调以课程教材为重点构建"中华文化课程和教材体系"。同年，中共教育部党组关于印发《高校思想政治工作质量提升工程实施纲要》，强调文化育人是"十大育人"体系的重要组成部分之一。2021年，进一步细化了中华优秀传统文化进课程教材的内容主题、形式等。2014年，随着《完善中华优秀传统文化教育指导纲要》的颁布，中华优秀传统文化进教材变成教材编纂的方向。2021年，教育部印发《中华优秀传统文化进中小学课程教材指南》，对中华优秀传统文化与思想政治教育有机融合、形成系列教材做了更为明确的顶层设计与指导，从国家的高度为中华优秀传统文化的教材建设提供了具体的实践指南。经历多年发展，中华优秀传统文化教材建设取得了极大成果，逐渐形成了更加成熟的"大思政"格局，但是中华优秀传统文化教材建设还存在着一系列问题，诸如教材编写质量存在优劣之分、内容选取方面缺乏明确可操作的原则指导、与现在课程融合有冲突、相关推广的专业师资不足等。对此，我们需要结合新时代对人才的要求，厘清思路，探索中华优秀传统文化教材建设的问题和挑战，寻求解决之道。

二、中华优秀传统文化融入思政教材建设的基本遵循

课堂是学生接受知识最主要的平台，教材是承载学科内容、体现课程目标的重要教学文本，教材建设是课程建设与课堂教学的重要组成。为了让中华优秀传统文化有机融入高校思政教材中，思政教材要遵循以下原则。

（一）坚持科学性和合理性相结合

教材内容应该基于科学的研究和理论，符合高校思政教育的目标和需求。首先应当运用马克思主义理论对中华优秀传统文化进行过滤和筛选。文化的诞生是基于一定的历史条件的，具有一定的时代特征，所以要用历史唯物主义和辩证唯物主义对中华优秀传统文化进行过滤、筛选和转化，经过科学的论证与审查，确保内容准确、权威。另外，要合理组织教材内容，保证其连贯性、系统性，防止内容的片面化，从而引导学生形成正确的思维方式和价值观。

（二）坚持传承性和创新性相融合

实现中华优秀传统文化与高校思政教材的有机融合要注重文化传承和精神引领。中华优秀传统文化在当今依旧能焕发生机，是因为党和人民延续革故鼎新的精神，对其批判性继承、创造性转化和创新性发展。"创造性转化，就是要按照时代特点和要求，对那些至今仍有借鉴价值的内涵和陈旧的表现形式加以改造，赋予其新的时代内涵和现代化表达形式"。"创新性发展，就是按照时代的新进步新进展，对中华优秀传统文化的内涵加以补充、拓展、完善，增强其影响力和感召力。"中华优秀传统文化融入高校思政教材

要坚持以中国特色社会主义核心价值观为导向,面向未来、多元化发展,实现中华优秀传统文化与高校思政教材建设协同发展。

(三)坚持理论性和实践性相耦合

中华优秀传统文化厚植于中华民族伟大实践中。历史证明,实践是检验真理的唯一标准。中华优秀传统文化融入高校思政教材既要有理论性,也要有实践性。一方面,要以马克思主义理论为指导,选取符合时代需求和大学生发展的中华优秀传统文化;另一方面,与实践相结合,在实践中不断深化理论,不断进行理论创新,教材应当引入丰富的实践活动和真实案例,让学生主动参与,培养实践能力,在体会中华优秀传统文化魅力的同时塑造精神品格,促进学生的全面发展。

(四)坚持时代性和前瞻性相契合

中华优秀传统文化融入高校思政教材要与时俱进,紧跟时代发展步伐,关注社会当前的热点话题,引导学生思考和解决现实问题,提高学生对社会发展的理解和参与能力。同时,中华优秀传统文化融入高校思政教材要立足本国,面向世界。高校思政教材要向学生宣扬中华优秀传统文化的民族特色、文化特征和思想特点。另外在全球化历史进程中,抓住机遇,迎接挑战,与世界先进文化互学互鉴,推动中华优秀传统文化融入高校思政教材的创造性转化,培养学生的文化自觉和文化自信,坚持中华文化立场,以更自信的姿态与世界对话。

三、中华优秀传统文化融入思政教材建设的主要考量

中华优秀传统文化融入思政教材,可以更好地发挥思政育人的立德树人作用,引导学生扣好"人生的第一粒扣子"。中华优秀文化的思政育人作用决定了高校思政教材中应选取什么样的中华优秀传统文化内容。基于此,高校思政教材在选取中华优秀传统文化内容时存在以下标准。

(一)以德智体美劳为目标选取中华优秀传统文化内容

习近平总书记在关于教育的论述中说道:"培养什么人、怎样培养人、为谁培养人是教育的根本问题,我国建设教育强国目的就是培养一代又一代德智体美劳全面发展的社会主义建设者和接班人,培养一代又一代在社会主义现代化建设中可堪大用、能担重任的栋梁之材,确保党的事业和社会主义现代化强国建设后继有人。"党的十八大把"立德树人"作为教育的根本任务,培养德智体美劳全面发展的社会主义建设者和接班人,这是新时代高校思想政治教育担负着的历史重任。中华优秀传统文化历经五千年的历史,厚植于中华大地,具有鲜明的民族特点、中国特色。社会主义核心价值观就是汲取中华优

秀传统文化中的精华部分高度凝练而来。因此,中华优秀传统文化要与国家的教育方针、教育目标紧密联系在一起,在立德树人教育方针的指导下,以德智体美劳为目标维度选取中华民族优秀文化的内容,致力于培养德智体美劳全面发展、堪当民族复兴大任的时代新人。

(二)以中华优秀传统文化主题要素架构高校思政教材内容

中华优秀传统文化源远流长,但也具有分散性的特点,所以需要以主题与要素相结合的形式来架构高校思政教材内容。自2014年起,教育部印发的《完善中华优秀传统文化教育指导纲要》《中华优秀传统文化进中小学课程教材指南》等教育政策文件均采用了主题和要素相结合的方式架构中华优秀传统文化的内容。如《完善中华优秀传统文化教育指导纲要》中包含家国情怀教育、人格修养教育、社会关爱教育、人类命运共同体教育等主题,这些对应了中华优秀传统文化的"治国""修身""齐家""兼济天下"几个方面,其中以"治国"为主题对应的要素有"自强不息""居利思义""爱国如家""兼容并蓄""不畏强权""脚踏实地"等,每个主题都包含着诸多要素,以主题和要素为着力点,从中华优秀传统文化中筛选提取相应的内容,让中华优秀传统文化的价值内涵有针对性地、具体地呈现出来,充分发挥中华优秀传统文化思政育人的作用。当然,这些内容要紧跟时代步伐,与时俱进,满足时代发展的需要和人的全面发展的需要。

(三)以落实立德树人根本任务达到教材建设目的

中共中央办公厅、国务院办公厅印发《关于实施中华优秀传统文化传承发展工程的意见》,要求"围绕立德树人根本任务,遵循学生认知规律和教育教学规律,按照一体化、分学段、有序推进的原则,把中华优秀传统文化全方位融入思想道德教育、文化知识教育、艺术体育教育、社会实践教育各环节,贯穿于启蒙教育、基础教育、职业教育、高等教育、继续教育各领域";要求"构建中华文化课程和教材体系"和"推动高校开设中华优秀传统文化必修课"。教育部颁布的《中华优秀传统文化进中小学课程教材指南》也提出,要"结合时代要求,衔接古今,赋予中华优秀传统文化新的时代内涵和现代表达形式,促进创造性转化和创新性发展,使其成为涵养社会主义核心价值观的重要源泉"。将中华优秀传统文化融入思政教材,就要全面梳理中华优秀传统文化的基本脉络和实质内涵,把研究成果转化为教材形式,正确处理教材编写过程中权威性、统一性、创造性之间的内在关系,不断增强教材编写、推广和使用的协同作用,在教材建设中彰显炎黄文化独特的文化传统、价值体系、民族色彩和历史进程。同时,规范教材语言表述,努力做到通俗易懂,让学生从中了解文化变迁、触摸文化脉络、感受文化魅力、汲取文化精髓,为以文化人、化成天下提供丰厚滋养,实现立德树人的根本任务。

第五章　中华优秀传统文化融入高校思政课实践教学研究

2023 年 6 月 2 日,习近平总书记在北京出席文化传承发展座谈会并发表重要讲话。他强调,在新的起点上继续推动文化繁荣、建设文化强国、建设中华民族现代文明,是我们在新时代新的文化使命。将中华优秀传统文化融入高校思政课实践教学是对新时代文化使命的呼应,是践行"两个结合"的生动体现,是推动中华文化创造性转化和创新性发展的重要路径,也是进一步促进中华民族伟大复兴的有力抓手,具有重要的教育意义和现实价值。

第一节　中华优秀传统文化融入高校思政课实践教学概述

马克思主义认识论启示我们进行研究要从事物的本质出发,认清研究的事物是什么,这就需要全面地把握事物的概念,理清事物之间存在的联系。中华优秀传统文化是中华民族生活实践的历史积淀,是培育和弘扬社会主义核心价值观的思想文化渊源,是坚定新时代大学生文化自信、实现中华民族伟大复兴的源泉和动力。高校思政课是思想政治教育的重要一环,肩负着立德树人的重要使命,是将思想理论吸收转换为实践体验运用的关键课程,能够发挥文化实践育人的重要功效。因此,厘清中华优秀传统文化和高校思政课实践教学的相关理论概念,对于两者的有机结合具有基础性意义。

一、高校思政课实践教学的内涵特点及价值意蕴

习近平总书记在学校思想政治理论课教师座谈会上强调,思政课改革创新要坚持理论性和实践性相统一。思政课实践教学作为思政课教学的重要组成,其教学效果直接关系到思政课教学目标的实现,关系到思政课改革创新的方向,关系到立德树人任务的落实,需明晰思政课实践教学的基本内涵、突出特点和价值意蕴,以确保思政课实践教学,既能够抓住核心不偏向,又能够有的放矢增实效,全面提高教学水平与育人质量。

(一)高校思政课实践教学的基本内涵

高校思政课实践教学作为思政课教学过程的基本阶段、必要环节和重要方式,其基

本内涵是:进一步巩固与深化思政课课堂理论教学成效,引导与组织学生开展形式多样的、校内外的理论联系实际的实践活动,以培养新时代大学生认识、分析和解决实际问题的能力,使其成为中国特色社会主义事业有力的建设者与可靠的接班人。

界定与明确思政课实践教学的基本内涵,重点要把握其目的。实践教学是高校思政课教学的重要组成部分,其教学目的就是使学生能够在实践中运用马克思主义的观点、立场和方法去认识、分析和解决问题。特别是通过实践教学让大学生更加具体深刻地明白"中国共产党为什么'能',马克思主义为什么'行',中国特色社会主义为什么'好'"①等基本道理,从而坚定理想信念,更加明确清晰地认识到"青年乃国家之未来,青年一代有理想、有本领、有担当,国家就有前途,民族就有希望"②,进而增强实现中华民族伟大复兴的雄心壮志。总之,通过实践教学,进一步使"新时代大学生深化思想认识,提高政治素质,锤炼实际能力,真正把大学生培养成为中国特色社会主义事业的建设者和接班人"③。

界定与明确思政课实践教学的基本内涵,也需掌握其主要途径与方式。所谓思政课实践教学,其最鲜明、最突出的特征就是让大学生走出教室,进入现代社会与现实生活实际当中。这是大学生课堂理论学习付诸实践的过程,也就是说,使大学生更深一步在实践中理解与消化理论,在实践中运用与检验理论,在实践中锤炼与提高政治素质与思想水平。可见这也是一个进一步引导大学生学习、锤炼、内化、提升的极其重要的教学环节与阶段。其主要的途径与方式,一方面是校内的实践教学,如教师课下指导学生自主开展相关内容的宣讲、表演、竞赛等活动,请优秀管理者、地方领导、知名学者、先进团队代表等做专题报告或座谈讨论等;另一方面是校外的实践教学,如"社会考察,进入厂矿企业、农村社区进行调研;开展红色参访,走进革命纪念馆、烈士陵园、红色旧居和革命遗址等进行参观访问;参加公益活动,走进养老院、车站、广场、街道等开展宣传、清洁、服务等公益活动"④。

界定与明确思政课实践教学的基本内涵,还需明确其意义。显然,实践教学的意义不是为了活动而实践,而是为了巩固与深化课堂教学效果,是极其必要、重要,也是极为迫切的教学内容与方式。可以说,实践教学是课堂教学的继续与深化的重要教学阶段,是理论付诸实践的必要教学环节,是引申、巩固与提升课堂教学效果的不可或缺的教学方式,是促进知行合一、避免空洞说教的有效教学举措。我们必须清醒地认识到,当今

---

① 颜晓峰:《从新中国七十年看马克思主义为什么"行"》,《光明日报》,2019年9月11日,第11版。
② 习近平:《决胜全面建成小康社会 夺取新时代中国特色社会主义伟大胜利》,人民出版社,2017年版,第10页。
③ 汪新伟:《习近平青年大学生思想政治教育理念研究》,武汉工程大学硕士学位论文,2019年。
④ 董前程:《志愿服务融入高校思想政治理论课实践教学:诉求、价值与路向》,《教育理论与实践》,2021年第3期,第46—48页。

世界正处于百年未有之大变局,经济全球化的加速演进,多元文化"一拥而入"进入大学生的日常生活之中,影响其世界观、人生观、价值观的正确形成。这就迫切要求高校思政课发挥思想政治教育主阵地和主渠道的作用,积极广泛地开展实践教学,以强化思政课的实效性,因此,"实践教学在高校思政课教学中的地位和意义日益凸显,越来越成为高校思政课打造全方位育人、全员育人和全过程育人的关键环节"①。

(二)高校思政课实践教学的突出特点

实践教学,是构成高校思政课的重要部分,是挖掘思政课理论教学潜力的关键环节,了解其突出特点,有助于推动思政课实践教学的探索改革创新。

1.思政课实践教学具有政治性

习近平总书记在 2016 年全国高校思想政治工作会议上指出,我国高等教育必须坚持正确政治方向,必须坚持以马克思主义思想为指导,全面贯彻党的教育方针。高校思政课自设立以来,政治性作为其不褪的底色,助力大学生树立正确"三观"起着不可估量的重要作用。实践教学是理论教学的补充和再发展,协助理论课进入大学生实际学习和生活,有效融入中华优秀传统文化,其政治底色与理论教学保持一致。

2.思政课实践教学内容的现实性

思政课实践教学就是为了让学生在进行社会实际的考察调研、走访参与等实际活动过程中,进一步得到现实教育与实际锻炼。对青年大学生而言,鲜活生动的社会实践是大课堂,是活的教科书。学生在实践中,观察、了解和接触社会现实,有利于开阔眼界、拓宽视野,获得更加实际的锻炼。显然,现实实践内容是生动的、鲜活的、直观的,对青年大学生所产生的影响与作用,是课堂与书本教育不可替代的,也是不可或缺的。

3.思政课实践教学时空的灵活性

实践教学时间可以是规定的课时之中,可以是在课余时间,也可以是在某个特殊的时期或节日。实践教学形式可以在课余时间参加公益活动,假期里做相关的社会调查,也可以在特殊的节日进行实践活动,如五四青年节,组织"红歌快闪"活动;清明节,组织学生缅怀革命先烈等。实践教学空间可以是校内,也可以是校外的。校内实践教学主要是以课堂和学校提供的一些校园资源作为支撑的实践活动;校外实践教学的地点空间是比较广泛的,可以是农村、社区、军营、企业、政府机关等。可以根据不同的教学内容、活动主题创建或者选择合适的实践基地,组织学生进入实践基地进行实践教学。总之,时空的灵活性为实践教学提供了广阔的天地。

---

① 马帅,陈孝柱:《高校思政课"实践教学"模式的特点、问题、成因与创新》,《辽宁科技学院学报》,2020 年第 6 期,第 95—97 页。

4.思政课实践教学活动的自主性

学生是实践教学的主体,在教学中起着主导性作用,而教师更多是实践活动的指导者。虽然实践教学内容是教师根据教学内容设置的,部分实践活动由教师组织,但更多活动是在教师的指导下,由学生自主组织与开展的,特别是节假日期间和课余时间开展的实践活动,主要由学生自主进行。可以说,实践教学的全程"主角"是学生。如社会调查实践活动,学生可以根据调查内容和要求,自行确定调查的时间、地点和调查对象,自行设置问题,进行问卷统计分析、撰写调研报告;还有其他类型的实践活动,大部分学生自主完成。显然,开展丰富多彩的实践活动,能够充分引导学生发挥主观能动性,具有深化与促进实践教学的重要作用。

5.思政课实践教学形式的多样性

新时代高校思想政治课实践教学既体现了社会实践内容的丰富性、差异性,又在一定程度上保证实践教学的吸引力、实效性。为此,实践教学就要不断创新,创造出丰富多彩、各具特色的实践教学形式,如校内的话剧歌剧表演、读书报告会、画展、社团活动等;对于校外实践而言,教师可找寻中华优秀传统文化中的"某个点"组织学生参加社会公益活动或是社区文化教育活动,引导学生时时处处自觉去弘扬和传播中华优秀传统文化。同时,教师应充分利用本地文化资源,带领学生去参观博物馆、美术馆、红色文化纪念馆等,发挥这些场所直观呈现出来的文化优势进行教学实践,开阔学生视野,潜移默化中对学生产生积极影响。

(三)高校思政课实践教学的价值意蕴

高校思政课是提高大学生思想政治素质和道德品质的主要阵地。高校思政课实践教学能进一步突出大学生主体地位,发挥大学生的主体作用,引导大学生用马克思主义中国化最新成果武装头脑、指导实践。教师开展思政课实践教学应针对社会现实热点问题,从学生的困惑讲起,通过丰富多彩、形式多样的实践活动,引导学生把所学理论知识运用于理解和分析社会现象,增强学生把理论内化于心、外化于行的能力。

1.有助于促进大学生全面发展

高校思政课实践教学应帮助学生树立正确的政治立场、远大的志向抱负、高尚的道德情操和坚定的理想信念,使学生在德智体美劳等方面得到全面发展,肩负起实现中华民族伟大复兴的时代重任。高校思政课实践教学要广泛开展爱国主义教育,引导学生把自身的理想同祖国的前途、民族的命运紧密联系在一起,筑牢对中国特色社会主义的思想认同和情感认同,在社会实践中引导学生立鸿鹄志、做奋斗者,以行求知,以知促行,加强道德实践能力养成,使学生成为德智体美劳全面发展的社会主义建设者和接班人。

2.有助于提升思政课教学的感染力和实效性

高校思政课实践教学有助于提升思政课的吸引力、说服力和实效性。思政课实践教学能够促进学生"真感、真知",从而整合形成对事物的初步判断,在教师的悉心指导下,抽丝剥茧、层层深入,探寻出问题的本质,培养学生认识问题、分析问题和解决问题的思维和能力。思政课实践教学是训练科学思维、培养实干能力、涵养精神品格的有力抓手。

3.有助于促进大学生知行合一

高校思政课实践教学作为理论教学的延展与补充,使学生对理论知识的吸收不仅仅停留于认知中,而是将其落实在具体的行动上。思政课实践教学借由生产、生活、学习实践的方式帮助学生增强改造世界的能力,在实践教学中,摆在学生面前的通常不再是枯燥的理论,而是具体生动的现实问题,具有强烈针对性和现实性,能够激发学生处理问题的主动性和积极性,从而推动理论知识在学生心里去虚向实、由表及里,提升其理论联系实际能力。

4.有助于坚守社会主义意识形态主阵地

高校是意识形态工作的主阵地,必须坚持社会主义办学方向。高校思政课实践教学始终坚持马克思主义指导地位,传播社会主义先进思想文化,通过案例教学、社会调查、实地考察等实践活动,"引导学生既要看到社会主义事业当前面临的困难和挑战,也要看到社会主义现代化建设和改革开放取得的辉煌成就"①,使学生学会辨析各种社会思潮,树立正确价值观,做马克思主义理论坚定信仰者和中国特色社会主义事业的践行者。

二、中华优秀传统文化的内在逻辑及育人功能

中华民族在五千多年历史长河中传承的优秀传统文化,已经深入中华儿女的精神思维、实践行为等各个方面,影响着当下每一个人,成为中国社会发展进程中不可忽视的文化背景。只有充分认识中华优秀传统文化的内涵,把握其特点,才能更好地将其融入高校思政课实践教学。

(一)中华优秀传统文化的内在逻辑

毫无疑问,我们对"中华优秀传统文化"这个词十分熟悉,但许多人对这个词的具体概念仍存在模糊性的认识。要想真正了解这一词汇的多层次概念,就要先理解和把握"文化"和"中华传统文化"的含义。

"文化"在中国古代的话语体系中是一个复合词,"文"与"化"是分开使用的,并代表着不同的含义,最早在《易经·贲卦》"观乎人文,以化成天下"中同时出现。"文化"在我国古代多指教化等含义。在我国关于"文化"有许多不同的讨论,钱穆认为,文化是民众

---

① 冯刚:《理直气壮开好思政课——把握新时代思政课建设规律》,人民出版社,2019年版。

精神方面的一种活动样态，不同于政治、经济形态①，张岱年与方克立认为，文化是一个整体的发展体系，大致可分为四个层次，其有广义与狭义之分②。一般来说，"文化"的含义具有广义与狭义之分，其中广义的文化是指人类社会创造的一切财富，包括精神、物质等；狭义的文化则侧重人类的精神文明成果。同时张岱年认为"文化是活动方式与活动成果的辩证统一"③，也就是说文化是具有多层次、多内容的统一体。

"中华传统文化"中"中华"指中华民族，与"外国"相对，"传统"具有传承之意，与"现代"相对。"中华传统文化"是植根在中国大地上的中华民族经过岁月积淀下来的，体现民族精神与民族特色的民族文化，并为中华民族代代相承的活着的文化。正如钱穆所说，"一民族文化之传统，皆由其民族自身递传数世、数十世、数百世血液所浇灌，精肉所培壅，而始得开此民族文化之花，结此民族文化之果"④。要注意，中华传统文化在形成过程中受时代背景的局限，在形成精华的同时也会不可避免地出现糟粕，这就需要对其进行创造性转化与创新性发展，发掘其精华部分为实现中华民族伟大复兴所用。

"中华传统文化"加上"优秀"二字，就规定了其性质。中华优秀传统文化属于中华传统文化，是中华传统文化的精华，代表中华传统文化的核心价值。于雅岑提出，中华优秀传统文化是中华民族在发展进程中汇聚起的，是具有中国思维特色的与时俱进的优秀思想文化的结晶⑤。田广林认为，中华优秀传统文化"是一个民族的历史遗产在现实生活中的展现，有着特定的内涵和占主导地位的基本精神，它负载着一个民族的价值取向，影响着一个民族的生活方式，聚拢着一个民族自我认同的凝聚力"⑥。

中华优秀传统文化虽然历经沧桑变化，但仍焕发勃勃生机，具有强大的传承力与深厚的承载力，推动着中华民族乃至全人类的历史演进。

（二）中华优秀传统文化的主要内容

中华优秀传统文化内涵深邃，内容体系庞大，经过初步梳理，我们可以择其精要，概括出其主要内容。

中共中央办公厅、国务院办公厅印发的《关于实施中华优秀传统文化传承发展工程的意见》明确提出：一要充分挖掘中华优秀传统文化中蕴含的核心思想理念；二要传承和弘扬中华传统美德；三要坚守中华人文精神。三者的关系如同人的骨骼、经络和血肉，具

---

① 钱穆：《中国文化史导论》，商务印书馆，1993年版，弁言第1页。
② 张岱年，方克立：《中国文化概论》，北京师范大学出版社，2004年版，第1页。
③ 张岱年，程宜山：《中国文化争论》，中国人民大学出版社，2006年版，第2页。
④ 钱穆：《国史大纲》，商务印书馆，1994年版，第67页。
⑤ 于雅岑：《以建国七十周年为契机加强高校中华优秀传统文化"嵌入式"教育研究》，《中国文化研究》，2019年第2期，第78—85页。
⑥ 田广林等：《中国传统文化概论》，高等教育出版社，2004年版，第11页。

有内在的层次性和系统性。人文精神是内在表现,注重个体修身养性;传统美德是外向表现,重在道德践行与外化;核心理念需要在人文精神的内化作用与传统美德的道德践行过程中得到升华,再进一步指导传统美德的践行和人文精神的内在修养,从而再一次完成由知到行的认识与实践过程。核心思想理念是基本内核,塑造了中国人的精神品格,为受教育者树立正确的价值观念提供了认识论以及践行传统美德的实践指导。

中华优秀传统文化的核心思想理念,体现了中华优秀传统文化的文化意蕴和价值内核,从结构功能角度揭示了中华优秀传统文化的基因所在,是理解其核心价值理念的旨趣所归。根据结构功能理论,每一种文化都有其基本结构,并以此为基础发挥作用。中华优秀传统文化蕴含的天人合一的整体性思维、有无相生的朴素辩证法、苟日新日日新的进取观、贵中尚和的价值追求等,背后有一个共同的"至于道"的基本内核。这种"至于道"的核心主张,从《道德经》视"万物之宗"可见一斑。中华文化区别于西方文化的主要之处在于它既充满人文精神,又承载着理性精神;既重视道德理想又注重道德践行。一方面,中华文明生成于传统农耕文明,通过对天人关系的思考,落脚在人与人的关系问题上,以内圣外王为最高追求,倡导修身齐家治国平天下的政治追求;另一方面,中华民族历来注重理性实用,注重寻天道而重人事,其中为政以德、政在养民等政治理想,体现着古圣贤对于理性精神的追求。

中华传统美德,体现了中华优秀传统文化的文化类型和道德精髓。特别是其中的伦理特性,联结着中华民族的团结和谐统一,整合着中国社会的安全稳定秩序,绕牵着中华儿女的情感梦想灵魂。中华优秀传统美德能够为受教育者提供道德标准和行为规范,为其加强思想道德素质提供实践指导。中华传统美德标记着传统文化的鲜明底色,传递着中华优秀传统文化道德精神。

中华人文精神,体现了中华优秀传统文化的文化属性和人格追求,为处理人际关系、社会交往提供了方法论。中华人文精神为中华民族创新创造活力提供了激励作用,为中华民族编织了与众不同的精神生活世界。其中溢满崇尚仁爱的为人之道、求同存异的处世方法、内圣外王的理想抱负、自强不息的进取精神与俭约自守的生活理念等,这些精神贡献不仅丰富了中国自己的文化遗产,也为人类的文化史增添了独特的中国风格。

核心思想理念、中华传统美德和中华人文精神将继续推动中华优秀传统文化的赓续发展,为时代新人提振精神力量,在丰富道德践履、增强文化底蕴和担负复兴使命等方面输送着不竭动力。

(三)中华优秀传统文化的育人功能

中华优秀传统文化历经沧桑变化,形成了独特的文化体系和价值观念,对整个中华民族的思想、行为、生活方式等方面都产生了深远影响。中华优秀传统文化具有丰富的育人功能,对人的思想品德、道德修养、审美情趣等方面起着重要的影响和作用。

1. 提升思想道德修养

中华优秀传统文化历史悠久、意蕴丰富,注重思想道德修养。《礼记·大学》强调"德者本也",将道德作为人之根本,无道德之人,难以成事。道德修养不仅仅是通过书本知识学习而来,更是在一代又一代中华儿女的精神追求和实践中显现出来的。"天下兴亡,匹夫有责""鞠躬尽瘁,死而后已""春蚕到死丝方尽,蜡炬成灰泪始干""一粥一饭,当思来之不易"……无不体现出古人对道德修养的崇高追求。此外,古人普遍重视修身养性的价值,这一观念在中国传统文化中扮演了重要的角色。修身养性是指通过自我修养和培养个人品德来提升自己的道德素质和精神境界。古人认为,只有通过修身养性,才能达到内心的平和与和谐,以及与他人和社会的良好互动。在自我独处时,要"戒慎乎其所不睹,恐惧乎其所不闻",要"三省吾身";在与人交往时,要"己所不欲,勿施于人",要"为而不矜,作而不恃"……这些早已内化为中国人的道德追求和价值取向,滋养着中华民族。新时代,挖掘中华优秀传统文化蕴含的价值追求、行为规范、人文精神对于道德建设具有重要价值。

2. 涵养社会主义核心价值观

中华优秀传统文化是中华民族宝贵的遗产,凝聚着中华民族几千年的智慧和精神追求。习近平总书记认为中华优秀传统文化中所蕴含的宇宙观、天下观、社会观、道德观是中华民族价值理想的重要体现,与社会主义核心价值观主张高度契合①。社会主义核心价值观一方面是对中华优秀传统文化的承继,另一方面是对社会主义建设实践的提炼,集中反映民族追求和现实理想。社会主义核心价值观虽被正式提出时间不长,但却可以追溯千年,如我们熟知的"治国有常,利民为本""人而无信,不知其可也""业精于勤、荒于嬉"……都孕育着社会主义核心价值观的种子,深深扎根于中华儿女的内心,潜移默化影响着人们的言行举止。正如习近平总书记强调的,"今天我们提倡和弘扬的社会主义核心价值观,必须从中汲取营养,否则就不会有生命力和影响力"②。因此,社会主义核心价值观只有扎根于中华优秀传统文化才能得到源源不断的滋养,产生天然的亲切感和强大的感召力、生命力,得到更好的弘扬与践行,形成"人人日用而不觉"的生动实践。

3. 培育全面发展的社会主义接班人

中华优秀传统文化是中华民族历久弥新的民族瑰宝。它倡导用"博学之,审问之,慎思之,明辨之,笃行之"学习新知,增长本领;在体育方面,古人常通过"射箭""蹴鞠""五禽戏"等强健体魄,健康生活;又如美育中,传统的诗、词、书、画、曲等不仅体现着古人的

---

① 习近平:《高举中国特色社会主义伟大旗帜 为全面建设社会主义现代化国家而团结奋斗》,《人民日报》,2022年10月26日,第1版。

② 习近平:《习近平谈治国理政》,外文出版社,2014年版,第170页。

审美意趣,更蕴含着世界观、人生观、价值观的教育。自古以来,中国人民一直重视劳动,并将其视为个人成长和社会进步的基础。中华优秀传统文化中,有许多关于劳动的描述,这些描述体现了中国人民对劳动的深刻理解和高度赞扬,如"锄禾日当午,汗滴禾下土"的辛勤劳作,"富贵本无根,尽从勤里得"告诫我们劳动是创造财富的唯一方法。中华优秀传统文化不仅给予我们道德的教化,更给予我们改造世界的启示和奋勇向前的精神动力。因此,当代大学生应充分汲取中华优秀传统文化的滋养,促进个人增长本领,成为全面发展的社会主义接班人,为国家的发展添砖加瓦。

第二节　中华优秀传统文化融入高校思政课实践教学的意义和契合点

2017 年,中共中央办公厅、国务院办公厅印发的《关于实施中华优秀传统文化传承发展工程的意见》指出,要"把中华优秀传统文化全方位融入思想道德教育"。高校思政课实践教学与中华优秀传统文化的传承发展相互依存,相辅相成。通过思政课的实践教学,学生能够更好地理解和传承中华优秀传统文化,同时中华优秀传统文化也为思政课实践教学提供坚实的支撑和丰富素材。只有两者相互结合,才能培养出具有良好思想道德素质和文化修养的高校毕业生,为社会的发展和进步作出更多贡献。

一、中华优秀传统文化融入高校思政课实践教学的重要意义

"中华优秀传统文化是中华民族的突出优势,是我们在世界文化激荡中站稳脚跟的根基,必须结合新的时代条件传承和弘扬好。"[①]"马克思主义中国化时代化这个重大命题本身就决定,我们决不能抛弃马克思主义这个魂脉,决不能抛弃中华优秀传统文化这个根脉。"[②]通过将中华优秀传统文化与思政课实践教学相结合,学生可以更好地继承与发扬中华优秀传统文化,并增强对中国特色社会主义道路的认同和自信。

---

① 新华社:《中共中央关于党的百年奋斗重大成就和历史经验的决议》,《人民日报》,2021 年 11 月 17 日,第 1 版。

② 新华社:《习近平在中共中央政治局第六次集体学习时强调 不断深化对党的理论创新的规律性认识 在新时代新征程上取得更为丰硕的理论创新成果》,人民网,http://politics. people. com. cn/n1/2023/0701/c1024-40025641.html,2023 年 7 月 1 日。

（一）使命追求：推动中华优秀传统文化创新发展

传承中华优秀传统文化是高等教育的重要使命。教育活动本质上是思想的传递与延续。[①] 中华优秀传统文化的延续与发展离不开教育，教育是实现文化世代相传、历久弥新的核心。习近平总书记深刻指出："坚持把马克思主义基本原理同中国具体实际相结合、同中华优秀传统文化相结合。"[②]"在新的起点上继续推动文化繁荣、建设文化强国、建设中华民族现代文明，是我们在新时代新的文化使命。"[③]坚持将中华优秀传统文化融入思政课实践教学，既是实现马克思主义中国化时代化的路径选择，又是在新征程上促进中华优秀传统文化创新发展，建设中华民族现代文明的重要使命。高校思政实践教学，要把学校"小课堂"与社会"大课堂"结合起来，充分发挥实践的育人作用，完善中华优秀传统文化的实践育人功能，让中华优秀传统文化在实践运用中获得创新与发展。

（二）迫切需求：引导学生树立坚定的文化自信

实现中华民族伟大复兴，需要充分激扬文化自信的强大精神力量。随着改革开放不断深入，加之网络技术日新月异，各种外来文化思潮蜂拥而至，与传统文化发生碰撞与冲突，一些错误思想无形之中影响着学生的"三观"，使部分学生忽视、贬低甚至否认中华优秀传统文化，逐步丧失对本民族文化的自信。习近平总书记曾郑重强调："没有高度的文化自信，没有文化的繁荣兴盛，就没有中华民族伟大复兴。"[④]中国之所以取得今天的成就，很重要的原因之一就在于根植于中华文明的沃土。高校思政课作为立德树人的关键课程，肩负着为党育人、为国育才的历史使命，具有文化育人的鲜明属性，其实践教学作为深化、延展理论教学的教学样态亦具有文化育人的重要价值。故而在其中融入中华优秀传统文化，能进一步帮助大学生提高文化认知，深化文化认同和文化自觉，增强文化自信，笃行使命担当。

（三）合理诉求：加强思政课实践教学的渗透力

高校思政课实践教学并非其他课程的实践教学，在内涵建设上要始终牢记思政课立德树人的使命价值。习近平总书记就曾指出，"中国传统文化博大精深，学习和掌握其中

---

① 李娟，王艳华：《新时代"中国风"高校思政课的价值意蕴、原则遵循与实践路径》，《广西社会科学》，2022 年第 7 期，第 146—152 页。

② 习近平：《把中国文明历史研究引向深入 增强历史自觉坚定文化自信》，《求是》，2022 年第 14 期，第 4—8 页。

③ 新华社：《习近平出席文化传承发展座谈会并发表重要讲话》，中国政府网，https://www.gov.cn/yaowen/liebiao/202306/content_6884316.htm，2023 年 6 月 2 日。

④ 习近平：《决胜全面建成小康社会 夺取新时代中国特色社会主义伟大胜利》，《人民日报》，2017年 10 月 28 日，第 1 版。

的各种思想精华,对树立正确的世界观、人生观、价值观很有益处"①。中华优秀传统文化能丰富思政课实践教学,对其加以挖掘和利用,能增强思政课实践教学实效性。具体而言,中华优秀传统文化是中华民族长期实践孕育出的物质与非物质文化的总和。在物质文化育人层面,建筑、雕塑、园林景观、服饰等都可以成为高校思政实践课的有效载体。如以故宫博物院、国家博物馆等为代表的文化场馆作为传播中华传统文化的重要载体,皆极具教育性。这些都可以为思政课实践教学提供教学载体,使实践教学更具趣味性和感染力。在非物质文化育人层面,伦理道德、风俗习惯、价值取向等能够对人的精神世界产生很大的影响。于思政课实践教学渗透优秀传统道德、价值观与处事方式,能潜移默化、润物无声地促进学生理解与认同中华优秀传统文化,并进一步推进马克思主义基本原理同中华优秀传统文化相结合。

二、中华优秀传统文化融入高校思政课实践教学的契合点

习近平总书记 2021 年 3 月 22 日至 25 日在福建考察时强调,要把坚持马克思主义同弘扬中华优秀传统文化有机结合起来,坚定不移走中国特色社会主义道路。这一重要论述,深刻地揭示了中华优秀传统文化与马克思主义有机结合的重要意义。正确把握马克思主义与中华优秀传统文化的契合点,是实现二者有机融合的关键所在,也是高校思政课教师做好思政课实践教学的重要内容。故而,需要以高度的理论自觉思考中华优秀传统文化与马克思主义之间的深刻关系,在阐明二者契合性的基础上,笃信躬行,实现二者的有机结合,为培养德智体美劳全面发展的社会主义建设者和接班人打上深厚的文化底色。

(一)育人目标耦合

国无德不兴,人无德不立。中华优秀传统文化蕴含着浓厚的道德观念,将伦理道德摆在一切活动的优先位置。② "大学之道,在明明德,在亲民,在止于至善。"(《礼记·大学》)这就深刻表明古人对道德修养的价值追求。到了宋代,朱熹对此以"三纲领、六条目"继续加以概括,将个人对道德修养提升的追求上升到服务社会、国家的层面,更加突显"德"的终极价值目标。在教育目标上,高校思想政治教育关键在于立德树人,根本指向也在于立德树人,与儒家所崇尚的"君子""圣人"的价值取向有共通之处。③ 高校思政

---

① 习近平:《在中央党校建校 80 周年庆祝大会暨 2013 年春季学期开学典礼上的讲话》,《人民日报》,2013 年 3 月 3 日,第 2 版。

② 鲁力:《中国传统文化的伦理取向及其道德教育价值研究》,《学术论坛》,2016 年第 2 期,第 128—132 页。

③ 朱清华,黄甜:《新时代高校思政课与中华优秀传统文化相融合的若干思考》,《北京教育(德育)》,2022 年第 12 期,第 59—63 页。

实践教学培养目标归根结底是要立德树人，培养担当民族复兴大任的时代新人。对于高校思政实践教学而言，以"德行"养人、育人、化人，在很大程度上是践行社会主义核心价值观的深刻表现。正如习近平总书记所言："核心价值观，其实就是一种德……我们提倡的社会主义核心价值观，就充分体现了对中华优秀传统文化的传承和升华。"①因而我们提出社会主义核心价值观，这个"德"呼应着传统文化伦理道德之要求，体现着人民群众在国家、社会、个人层面的集中价值追求，也是保障大学生德智体美劳全面发展的迫切需要。概而论之，高校思政课实践教学从根本上遵循着以"德"为先的教学理念，其教育旨归与中华优秀传统文化重视道德对人、社会的治理作用融贯，与教育目标相耦合。

（二）教育内容切合

源浚者流长，根深者叶茂。中华优秀传统文化是中华民族的精神追求，为中华民族的生息发展提供不竭动力。高校思想政治课实践教学作为理论教学的继续、补充和延展，是在理论指导下，与理论教学内容相呼应的科学实践探究。习近平总书记指出，"坚持理论性和实践性相统一，用科学理论培养人，重视思政课的实践性"②，要求"坚持和发展马克思主义，必须同中华优秀传统文化相结合"③。这些重要论断和指示，为我们建构好思政实践课教学内容、运用好中华优秀传统文化的资源优势，坚持用马克思主义指导开展好思政教学实践活动提供根本遵循。事实上，中华优秀传统文化作为思政实践教学的思想宝库，有着丰富的思想意识、人文精神、道德理念、历史遗迹等优秀思政育人资源，能够为实践教学提供内容支持。诸如将"有力者疾以助人，有财者勉以分人，有道者劝以教人""常思奋不顾身，而殉国家之急""扶危济困"等为民思想、家国情怀融入志愿服务教育之中；将"路漫漫其修远兮，吾将上下而求索""举大事必慎其终始"等真理意识融入社会调查之中；将"天行健，君子以自强不息""君子爱财，取之有道"等精神融入创新创业实践教育之中。这些集中体现的内容也正是思政实践教学所想要传达的重要内容。同时，中华优秀传统文化中的思政资源在融入高校思政课实践教学的过程中将会被进行一定的转化和发展，在内容挖掘与呈现上将立足现实、贴近需要，与马克思主义深度融合，打造出融合古今、喜闻乐见的思政课实践教学资源。

---

① 习近平：《青年要自觉践行社会主义核心价值观》，《人民日报》，2014年5月5日，第2版。
② 新华社：《习近平主持召开学校思想政治理论课教师座谈会强调 用新时代中国特色社会主义思想铸魂育人 贯彻党的教育方针落实立德树人根本任务 王沪宁出席》，《党建》，2019年第4期，第4—5页。
③ 习近平：《高举中国特色社会主义伟大旗帜 为全面建设社会主义现代化国家而团结奋斗》，《人民日报》，2022年10月26日，第1版。

（三）情感价值契合

万物有所生，而独知守其根。中华优秀传统文化是中华民族最优质的精神基因，其中"家国一体、修齐治平"的思想精髓对整个民族的情感取向、价值观念及行为方式都产生着深远持久的影响。众所周知，大学时期是培育一个人国族认同的关键期，在此时，形成的国族观将深刻影响一个人一生的行为。[①] 中华优秀传统文化中个人之于国家、民族有着天然的凝聚力，无形之中连接着彼此的情感，并将这种情感转为强大的精神动力，推动个人对国家和民族的责任践履。由此可见，大学生对中华优秀传统文化的情感认同无疑深刻地影响爱国情感的培育和践行。2019 年，中共中央、国务院印发的《新时代爱国主义教育实施纲要》中强调："着眼培养担当民族复兴大任的时代新人，始终高扬爱国主义旗帜。"高校思政实践教学始终坚持用鲜活实践引导学生将个体之"小我"融入社会集体之"大我"，致力于提升大学生的爱国、强国、报国的热情，与中华优秀传统文化突出的家国情怀存在着明显的情感共鸣。因此，高校在开展思政课实践教学时，应注重"以情动人"，通过学生的亲身实践深化其对国家、民族情况的学习了解，激发其继承弘扬中华优秀传统文化的自觉意识，强化其对整个民族的认同和热爱，并进一步夯实中华民族团结奋斗的基础。只有如此，大学生在实践中才能经受住来自各方文化的影响，站稳立场，大力弘扬新时代爱国主义精神，成长为国家栋梁之材。

第三节　中华优秀传统文化融入思政课
实践教学的原则及路径

高校思政课实践教学既是思政课实践性的重要体现，也是思政课实践育人的重要方式。做好中华优秀传统文化融入思政课实践教学，要突破教的单向传递，实现教与学的双向互动，需认识并理解中华优秀传统文化融入思政课实践教学的原则，创设融入教学的实践路径。

一、中华优秀传统文化融入思政课实践教学的基本原则

任何事物都有其自身内在的特点和规律。要以自身条件为基础，立足时代诉求，遵循和把握一定的实践原则，只有这样才能确保中华优秀传统文化融入高校思政课实践教学取得较好的育人效果。2019 年 3 月 18 日，习近平总书记在学校思想政治理论课教师

---

① 李红波：《高校传统文化教育的实现目标与实践途径探索》，《河南教育学院学报（哲学社会科学版）》，2021 年第 2 期，第 86—89 页。

座谈会上提出"八个相统一",即思政课坚持政治性和学理性相统一,价值性和知识性相统一,建设性和批判性相统一,理论性和实践性相统一,统一性和多样性相统一,主导性和主体性相统一,灌输性和启发性相统一,显性教育和隐性教育相统一。坚持"八个相统一",为我们将中华优秀传统文化融入思政课实践教学指明了方向,提供了根本遵循。

(一)传承性与创新性相统一

中华优秀传统文化融入高校思政课实践教学要充分体现传承性与创新性的有机统一。中华优秀传统文化是中华民族的瑰宝,经历了漫长的历史沉淀和发展,仍以其独特的魅力和价值,流传至今,生生不息。当前,我们对于中华传统文化并非无条件地继承,而是坚持有鉴别地对待、有扬弃地继承、有创新地发展。这种批判性和创新性既源于中华优秀传统文化中固有的革故鼎新理念,更多的是源于马克思主义的理论自觉与实践经验。正是在马克思主义科学理论的指导下,中国共产党在传承中华优秀传统文化的过程中,摒弃了近代以来自我封闭带来的文化狭隘性和保守性,以极大的理论自信和革命勇气,以实事求是、开放包容、创新发展的全新精神状态走出了国家富强、民族复兴之路。在高校思政课实践教学中融入中华优秀传统文化也要深刻把握这一原则,一方面我们要积极传承,另一方面我们要对其完善创新。换言之,这就是要求思政课实践教学要在进行优秀传统文化教育过程中将传承与创新作为一个问题的两面,辩证地加以把握。传承是创新的基本前提,创新是传承的必要条件,这也是对物质运动基本规律的一种文化表达。因此,传承不是要厚古薄今、全盘照搬,而是要坚持古为今用、以古鉴今,服务于时代进步的需要、人的全面发展的需要。

(二)理论性与实践性相统一

高校思政课实践教学是在理论指导下的课程,中华优秀传统文化融入高校思政课实践教学要注重理论与实践的有机结合。中华优秀传统文化融入高校思政课实践教学,不仅有助于推进马克思主义中国化时代化发展,还满足中国特色社会主义文化发展的现实需要。基于此,反观中华优秀传统文化融入高校思想政治教育这一过程,中华优秀传统文化是从中华民族千年发展进程中孕育出来的,有其自成一派的理论体系和植根其中的实践基础,故而要将其融入思政课实践教学,筑牢文以载道、文以铸魂,以文化人、以文育人的实践精神,发挥引领社会进步的积极作用。只有实现理论与实践紧密结合,才能在中华优秀传统文化融入高校思想政治教育的实践中总结深化理论内涵,不断推进、理论创新;才能在理论指导下充分发挥中华优秀传统文化开展思想政治教育实践优势,不断取得育人实践经验,积累育人实践成果。理论性与实践性的有机统一,不仅促进了理论与实践的双重发展,也激发了无限的发展动力和创造活力,开创了中华优秀传统文化传承、转化、发展的广阔天地。

(三)显性融入与隐性融入相统一

中华优秀传统文化融入高校思政课实践教学还应当注意显性融入和隐性融入要相互协调,相互融合。在融入的过程中要考虑融入方式的多元化和青年学生的接受度。显性融入主要是指运用直接、直观的方式,来达到优秀传统文化融入高校思政课实践教学活动的方式。目前,高校在思政课实践教学整体范畴中融入中华优秀传统文化的显性做法常常是在教育过程中直接增加中华优秀传统文化有关内容。其优点在于能够确立明确的教育目的、教育计划,教育实施规范且高效,教育教学成果显著,被广泛运用。但与此同时,我们也应该清楚认识到,随着时代不断发展进步,面对当代青年大学生思想与需要的复杂化、教育环境的多元化、教育方式的现代化,简单直接的显性融入方式已经表现出吸引力与感染力不足,学生兴趣不高,教育效果不尽如人意的局限性。因此,要在显性融入的基础上转换思路,探索隐性融入的适恰方式,挖掘隐性教育渠道,采用比较含蓄、隐蔽的形式,在文化、制度、管理等方面潜移默化地融入优秀传统文化进行教育,使受教育者在无意识状态下受到来自传统文化的影响,在不知不觉中接受教育。这种隐性融入不易引起受教育者的情感抵触,使其在较为宽松的环境中受到熏陶。当然,隐性教育法需要长时间酝酿和熏陶,需要教育者投入更多的精力,还往往要依托于一定的空间、场所,不能快速达到教育目的,并且教育效果也不好控制。因此,在中华优秀传统文化融入高校思政课实践教学过程中应当将显性与隐性两种融入思路统一起来,实现两者的优势互补。在显性融入和显性教育中要进一步提升教育教学的效果,隐性融入和隐性教育过程中应当不断丰富具有影响力的可操作性的方式方法。

(四)民族性与世界性相统一

中华优秀传统文化深深植根于中国大地,产生于中华儿女几千年来的社会生活和生产实践,经过几千年的历史演进,积淀为中华民族的文化基因,是"有别于其他民族的独特标识"①。换言之,中华优秀传统文化是中华民族屹立于世界民族之林的标志性符号。习近平总书记指出:"用中国道理总结好中国经验,把中国经验提升为中国理论,实现精神上的独立自主。要秉持开放包容,坚持马克思主义中国化时代化,传承发展中华优秀传统文化,促进外来文化本土化,不断培育和创造新时代中国特色社会主义文化。"②这就要求我们在当代青年大学生的培养过程中必须以中国实际为起点,阐释中国道路、解读

---

① 习近平:《在纪念孔子诞辰2565周年国际学术研讨会暨国际儒学联合会第五届会员大会开幕会上的讲话》,《光明日报》,2014年9月25日,第2版。

② 新华社:《习近平出席文化传承发展座谈会并发表重要讲话》,中国政府网,https://www.gov.cn/yaowen/liebiao/202306/content_6884316.htm,2023年6月2日。

中国实践,把握中国发展进步的话语权、解释权,同时要放眼世界,树立世界思维、全球观念和国际意识,敢于和善于运用世界思维,坚持中华优秀传统文化走出去和世界文明精华引进来相结合,学习、吸收、借鉴世界有益的科学技术和先进文化,丰富中华优秀传统文化的内涵,谱写中国特色社会主义文化的华章。新时代的中华优秀传统文化不应仅仅以民族的视野来审视,而应当注意到它正以崭新的精神面貌重新走向了世界,它的文化精髓和价值取向正被越来越多的国家和人民所接受,成为破解当今世界发展难题的重要智慧源泉。因此,将中华优秀传统文化融入高校思政课实践教学应当注重中华优秀传统文化与世界其他优秀文化的交流互鉴,促进民族性与世界性的统一。

二、中华优秀传统文化融入思政课实践教学的路径优化

在高校思政课实践教学中,中华优秀传统文化具有极大的引导和支撑作用。大学生作为实现中华民族伟大复兴的重要力量,其对中华优秀传统文化的自信和对中国特色社会主义文化的认同并不会自发形成,而是需要高校进行悉心引导与培养。因此,要将中华优秀传统文化与思政理论课实践教学有机融合,在教学能力、教学内容和教学形式上创设实践方案,从而提高思政课实践教学效果,完成育人目标。

(一)提高师资队伍素质

上好思政实践课关键在教师。教师队伍的整体教育教学素质,直接影响到中华优秀传统文化与思政课实践融合的教学成效。这就要求开展思政课实践教学的教师同时具备中国化时代化的马克思主义理论素养和中华优秀传统文化知识素养。当前思政课教师队伍中仍存在对中华优秀传统文化把握不深、了解不透、运用不好的情况。因此,必须加强和改进思政课实践教学团队建设,提升实践教学的本领。

1. 注重示范引领

教师既是传道受业解惑者,也是学生品格的塑造者和示范者。古时,人们常将学识渊博、德高望重的师者冠以"先生"尊称。现今,习近平总书记对"先生"提出了更高的要求:"教师不能只做传授书本知识的教书匠,而要成为塑造学生品格、品行、品味的'大先生'。"[①]"老师应该有言为士则、行为世范的自觉,不断提高自身道德修养,以模范行为影响和带动学生,做学生为学、为事、为人的大先生。"[②]作为大学生重要领路人的思政课"大先生"既要具有教书育人的一般品格,还要有为人师表的示范品德。思政课教师要坚持

---

① 习近平:《习近平在全国高校思想政治工作会议上强调:把思想政治工作贯穿教育教学全过程 开创我国高等教育事业发展新局面》,《人民日报》,2016 年 12 月 9 日,第 1 版。

② 新华社:《习近平在中国人民大学考察时强调:坚持党的领导传承红色基因扎根中国大地 走出一条建设中国特色世界一流大学新路》,《人民日报》,2022 年 4 月 26 日,第 1 版。

修师德、铸师魂，加强自我提升与自我约束，追求道德的完善，真正做到学为人师、行为世范。在开展实践教学时要时刻注意自己的言行举止，以实际行动践行中华优秀传统文化对道德操守、日常行为等的要求，为学生做示范引领。

2. 树立融入理念

作为一名思政课教师，我们应该认识到中华优秀传统文化的重要性，并积极将其融入高校思政实践课的教学中。中华优秀传统文化是我们民族的瑰宝，是我们民族的根基和灵魂，包含了丰富的哲学思想、道德伦理、文学艺术和社会礼仪等方面的内容，具有深厚的历史底蕴。教师要充分认识到中华优秀传统文化融入在思政实践教学的重要作用，精准定位中华优秀传统文化与高校思政实践课教学的联络纽带。教师设计和开展相关的教学活动，要有针对性地将中华优秀传统文化深度融入思政课实践教学之中，使其契合理想信念、爱国主义、劳动光荣实践教育等活动。同时，教师还应该注重培养学生的文化品位和审美能力，引导他们去感受和体验中华优秀传统文化的魅力。

3. 丰富知识储备

习近平总书记在学校思想政治理论课教师座谈会上指出，"办好思想政治理论课关键在教师"。要将中华优秀传统文化融入高校思政实践教学之中，授课教师需要具备扎实的中华优秀传统文化知识功底。教师可以通过学习、研讨、培训等方式，依据思政课特定实践教学内容，学习和挖掘中华优秀传统文化育人要素，增强内涵了解，丰富知识储备，提升实际教学业务水平。做好中华优秀传统文化与思政课实践教学的融合，教师还需深入了解党和国家的文化政策，在实践教学中促进中华优秀传统文化创新发展。

（二）加深内容融促程度

教学内容是思政课实践教学实现育人目标的核心要素。将中华优秀传统文化中的治国之道、为人之学、修身之法等内容融入思政课实践教学是课程内涵建设的本质要求，也是课程内容补充完善的重要方式。然而，当前许多高校虽作出大量的实践探索，但仍存在没有深入解读教材内容与传统文化联系、内容筛选不佳等问题。[①] 因此，思政课教师在建构实践教学内容上应充分考虑到理论教学内容、传统文化素材与实践教学的衔接点，增强中华优秀传统文化与思政课实践教学的贴合度和作用力，提高育人实效。

1. 切合思政课实践教学育人导向

高校思政教师在将中华优秀传统文化融入思政课实践教学的过程中，首要是坚持好"守正"的原则，明确思政课的定位与担当。思政课实践教学要坚守立德树人，坚持为党育人、为国育才，在与传统文化融合的实践教学中强化大学生文化自信。因此，在教学目

---

① 任立：《优秀传统文化融入思政课实践教学探究》，《中国多媒体与网络教学学报（上旬刊）》，2021 年第 11 期，第 236—238 页。

标、大纲、内容的设计应充分挖掘中华优秀传统文化和思政课实践教学的契合点，进一步夯实文化自信教育教学。

2.把握与中国特色社会主义文化的内在联系

高校思政课实践教学要注重推动中华优秀传统文化创造性转化、创新性发展。在教学过程中，思政课教师要把握中华优秀传统文化、红色文化和社会主义先进文化的内在联系，将三者视作不可分割的整体，对于实践活动的内容设计和具体实施要合理统筹。

3.实践教学内容应与理论课教材相衔接

思政课实践教学区别于一般的实习见习或者常规的实践活动，必须克服随意性，严格执行思政课教学目标要求，要在理论教学的内容编排下精准找寻中华优秀传统文化与思政课实践教学的契合点。如《思想道德与法治》（2023年版）突出大学生理想信念教育，其内容与中华优秀传统文化契合度极高。

所以，中华优秀传统文化融入思政课实践教学，其内容建构应与理论教学的内容设置双融双促，加强学生文化认同和文化自信的培育。

（三）发挥实践教学优势

思政课的实践教学形式不受空间限制，灵活多样。依据教学活动开展的场所差异，教学形式主要包括课堂实践、校园实践、社会实践、网络虚拟实践等。正如习近平总书记所言："思政课不仅应该在课堂上讲，也应该在社会生活中讲。"[1]思政课实践教学作为理论课的应用样态，更应该紧密联系鲜活的社会现实，采取多种教学形式，凸显实践性特征。然而，高校将中华优秀传统文化融入思政实践教学，即使有多种可供选择的教学形式，但在实际运用时仍呈现出教学形式单一、缺少创新、吸引力不够的劣势情况。对此，我们就要不断探索创新思政课实践教学形式，来增强教学吸引力和实效性。

1.打造"趣味"课堂实践

课堂是教书育人的主要场所，运用传统文化打造思政"小课堂"，有助于强化思政课的育人目标，让思政课真正成为学生喜爱、终身受益的课程。这里所谈到的课堂实践是指学生在思政课教师的指导下在教室里将中华优秀传统文化融入思政课的实践活动。为增加学生在教室小空间的实践体验，充分提高学生的积极性与参与度，让学生感受传统文化的魅力，增强文化理解与感悟，可以设计多种活动，将中华优秀传统文化中的"饮食厨艺""衣冠服饰""琴棋书画"融入教学课堂，也可以设置情景教学，通过表演情景剧、小品等重温历史经典；也可以朗诵诗歌、诵读经典，在阅读中涵养文化素质；还可以观看

---

① 杜尚泽：《"大思政课"我们要善用之》（微镜头·习近平总书记两会"下团组"·两会现场观察），《人民日报》，2021年3月7日，第3版。

主题视频,连线校外文化专家等,增加授课趣味性。探索创新教学方法,将具有可实践、可操作的文化体验搬入教学中,让学生亲身体验,深切感受中华优秀传统文化的魅力。

2.营造校园实践良好氛围

营造中华优秀传统文化融入校园文化的良好氛围,优化校园文化建设。一方面,校园是高校大学生生活的主要区域,学校可根据校园文化基础组织关于中华优秀传统文化的特色活动,如"传统服装展""历史剧演绎""诗歌朗诵大赛"等,打造传统文化场景,融入优秀传统文化思想,让大学生亲身参与其中,提高大学生对优秀传统文化的了解,营造深厚的优秀传统文化氛围,从日常的潜移默化中培养学生自觉传承中华优秀传统文化的使命感和责任感。另一方面,教师创新教学思维,主动将高校思想政治教育与校园文化活动相结合,加强理论知识与实践活动的联系性,让大学生"所学有所用",例如在课程中预留社会实践、文化创新、志愿宣传等各种课后作业,让中华优秀传统文化真正融入学生的生活,提升学生的综合素质和能力。

3.发挥社会实践育人功效

实践是育人的重要环节,是理论联系实际的重要渠道。要提升中华优秀传统文化的育人作用,必须让优秀传统文化走进课外实践环节。2020年9月17日,在湖南省长沙市考察调研的习近平总书记来到湖南大学岳麓书院并寄语师生,要把课堂教学和实践教学有机结合起来,充分运用丰富的历史文化资源。① 中华优秀传统文化要融入高校思政课实践教学,首先要引导大学生开展研究性学习。通过参观、走访、沙龙等形式进行文化调研,并在此基础上撰写活动总结、调研报告或学术论文,形成学习成果;其次,设计主题活动,主动传播中华优秀传统文化。思政课教师可以引导学生走入中小学、社区、乡村开展文化公益群众活动,在传播传统文化的同时,增进对中华优秀传统文化的认同与热爱,最后,结合专业特长,进行文化创意。大学生可以结合自己专业特长、技术实践平台等,制作文化创意实体或虚拟产品,以此锻炼思考与动手能力,提升对中华优秀传统文化的理解和创新应用。

4.开展虚拟实践教学

虚拟实践教学是指在虚拟环境中,通过计算机技术,网络技术、虚拟现实技术等手段,为学生提供一种模拟真实场景的学习方式。借助 AR、VR、全息投影、人工智能等技术开展沉浸式、互动式体验,增强实践教学感官体验、情感体验、精神体验。② 这类实践教学新颖,将中华优秀传统文化用现代技术"活"起来,符合大学生好奇心重、接受新事物能力

---

① 程瑶,潘子荻:《传统文化保护传承,习近平总书记为何频频调研》,新华网,http://www.xinhuanet.com/video/20230412/eed575c3f65245a7a3a2f808e8f2c758/c.html,2023 年 4 月 12 日。

② 毛国旭,刘琼辉:《思政课实践教学视角下大学生文化自信培育的理路探赜》,《楚雄师范学院学报》,2022 年第 5 期,第 53—61 页。

强等心理特点,学生更乐于接受。与传统实践教学相比,虚拟仿真实践教学能使学生更好地掌握基本知识,在师生互动、线上线下互动、虚拟与现实互动等多元互动中,深化对中华优秀传统论的认知。

因此,将中华优秀传统文化融入思政课实践教学,要结合实际,充分利用课堂实践、校园实践、社会实践与虚拟实践等不同的教学形式,只有这样,中华优秀传统文化与思政课实践教学有机融合才能行之有效。

(四)创新教学活动载体

高校应加强校园文化活动,打造独特的文化品牌,加强对传统文化的传承与弘扬,进一步提升思政教育的影响力。目前,高校正在通过多元载体和多种活动方式来展示校园文化和精神品质,以丰富师生的人文滋养。

1. 以传统节日习俗为载体,打造特色校园精品活动

传统节日习俗是我们民族文化的重要组成部分,代表着我们的历史和传统。将传统节日习俗作为活动的载体,能够为学生提供一个亲近传统文化的机会。通过举办各种与传统节日相关的活动,如春节晚会、中秋赏月、端午包粽子等,学生可以亲身参与其中,感受传统节日的氛围和习俗,增强对传统文化的认知和理解。在传统节日活动中,还可以组织各类比赛、展览和表演,如诗词比赛、书法展览、舞蹈表演等。这些活动不仅能够展示学生的才艺和创造力,还能够促进学生之间的交流和合作,培养学生的团队合作精神和集体荣誉感。事实上,传统节日活动不仅能够为学生提供一个展示才艺的平台,还能够丰富学生的课余生活。学生在参与各类活动的过程中,可以在忙碌的学习之余放松身心,感受校园的温暖和活力。丰富多彩的校园文化生活不仅能够增强学生的归属感,还能够培养他们的艺术修养和审美能力。总而言之,我们可以通过打造特色校园精品活动,为学生提供更多丰富多彩的校园生活,实现活动育人。

2. 以重大历史事件纪念活动为载体,大力弘扬爱国精神

重大历史事件纪念活动作为传递爱国情怀的载体,具有独特的意义和影响力。通过这些活动,人们可以深刻理解历史事件的背景和意义,进而激发起对国家的热爱和责任感。高校要精心组织和策划重大历史事件纪念活动,确保其能够生动地传达爱国精神。活动的内容应当紧密围绕着历史事件展开,通过丰富多样的形式,如纪念仪式、展览、演讲等,向师生传递相关知识和信息。这样可以帮助学生更好地了解历史事件的来龙去脉,从而增强对国家的认同感和自豪感。在进行活动设计时也应考虑设置互动环节,如让观众参与模拟体验、举办讨论会等,可以提升师生的兴趣和参与度。这样不仅能够使活动更加生动有趣,还能够让师生更深入地思考和感受爱国精神的内涵。高校举办重大历史事件纪念活动还应当注重利用新媒体和互联网平台进行活动宣传和传播,扩大受众群体。

3.以传统文化社团活动为载体,提供实践与展示的平台

高校应设计和组织一系列精品社团活动,以吸引更多的人参与并体验中华优秀传统文化。这些活动可以包括传统音乐、舞蹈、绘画、书法等艺术形式的展示和表演。同时,高校还可以组织一些传统手工艺品制作的工作坊,让参与者亲身体验传统技艺的魅力。通过丰富多样的活动形式,我们能够吸引更多的学生参与,并增强他们对中华优秀传统文化的兴趣和热爱。此外,我们还可以与社区、企业等组织合作,共同推广此类社团活动,以扩大宣传的范围和影响力,吸引更多的人参与。为了确保这些社团活动能够得到长期的支持和发展,高校还需要建立管理与运行机制,以机制的建立进一步保证社团活动的高效运行,使其成为学校文化建设的重要组成部分。

(五)健全实践教学机制

将中华优秀传统文化长效地融入思政课实践教学中需要从机制建设入手。高校应该对教学体系进行规范,完善中华优秀传统文化融入实践教学的管理机制、考评机制和保障机制等,以确保实践教学中的传统文化元素能够得到充分的展示和应用。

1.健全融入实践教学的管理机制

为了实现中华优秀传统文化与高校思政课的有机融合,需要建立一套科学的管理机制。首先,高校应该加强对思政课教师的培训和引导,提高他们对中华优秀传统文化的理解和掌握。其次,高校可以通过制定相关政策和规定,明确中华优秀传统文化在思政课实践教学中的地位和作用。例如,可以要求每门思政课都必须融入一定比例的中华优秀传统文化内容,并将其纳入教学评估体系中。此外,高校还可以定期开展中华优秀传统文化的宣传和推广活动,如文化讲座、展览和比赛,增强学生的兴趣和认同。

2.健全融入实践教学的考评机制

在考评指标上,针对不同的思政课实践教学模式设定不同的考评指标,在一级指标为中华优秀传统文化融入思政课实践教学的目标和方向下,以课堂实践、校内实践、社会实践三类划分二级考评指标区间。在考评体系上,将激励与惩罚相结合、过程和结果相结合,对于实践教学的组织者和开展者,从德、能、勤、绩四个角度考察其对中华优秀传统文化融入实践教学的调控能力,对于实践教学的参与者,从智力、能力、情感三个方面全面考察其在参与实践教学时对中华优秀传统文化的内化程度。在考评方法上,将中华优秀传统文化作为考评要素,采用实践操行评价、实践报告评价、实践竞赛评价相结合的办法。

3.健全融入实践教学的保障机制

(1)高校要做好中华优秀传统文化融入实践教学的课时保障。除课堂实践的固定时长外,高校要依据自身实际情况在教学计划中做好中华优秀传统文化实践教学在整体实践教学中的时长分配,以基本课时为硬性规定,灵活调动不同时间段,安排不同类型的传统文化实践活动。

（2）做好中华优秀传统文化融入实践教学的经费保障。加大在传统文化实践教学活动中的经费投入，结合参与实践的学生数量和教学规模划定专项经费，同时与当地政府或有关单位积极合作，在产学研相结合的基础上，共同开发弘扬本土传统文化相关的科研项目，并设立资金支持。

（3）做好中华优秀传统文化融入实践教学的基地保障。高校要充分利用地方性环境优势和地理优势，结合自身条件，一方面开发专业实习基地，做好校内传统文化实践基地的建设；另一方面与当地有传统文化资源的单位等建立密切合作关系，同时与相关高校、企业构建资源共享体系，协同开发实践资源，实现实践基地的资源优化和共享，为中华优秀传统文化融入思政课实践教学提供量多、质优的基地保障。

第六章　中华优秀传统文化融入高校思政课的教师队伍建设研究

强化高校思政课教师优秀传统文化教育,引导思政课教师自觉践行中华传统美德,是一项系统、复杂、长期而艰巨的任务,需要国家、社会、学校、个人多方面的不懈努力。"德高为师,身正为范。"教师的主要任务是教书育人。实现这一目标的基础,在以往被狭隘地理解为专业过硬即可,然而,在全球化的今天,传统文化一统天下的局面随着多元文化的侵入开始受到冲击,文化身份的确立和认同成为一个重要问题。近年来,中华优秀传统文化愈加受到重视,中华优秀传统文化的传播与传承研究也取得进展。在国家倡导中华优秀传统文化教育的大环境下,作为高校思政课教师,更应该深入学习,认同并确立自己的优秀传统文化身份,才可能做好教书育人的工作。在我国,优秀传统文化身份的认同与确立是高校思政课教师的职业基础。

第一节　增强思政课教师把中华优秀传统文化融入思政课程的意识

增强思政课教师把中华优秀传统文化融入思政课课程意识,有助于使广大思政课教师认识到优秀传统文化素养的培养有利于个人的成长与发展。中华文化源远流长,博大精深。上下五千年的历史,深厚的文化底蕴是世界上任何国家都无法企及的。中华优秀传统文化集合了我国各民族优秀的文化,经过时间的洗涤,成为中华民族之根、中华民族之魂。作为一个中国人,必须认同自己根深蒂固的文化之根,这是个人成长与发展的土壤。有着教书育人任务的高校思政课教师,更应该认识到学习优秀传统文化的重要性,才有可能在教育这条路上走得长远,才能在教育事业中有所发展。今天,多元文化的冲击使原本具有根深蒂固地位的中华优秀传统文化受到巨大影响,在世界观、人生观、价值观上,人们面临多种选择。在这种情况下,作为言传身教、学生典范的大学思政课教师更应深入学习中华优秀传统文化,热爱中华文化,坚定文化身份,做中华优秀传统文化的传播者。中华优秀传统文化的学习与培养,对树立正确的价值观、人生观以及爱国主义都具有指导意义。正确的价值观、人生观和强烈的爱国主义情怀是教师教育学生的思想基础;教师良好的优秀传统文化素养是培养学生优秀传统文化素养的前提。

一、深刻理解思想政治教育的传统文化价值诉求

在认识层面上,学界对中华优秀传统文化、当代思想政治教育尤其是社会主义核心价值体系的资源性意义进行了大量的解释性研究。有的高校思政课教师也尝试着从博大精深的传统文化中汲取相关内容运用到教学实践之中,但普遍存在的难点或困惑是如何恰当地处理中华优秀传统文化与思政课二者之间的关系。正如有的学者指出的,目前至少存在两种误区:一是用当代思想政治教育理论碎片式地肢解中华优秀传统文化,使得传统文化教育的逻辑体系缺乏自足性;二是从纯粹的经典文本解读中寻求可资借鉴的思想资源,而忽略了不同的社会人群对传统文化的认知与认同现状及需求有何差异等问题的研究。[1] 对高校思政课教师而言,既要把握住"思想政治教育学科的独有立场",又要构建二者有机融合的实现机制,确实存在着从理论研究到实践操作两个层面的复杂性和困难性。如果把握不当,就会出现"以文化性否定或掩盖思想政治教育政治性"的偏差。因此,高校思政课教师必须清醒地意识到并始终坚持"对于思想政治教育而言,政治性较之文化性,是更为根本、更为深刻的本质规定性","它是以政治取向来汲取文化资源,以政治需要来规导育人规格,以文化教化来实现政治目的"[2]。也就是说,教师必须把握住高校思政课程体系的教学目的和方向,要坚持以马克思主义为指导,以正确的世界观、人生观、道德观和法律观为主要内容,通过理论学习和实践体验,帮助大学生树立崇高的理想信念,弘扬民族精神和时代精神,加强思想品德修养,树立社会主义法治观念。

同时,高校思政课教师也要认识到扎根于传统的文化积淀是思想政治教育的内在必然,提升文化内涵和文化品位是增强思想政治教育实效性的有效途径。高校思政课较之于其他学科课程而言,在"培养什么人、如何培养人以及为谁培养人"问题上,具有最直接和最鲜明的教育目的性,教师要明白,塑造现代的中国人不可能割裂中华民族源远流长的历史文化传统,只有回到中华优秀传统文化中去找寻现实社会中的人如何向现代性过渡、转化和契合,才是思想政治教育内在的文化价值诉求和确认自身合法性的前提。[3] 中华优秀传统文化蕴含着丰富而深刻的思想教育资源,培养当代大学生的文化自觉和文化自信,必须深深根植于中华优秀传统文化的沃土之中,必须学习和掌握其中的各种思想精华。

---

① 陈继红,王易:《中国传统文化与思想政治教育研究的论域、问题与趋向》,《思想理论教育导刊》,2013 年第 11 期,第 89—93 页。
② 沈壮梅:《关注思想政治教育的文化性》,《思想理论教育》,2008 年第 3 期,第 4—6 页。
③ 王东莉:《论中国文化精神对思想政治教育的影响与启示》,《教学与研究》,2001 年第 1 期,第 64—68 页。

二、对中华优秀传统文化具有相当程度的理解、认同和自信

所谓"传道"者,自己首先要明道、信道,只有教师具备了良好的传统文化素养,才能有意识、有能力将传统文化中的优秀元素汲取到现有的教学体系中。眼下最突出的实践性问题,即是高校思政课教师对传统文化的资源性意义和政治性价值是高度认同的,但受限于自己的知识结构、生活经验、社会背景、行为方式、思维观念和价值取向等诸多因素,要想把传统文化的思想精髓讲深、讲透,存在实际的困难,于是出现教师时常困惑于如何处理传统文化的素材、比例以及如何讲授的问题。"要讲清楚每个国家和民族的历史传统、文化积淀、基本国情不同,其发展道路必然有着自己的特点;讲清楚中华文化积淀着中华民族最深沉的精神追求,是中华民族生生不息、发展壮大的丰厚滋养;讲清楚中华优秀传统文化是中华民族的突出优势,是我们最深厚的文化软实力;讲清楚中国特色社会主义植根于中华文化沃土、反映中国人民意愿、适应中国和时代发展进步要求,有着深厚历史渊源和广泛现实基础。"①"四个讲清楚"对高校思政课教师的传统文化素养提出了更明确的要求,教师不仅要熟知名言警句和神话典故,更要阐释其背后所蕴藏的中华民族最深沉的精神追求。教师不仅要有广博的文化知识、扎实的学科知识、精深的理论知识、敏锐的政治意识,更要具备较强的对中华优秀传统文化的理解力和解释力,只有这样大学生才能从中感受到更深层次的认知、学习和体验。

三、掌握提升优秀传统文化素养的正确途径

一方面,要认真学习中华传统美德,掌握其精髓,实现情感上的赞同和向往。中华民族有着上下五千年的历史,积淀了浓厚的德育资源,其中,相当一部分思想在今天仍然具有积极的教育价值。以儒家思想为例,儒家思想素来重视德治,推崇以德治国,重视对人的道德教化,为我们留下了许许多多极为宝贵的思想。今天,构建社会主义核心价值体系,弘扬富强、民主、文明、和谐;自由、平等、公正、法治;爱国、敬业、诚信、友善的社会主义核心价值观,无不需要深深植根于中华几千年的优秀传统文化当中。作为教师,担负着教书育人的神圣使命,更要树立起一种自觉意识,努力学习中华优秀的传统文化,广泛涉猎经典,接受优秀文化的熏陶。这种熏陶不仅仅局限于优秀师德方面,而应该尽可能广泛地涉及孝、信、义、忠等方方面面,在这种熏陶、感悟当中潜移默化地提升自身道德修养和道德觉悟。另一方面,在行动中弘扬优秀传统文化,要做到知行统一。俗话说,知易行难。一个人懂得正确高尚的道义、达到情感上的认同并非难事,但是,真正将高尚的道义外化到行动上却并不是那么容易的。对于教师而言,很容易理解一个孩子对于一个家

---

① 习近平:《胸怀大局把握大势着眼大事 努力把宣传思想工作做得更好》,《人民日报》,2013 年
8 月 21 日,第 1 版。

庭意味着什么,也明白孩子在学校接受教育的重要性。但是,现实当中,又有多少教师能够有足够的耐心去慢慢影响、改变班里那些整日混日子、不学习的学生呢? 实践是认识的最终目的,将对道义的认同落脚到实实在在的行动,做到知行统一,才具有真正的价值。真正的哲学不在于认识世界,而在于改变世界,莫做思想上的巨人、行动上的矮子。实践也是认识的来源和唯一的检验标准,只有扎根于真正的实践,在践行优秀传统文化的过程中,才能够不断检验真理、发展真理,在继承的基础上创新,丰富我们的优秀文化,让灿烂的中华文化永葆生命力,焕发出永久的活力。

四、掌握提升优秀传统文化素养的正确方法

学习先进教师的优秀道德品质。《论语》中提到,"见贤思齐焉,见不贤而内自省也""三人行必有我师焉"。在日常的生活当中,教师要保持一种好学上进的积极心态,虚心向优秀教师学习,努力向先进教师看齐。学习先进教师的优良品质,需要多学习先进教师的模范事迹、多读教育界名人的传记,多接触他们,以便受到鼓舞和感染,使自己的行为更加符合规范的要求和道德的原则;要学习自己身边的模范教师,他们近距离地生活在自己的身边,看得见、摸得着,影响更深刻、更快捷、更直接。俗话说得好,不想当将军的士兵不是好士兵,不争当优秀教师的教师也不是好教师。教师个人要对自己高标准、严要求,时刻规范自己的一言一行,始终以先进教师的标准来要求自己,把外在的纪律、制度约束逐渐内化为内心的高度自觉,始终以败坏教师道德形象为耻,以争当人民满意教师为荣,走在整个教师队伍的最前列,维护广大教师的光辉形象。

河南轻工职业学院把中华优秀传统文化融入高职思政课教学,围绕立德树人根本任务,将中华优秀传统文化融入高职思政课教学,助推传统文化的继承与发展,增强思政课的吸引力、亲和力与实效性。该校与区域内多家高校沟通协作,构建"一核两翼四融四有"的思政课教学体系,推动中华优秀传统文化与高职思政课教学有机融合。

一核:以学生为中心。聚焦学生思想动态、情感关切、心理需求及个体差异,围绕立德树人根本目的,充分发挥文化的熏陶、教化、激励作用与思政课主阵地主渠道作用,通过深入挖掘中华优秀传统文化蕴含的精神内核、思想内涵、时代价值,提升思政课的吸引力、说服力、感染力,启迪学生思考,引发情感共鸣,塑造情怀品格,推动学生感性认识向理性认识的飞跃,使理想信念的力量和科学理性的因子以潜移默化的方式真正入脑入心,增强当代大学生的文化自觉和文化自信。

两翼:树立"以文化人"教育理念、践行"培根铸魂"教育使命。一是树立"以文化人"教育理念。在教育教学实践中,以"文"为重点,引导思政课教师阅读典籍文献,结合教学与生活实践,加深对于中华优秀传统文化的认识和理解。"化"为关键,注重中华优秀传统文化内容与教材结合,与课堂结合,与学生交流结合。以"人"为中心,引领学生超越于各类庞杂的信息,发现与感受文化深沉而持久的力量。二是践行"培根铸魂"教育使命。

课堂之内,始终做到旗帜鲜明,积极阐释中华优秀传统文化与革命文化、时代精神的传承与联系,阐明中国共产党人精神谱系的源头与脉络,帮助学生树立中国特色社会主义共同理想和共产主义远大理想,培育学生高尚的道德情操和爱国主义精神。课堂之外,始终不忘初心情怀,心怀"国之大者",心系学生冷暖,以理想信念树人、以仁爱之心育人,帮助学生拓展知识视野,塑造健全人格,自觉肩负为党育人,为国育才的责任使命。

四融四有:教学主体融合有温度、教学内容融入有深度、教学方法融汇有态度、教学体系融通有力度

一是教学主体融合有温度。建立以学生中心,以教师为主导的融合机制。通过师生座谈、教评督导、观摩备课等形式,全面掌握中华优秀传统文化融入思政课教学情况,对其中课堂氛围热烈、课堂效果显著、学生反馈良好的课程,组织观摩学习,凝练经验做法,形成教学范例。并指导教师根据自己的授课风格与教学特点予以融入实践,形成集中推广、特色融入的范例推广模式。

二是教学内容融入有深度。推动中华优秀传统文化核心内涵和话语方式的现代转化,将中华气度、文化底蕴融入到思政课内容中,实现中华传统文化与思政课堂协同育人效果。深入把握中华优秀传统文化蕴含的精神力量,将其中的精神标识与文化精髓提炼出来,引领学生在认真学习、准确领会、努力实践的基础上,对其中的精神内涵、哲学思辨、价值传承进一步内化于心,外化于行。

三是教学方法融汇有态度。以效果提升为导向,在教学质量测评与管控中,突出教学方法运用和中华优秀传统文化融入教学效果的有机联系,不简单以教学方法的运用数量和形式作为衡量依据。

四是教学体系融通有力度。从教学运行、质量测评、教师发展三个方面,厘清思政课主阵地作用与中华优秀传统文化育人价值之间的逻辑关系,形成全方位、立体化的教育教学体系,构建"文化+思政"育人格局。在教学计划编制的组织、管理与审定中,增加关于中华优秀传统文化的实践课时,加强对相关教学项目的支持力度。在教学质量管理中,将中华优秀传统文化融入课堂内容的情况纳入测评范围,并从融入关联度、融入契合度、融入均衡度和融入效能四个方面进行考察,全面掌握融入情况。在教师发展工作中,通过组织专项学习,开展专门讲座,在教师培训中增加中华优秀传统文化内容等方式,进一步提升教师文化视野,提高教师人文素养。

第二节　提升思政课教师把中华优秀传统文化融入课程的本领

一、提高思政课教师自身优秀传统文化素养

高校思政课教师优秀传统文化素养提升有三个境界，即大体把握文化脉络的境界、专业阐释优秀传统文化的境界以及身体力行文化精神的境界。[①]

（一）深入学习，丰富文化内涵

师也者，教之以事而喻诸德也。要践行文化高校思政课教师优秀传统文化素养的培养，学习是基础。高校思政课教师不仅要有良好的专业素养，熟练掌握本学科的专业知识，洞悉本学科的发展动态及前沿，还要深入学习中华优秀传统文化知识。专业知识是教师的专长，中华优秀传统文化知识则是文化之根。坚持良好的学习习惯，多读书，读好书，读经典作品，深入学习中华优秀传统文化的内涵，用阅读来丰富自身的知识，了解我国文化与其他文化之间的区别；以阅读为途径认识文化身份，并最终确立文化身份，达到提高专业素养和文化素养的目的。因为文化是发展的，所以中华优秀传统文化在不同时代会与时代精神相结合，吸纳新的内容，体现出文化的创新性。正是文化的创新性，才使得中华文化绵延五千年。为了更好地传承，高校思政课教师要多参加高水平的文化培训及文化研讨活动，更深入地了解中华优秀传统文化在新时代的内涵，并在学习了解的基础上，努力创新，赋予中华优秀传统文化符合时代特色的、新的文化内涵。

思政课教师应重视个人文化素养的提升，积极参与高校组织的岗前、岗中和岗后系统化职业培训，不断丰富知识储备、强化教学技能；认真参加教学研讨会、专题报告会、学术讲座、交流研学等活动，树立协同育人理念，落实立德树人根本任务；合力创办文化育人名师工作室，实现中华优秀传统文化与高校教育的全方位、立体化、多角度融合。

（二）坚定理想，发扬师德师风

我国古代"师道精神"与当代高校师德建设具有高度的内在一致性。师德是由他律转向自律的道德自觉，自觉主动地陶冶、修炼、修养师德，才能形成一种自我约束、自我提高、自我修养的内在机制。而继承和弘扬中国古代的"师道"精神，正是促使高校思政课

[①] 李亮，周彦：《教师传统文化素养提升的几个境界》，《人民教育》，2018 年第 13 期，第 28—30 页。

教师由他律转向自律的道德自觉的一种方式。通过弘扬"崇真求道""乐道自得"的古代"师道精神",加强自身的学术和专业文化建设,追求知识和真理,不断精进学问和德行。通过弘扬"严师重道""师道尊严"的古代"师道精神",加强自身的理想信念教育,自觉树立崇高的为师理想,不断提升道德情操和自我修养。通过弘扬"师道至善""尊师爱生"的古代"师道精神",提升公正仁爱之心和责任之心,做学生的恩师、好朋友和贴心人。通过弘扬"因材施教""德才兼备"的古代"师道精神",不断提高教育方法和教学水平,为祖国培养栋梁。

在新时期,时代赋予了思政课教师新的历史使命,社会对其个人的道德素质提出了新的更高要求。传统师德体现了教师个人对国家、对社会的道德责任,这种责任是社会发展的客观要求,是人民寄予教师的厚望,也是教师个人自我发展的客观需要。传统师德的熏陶和润泽,能够内化为个人价值选择和价值判断的准则,成为思政课教师不断丰富自己的精神家园、完善个人人格和道德品质的重要推进力量。高校思政课教师要大力发扬我国古代"师道精神"中的积极因子,充分汲取我国古代传统文化的优秀营养。高校思政课教师应该树立崇高的理想,在生活和工作中关爱学生,关心学生的学业和道德成长,传播中华优秀传统文化,让其领略到中华优秀传统文化的精妙之处,引导他们建立文化身份并认同文化身份,培养核心素养,为未来的文化传播与传承打下坚实的基础。师德师风建设既包括教师对国家大政方针的了解、对教师职业的热爱、同事间的协同合作、对学生的爱护和尊重,也包括强烈的爱国热情、对科研工作的热爱与投入,以及对自身素质的培养和提高。当代的师德师风建设与中华优秀传统文化中的教育理念从本质上而言是一致的。中华优秀传统文化中的有教无类、敏而好学不耻下问、因材施教、温故知新等教育思想延续至今,已成为我国经典的教育思想。"仰之弥高,钻之弥坚。瞻之在前,忽焉在后。夫子循循然善诱人,博我以文,约我以礼,欲罢不能。"(《论语·子罕》)高尚的师德、优秀的人格魅力、循循善诱的启发式教学,会使学生产生浓厚的学习兴趣,学生自然会热爱学习。因此,高尚的师德师风是引导学生、教育学生的一个必不可少的因素。

(三)身体力行,践行文化传播

教学体现了高校思政课教师的文化素养。无论专业为何,无论教授何种课程,都应该深入理解教材,深挖教材中的文化因素。优秀传统文化意识的培养并不能仅靠开设专门的文化课程就能实现,需要靠每位教育工作者的身体力行,潜移默化地让学生在生活中体会到中华优秀传统文化,并自然而然地践行文化精神。另外,高校思政课教师还可多参加社会实践,积极投身于文化宣传中。例如,教师可以作为志愿者多参加文化宣传,为文化宣传贡献自己的力量;还要号召学生参加而不仅仅是观看,积极鼓励他们作为志愿者参与其中。有教师的垂范作用和号召力,学生的参与度会大大提高。一方面,可以起到文化宣传的作用;另一方面,中华优秀传统文化在学生的心里埋下了种子,为其文化身份认同及文化传承都打下了基础。文化的践行还可与当地文化相结合,因地制宜,大力推广和发展本地具有地方特色的优秀文化,增强本地居民的本土文化意识。如此一来,不仅起到发展中华优秀传统文化的作用,还与地方相结合,能起到推动地方经济发展的目的。各大高校可与地方政府、组织、团体、企业等加强沟通,开展多方位的合作,推动学校服务于社会功能的发挥,也为学校提供了更多社会实践活动,为学生提供了社会实践的机会。

湖南环境生物职业技术学院的席亚萍老师以三尺讲台为阵地,以日常教学为契机,多措并举激发学生内心感悟,浸润心灵情感,坚定学生的文化自信。

结合教材知识点,她拓展优秀中华文化教育内容。例如,针对知识点"行己有耻,止于至善",她引导学生从成语—历史故事—现实社会现象—青年做法的角度,由古至今,进行深入分析,以达到教育效果。

她结合节日深化优秀中华文化的教育,在中秋节、清明节、端午节等传统节日,组织学生进行有关活动,让学生以微视频的形式分享自己过中秋节的特色美食,分享自己看到的节日活动等。从学生自己的所见所闻入手,通过小小讲解员的宣传,达到教育的效果。

结合湖湘文化,她通过指导学生观察、搜索、展示家门口的特色文化,包括湘绣、滩头木版年画、皮影戏、江永女书、花鼓戏、湘菜、摆手舞等,让学生进一步了解湖湘地方特色文化,使学生的精神面貌以及文化素养都得到提高。

除此之外,席亚萍还特别重视优秀传统文化和课程思政工作的有机融合。例如,在讲到中华传统美德时,阐释"天下兴亡,匹夫有责"的家国情怀和防疫志愿者不畏牺牲、顽强拼搏的"逆行"精神,彰显出中华传统文化的底色和优势。

课后,她还经常组织学生参与文化社团的"诵读经典,传承文明"、古诗词大讲堂、传统文化知识抢答、手抄报比赛等活动。她循循善诱,指导学生用字正腔圆的语言吟诵华夏文明,在横平竖直的书写中体会炎黄风骨,在经典阅读中增加传统文化的积淀,并延伸到第二课堂,充分调动学生们的兴趣,增强对中华优秀传统文化的亲近感与认同感,培养创造性思维与创新意识。

作为一名高校教师,席亚萍时刻牢记立足课堂主阵地,把中华优秀传统文化融入教育教学、学科发展体系中,让学生对中华优秀传统文化、社会主义核心价值观的感性认知上升为理性认同,形成稳定的价值理念,不负教书育人的时代使命。

二、在教学中采取多种有效途径融入传统文化教育

(一)充实教学内容

中国的传统文化有一整套的思想观念与精神文化体系,其中所蕴含的思想文化精

华正是高等学校思想政治教育的重要素材。高校思政理论课教师把传统文化作为教学的重要内容,充分利用中华文化中天人合一的宇宙观、中庸之道的价值观、知行合一的实践观,以及仁政德治、民本主义、大同理想、实践理性、朴素的唯物论与辩证法传统等,开展思想政治教育,科学合理地设计教学内容。运用马克思主义的立场、观点与方法,客观、历史地评价传统文化,使之顺应时代发展的要求,与现代文明相协调,与当代社会相适应,成为思想政治教育的良好素材。教师在教学过程中居于主导地位,要在思想政治理论课上成功地融入传统文化教育,教师不但要熟练地掌握思想政治理论,还要广泛阅读传统经典书籍,积极从事社会实践调查,吸收理论研究和实践发展的最新成果,不断扩充、深化自己的文化知识,提高自身的科研创新能力和传统人文素养。

深圳艺术学校的"国际化理念下的'中国田字格书法'舞蹈空间探索与身体即兴",在充分挖掘现代舞的即兴训练教学空间的同时,有机渗透了汉字书写文化内涵,在现代舞教学的过程中,将书法文化浸润其中,让学生从书法文化中感悟中华传统审美的精髓,充分挖掘中华优秀传统文化的思政元素,激发学生学习传统文化的兴趣,提高学生对传统文化的感知力。通过体验收获感悟,通过感悟提升认知,实现知识技能和思想素养提升的双重教育目标。

(二)更新教学方法

现代教学观念注重学生在教学中的主体地位,教学目标由教师依据教材向学生传授知识为主转向以培养学生的创新精神和实践能力为主。教学方式由教师单向的灌输式教学转为师生双向的交流互动式教学。在高校思政理论课教学中实施传统文化教育,思政课教师同样采用新的教育理念与教学观念,科学合理地选择并有效地运用教学方法,掌握新形势下的教育教学技巧,多摸索一些学生喜闻乐见的教学手段和方法,激发学生学习传统文化的主动性和积极性。尤其要利用多媒体技术调动学生对传统文化的兴趣与热情。利用多媒体所提供的一切有效的教学手段和教育平台,思政课教师可以将历史文物或文化事项以图片、文字、视频、互动的形式展示给学生。通过高清大图、3D 效果、视频效果、音频效果、超链接效果来增强学生对中国传统文化的直接感性认知,增强课堂教学效果。

湖北艺术职业学院的"奥尔夫音乐教学法"将中国古诗词的韵律和奥尔夫音乐教学进行结合,构建了美美与共、和而不同的思政课堂。

北京戏曲艺术职业学院"京剧毯功"展示课充分挖掘了毯功教学中所蕴含的思政元素。

河北艺术职业学院的"少儿舞蹈编创",运用舞蹈诠释传统文化内涵。课程培养舞蹈编导必备的头脑构思、图文构架、身心行动的'三步式'创编技能的同时,对学生进行个性化引导。用和谐包容的中华优秀传统文化气脉和朴实正气的民族舞蹈外化气质、内塑品格，着力以美育人、以德塑魂，使美育与德育教育协同赋能。

(三)组织实践教学

思政课教师通过开展相关的实践教学和社会实践活动提高教学的实效性。地方文化资源对于实践教学具有颇为重要的价值。中国历史悠久，幅员辽阔，各地方都有自己得天独厚的文化优势和文化特征，这些"地方文化"距离学生比较近，它往往就是我们身边的教学资源。思政课教师通过组织学生考察历史古迹，调查民俗民情;通过搜阅相关文献、撰写调查报告和读书心得、制作视频短片等活动形式，进行传统文化教育。对于身边的地方文化，学生对其具有强烈的了解和认知的愿望，学习这些内容有亲切感，极易引起学生共鸣，激发学生的学习兴趣。同时，高校思政课教师在实践中应注重传统民俗节日文化教育。在传统习俗节日到来前后，在校园内举办一些和传统节日文化相关的活动。如端午节，组织学生吟诵《离骚》等以纪念诗人屈原为主题的文学作品，学习包粽子、做香袋，举办划龙舟比赛来传承端午节日文化;中秋节，进行"爱心感恩行"教育活动，让学生给父母师长写感恩信，寻找身边的感动等。通过传统民俗节日、爱国纪念日教育，不仅激发学生的民族感情和爱国热情，而且为传播和弘扬传统文化营造良好的环境氛围。通过实践活动，学生不断将思想政治理论和优秀传统文化知识逐渐转化为自己观察和解决问题的立场、观点和方法，促进自己道德的社会化，从而树立科学的世界观、人生观、道德观和价值观。教师将传统文化融入思想政治理论课的过程，实际上就是在理论上注入人类情感的过程。传统文化是中华民族在几千年的文明发展中所创造的宝贵财富，它以不同的方式在不同的程度上影响着人们的思想和行为。教师在思想政治理论课中有效融入传统文化，不仅可以增强学生对思想政治理论课的关注、认可程度，而且能在润物细无声的状态下完成民族认同、文化认同、政治认同的目标，给教育带来较好的效果。

郑州大学嵩阳书院、历史学院的"畅谈千年史 赓续国学脉"游学会讲是礼敬中华优秀传统文化、赓续国学文脉的生动实践。一经教子旧，万里出门新。辛卯年秋，中国古代四大书院之首的嵩阳书院，在沉寂了百余年后，迎来了一个个青春矫健的身姿，一双双渴求知识的眼神，古老的书院焕发出新的青春。"嵩涛·颂学——郑州大学嵩阳书院、历史学院游学会讲"就在书院千年古柏前举行，嵩阳书院受聘导师王星光教授以《对孔子思想的一个核心——"时"的认识》、百家讲坛主讲王士祥教授以《唐宋儒学与文人品格》设坛开讲。师生会讲，辩理明义，质疑问难，悉心解惑。古柏的沧桑映着他们年轻的脸庞，"二程"的心学教诲停留在他们的心上，当代学子在千年书院重新续写求知、授业的问学故事。郑州大学韩国河教授说，游学会讲不仅仅是一种仪式和形式的传承，更重要的是从内涵上锤炼彰显中原文化乃至中华文化的精神思想，通过"古与今""传统与现代"的对话，让同学们树立一种强烈的人文精神关怀，达到以文化人的目的。

三、提高自身对中华优秀传统文化的教学创新能力

除了学习和践行传统文化,教师的重要任务是思考如何行之有效地将优秀传统文化融入现有的思政课程体系当中,取得实际的教学效果,促进学生的行为和认知变化。

(一)了解教学对象的需求,确定教学内容和教学方法

了解教学对象的需求进而确定教学内容的层次和教学方法的选取是设计课程的基本路径。2014 年,教育部印发的《完善中华优秀传统文化教育指导纲要》明确指出:"大学阶段,以提高学生对中华优秀传统文化的自主学习和探究能力为重点,培养文化创新意识,增强学生传承弘扬中华优秀传统文化的责任感和使命感。"大学生对传统文化已具备一定的自学能力和理性认识,如果仍停留在浅层次的知识灌输或貌似高深的理论讲解,将很难达到增强文化自觉和文化自信的教学目的,反而让学生觉得枯燥乏味而失去学习兴趣。目前的教学中就存在"重知识讲授、轻精神内涵阐释的现象",以考核评价为导向,偏重对学生进行知识点的灌输,单纯地让学生记忆一定的传统文化知识,相对缺少对传统文化蕴含的民族精神、道德情操、人文涵养的深入挖掘。有的传统教学方法,如经典诵读法可能更适合于低龄化学习者,而文化体验法又对空间环境和教学资源有着特殊的要求,教师只能在现有条件下创新教学方式,如以启发式教学增进学生理解认同,以平等中肯的说理为学生答疑解惑,鼓励、组织和指导学生进行学习讨论,通过多元文化之间的比较和对话,培养学生跨文化理解能力等。囿于学校与社会的相对隔离和断裂,思想政治教育的实践存在诸多困难,而教学是一种弥合校园与社会、缩短理论与实践之间差距的最具效率的途径和方法,这就要求思政课教师要有深刻的理解和洞悉能力,要抓住社会敏感事件和热议话题,引导学生分析、辨别和讨论形成自己的观点,润物无声地提升能力、塑造价值。教师不仅要将中华优秀传统文化作为可借鉴的资源进行开发利用,更要以时代精神对之进行创造性的价值转化与传承发展,为培养符合现代中国社会政治、经济、文化发展所需的人才而服务。

(二)增强教师团队加强合作式学习

教师团队加强合作式学习,共同找寻大学生对中华优秀传统文化的认知需求和教学规律,系统性、整体性地设计课程的文化知识内容和文化教学环节,克服教学内容碎片化和教学设计随意化的问题。课程设计中强化文化的内容,需要注意融入的方式和效果,遵循文化的接受和认同规律。任意地割裂或肢解中华优秀传统文化的知识体系,并不能充分展示理论的彻底性,也无法真实完整地呈现传统文化的本来面目,容易出现泛泛而论、大同小异、忽视传统文化的历史流变与内部差异等问题,不仅教师难以驾驭,而且学生也是一知半解。既要遵循传统文化的知识逻辑和教育规律,也要注意避免流于文化知识的介绍而忽略了课

程原本的思想性和政治性诉求。通过教研团队的讨论分析,采集优秀教学案例,分享经验与不足,开展教学评价和需求调研,共同制定指导性的大纲甚至教材,定期进行自我培训和专家指导,力求在教学目标、内容、方法、评价等环节达成系统性和一致性,然后在此基础上鼓励教师个人发挥文化资源和专业优势形成个性化特色。

为深入贯彻落实习近平文化思想,发挥道德与法治课程"落实中华优秀传统文化教育的核心课程"重要作用,将中华优秀传统文化有效融入初中思政课教学,2024 年 4 月 11 日,天津市津南区教育局(天津市初中思政课协同创新中心)组织召开了中华优秀传统文化融入思政课集体备课会活动。会议旨在探讨如何将中华优秀传统文化融入思想政治课程中,提升学生的文化素养和思想道德水平。

张忠鹏老师主持了随后的说课环节。蔡妍姝、胡雨彤、侯蕾、石璐、袁浩然、孙邯六位教师分别代表各自的学校,分享了她们在教学中融合传统文化的经验和心得。她们结合思政育人特点、学生学情和教学要素,以小切口入手充分挖掘课程中的中华优秀传统文化元素,巧妙地将历史典故、伟人风范、先烈事迹、新时代各行各业发展故事等转化为生动思政育人素材,突出了运用中国故事对提升学生学习兴趣、引领价值观塑造的重要作用,将立德树人根本任务落到实处。

蔡妍姝老师的说课首先通过"读成语典故,品儒学经典"活动,引导学自觉践行社会主义核心价值观;认同和弘扬中华优秀传统文化;引导学生形成正确的世界观、人生观、价值观。又通过"赓续传统文化,延续历史文脉"活动,引导学生传承中华传统美德,弘扬民族精神和时代精神;明大德,守公德,严私德,形成健全的道德认知和道德情感,发展良好的道德行为,践行社会主义核心价值观。

胡雨彤老师将引入诗句,名言警句,经典故事等贯穿课堂始终,每个环节用优秀传统文化来帮助学生理解,潜移默化增强学生对传统文化的认同感。首先,通过榜样之星活动,让学生在榜样示范下提高对自己的道德要求,对标榜样自我省察,培养学生养成自我反思的习惯,锤炼高尚人格。其次,通过分析不食无主梨的历史典故,学习他重视修身,做到慎独,对自己的行为负责,增强自身责任感和使命感。最后,通过知耻之星活动引导学生懂得要知廉耻,懂荣辱,养成良好的道德品质和行为习惯,追求正确的价值引领,不断提升青春格调。

侯蕾老师的说课,一是通过品历史典故,增进对中华优秀传统文化的认同感和自豪感,明晰青春的底线和如何坚守底线,从而增强法治意识和底线意识;二是借助古诗句的内涵,进一步向学生渗透中华传统文化的精华思想,同时引导学生从小事做起,提升自身的道德品质,追求正确的价值引领;三是通过学习人民教育家温瀛士的故事,感悟榜样的力量,并在榜样示范下提高对自己的道德要求,不断提升青春格调;四是以学生身边故事,鼓励学生立志将所学转化为实际行动,从而增强自身的责任感和使命感,并成为担当民族复兴大任的时代新人。

石璐老师通过小故事,让学生理解礼义廉耻的荣辱观念,树立底线思维,坚定文化自信。又以张桂梅事迹为背景,通过辩论感悟"至善",追求崇德向善、见贤思齐的社会风尚,懂得生命的意义。最后通过生活化的情境品味慎独,促进学生自我反思与完善,锤炼高尚人格。

袁浩然老师首先通过诗词品历史典故,增进学生对中华优秀传统文化的认同感和自豪感,明晰青春的底线,从而增强底线意识。其次通过品雷锋日记,在榜样示范下提高对自己的道德要求,不断提升青春格调。最后通过讲身边故事,见贤思齐,从而增强自身责任感和使命感成为担当民族复兴大任的时代新人。

孙郴老师的说课通过分析晏子使楚的典故,引导学生坚守青春底线,明晰"行己有耻"的内涵,增强学生的法治观念,继承、发展中华优秀传统文化,关注自身的道德成长。其次通过品味雷锋精神,汲取榜样力量,追求"至善"的道德境界,不断完善自我,提升道德修养,培养家国情怀。最后通过聆听至善故事,见贤思齐,践行至善之步,增强学生的责任感和使命感,成为肩负时代使命和重任的接班人。

张忠鹏老师对本次备课会做总结发言。本次集体备课会的圆满举办是天津市全体思政教师思维的碰撞和信念的笃定,通过此次备课会教师们相互启发、共同提高,更好地将中华优秀传统文化融入思政课程,让传统文化在新时代焕发新的生机。

第三节 为思政课教师把中华优秀传统文化融入课程提供制度政策保障

一、加强相关政策法规和制度建设

(一)完善高校思政课教师优秀传统文化培训制度

完善高校思政课教师优秀传统文化培训制度,把它作为教师培训的一项重要而紧迫的任务来稳步推进,使教师优秀传统文化培训工作有章可循,更加制度化、规范化。加强教师优秀传统文化培训的评价、督导、激励等保障制度的建设,从活动形式到内容设置、从实施过程到结果测评形成一个完整的体系。完善高校思政课教师优秀传统文化培训制度,需要构建学习中华优秀传统文化知识体系加强,中华优秀传统文化的理论学习和实践研究,主动提升中华优秀传统文化素养,部分思政课教师虽然具备了一定的学术功底,但是由于缺乏全面系统的中华优秀传统文化的学习和培训,其中华优秀传统文化理论功底不扎实、不深厚,将中华优秀传统文化融入思政课教学的创新能力不足。因此,必须构建学习中华优秀传统文化知识体系,让思政课教师全面、系统地学习和了解中华优秀传统文化相关知识。思政课教师要在理论上深化研究,在实践上积极探索,努力把中华优秀传统文化的理论学习和实践研究结合起来,加强对中华优秀传统文化相关知识的涉猎,把握和领会其精髓,并将中华优秀传统文化的丰富资源创造性地运用到思政课教学中,从而实现思政课教学政治功能和文化使命的有机统一。

(二)出台政策支持教师优秀传统文化教育

国家或者相关部门要制定相应的政策,体现正确引导,为教师加强优秀传统文化教育提供人力、物力和财力上的支持,保证该项政策的顺利实施。一方面,购买传统文化书籍,聘请专家来校做讲座、作报告,外派教师专门学习优秀传统文化、进修,学校独立培养一支专业的传统文化方面的教师队伍等,都需要相关政策的支持,来提供所需的人力、物力和财力。另一方面,通过出台政策支持高校思政课教师优秀传统文化教育,能够更好地引起相关部门的重视,促使相关部门和单位转变理念和思想认识,加强对优秀传统文化的研究阐释,发挥优秀传统文化对广大高校思政课教师的育人功能,促进高校思政课教师的全面发展。通过政策扶持,促使各级党委教育工作部门和教育行政部门把加强高校思政课教师优秀传统文化教育作为一项战略任务,与新闻出版、广电、文化、宣传等部门以及工会等群团组织密切合作,建立健全党委统一领导、有关部门各负其责、党政群齐抓共管的工作机制,形成一股教育合力。

"老师要有自己的风格,我会用唱词帮助学生理解历史。"郑州航空工业管理学院思政课教师王武把戏曲融入课堂。

"怎么打通学段,共同解决痛点?"全国最美教师、郑州大学马克思主义学院思政课教师周荣方从跨高校到跨学科再到跨学段,"行走的思政课"越走路越宽。

箜篌演奏《游子吟》,在一弦一音中勾勒出"粮食"的故事;

豫剧《花木兰》经典唱段演绎河南文化"出圈"……

办好思政课,关键在教师。河南省高度重视思政课教师队伍建设,实施了以"大比武大练兵"为抓手的思政课教师素质提升工程,以"大听课大调研"为抓手的思政课质检行动,以"大研讨大备课"为抓手的思政课教参编写使用,培养更多引领学生成长的新时代"大先生",打磨更多有深度、有高度、有温度的思政"金课"。

二、完善高校思政课教师优秀传统文化教育机制

(一)完善优秀传统文化教育评价和督导机制

高校要进一步完善教师中华优秀传统文化教育的评价和督导机制,细化评价指标,让思政课教师在日常当中有所遵循。思政课教师优秀传统文化素养考核过程中,不仅要有同事、领导参评,而且要重视学生对任课教师的评价,提高学生评价所占的比例,重视学生家长

对教师的评价,杜绝领导随意给教师划定档次、打人情分的现象。进一步完善、细化奖惩机制,将教师优秀传统文化素养年度考核结果直接与教师本人的结构工资挂钩,与教师职称晋升、评奖评优相挂钩,比如,对于三年内年度考核不合格的教师取消评奖评优、职称评定资格;对于模范教师在进行精神奖励的同时,也要加大物质方面的奖励。

进一步完善有效的监督机制,不定期随时抽查教师的备课和学案、试卷批阅情况,推门听课常态化,建立校长信箱,不定期组织学生问卷调查、学生家访,为家长和学生监督提供多种平台,学校里成立德育工作委员会,及时处理相关投诉等情况。通过建立严格规范的评价和督导机制,激励广大教师在工作、生活当中加强修身正己立德的优秀传统文化教育,提升自身的传统文化素养和人文素养。对于教师优秀传统文化教育,学校要从人员参与的情况、活动实施的效果、形式内容的选择等多个方面进行督导、评价、指导,从而确保教师优秀传统文化教育的实效性。

郑州大学完善评价和督导机制,打造高素质思政课教师队伍。坚持引育结合,积极拓宽思政课教师引进渠道,严把教师选用关,将政治要强、情怀要深、思维要新、视野要广、自律要严、人格要正作为选聘思政课教师的基本标准;坚持把师德师风建设摆在首要位置,引导广大思政课教师给学生心灵埋下真善美的种子,引导学生扣好人生第一粒扣子,当好青年学生成长成才的人生导师。设立专项经费,积极推进实施示范课堂建设工程、教学名师培育工程、青年领军人才培养工程、骨干教师培养工程、教学研究提升工程、科研能力提升工程等六大工程,搭建中青年教师成长发展平台。严格落实校领导联系思政课教师制度,建立思政课校、院两级听看课制度,定期开展思政课教师教学培训,切实加强思政课过程管理。

(二)加强思政课教师优秀传统文化培训

为了提高思政课教师运用中华优秀传统文化开展思政课教学的能力,应对其加强有针对性的培训。高校要建立和完善对思政课教师进行关于中华优秀传统文化的培训制度。高校可以定期组织思政课教师进行线上和线下、集中和分散等多种方式的培训。培训的内容应包含中华优秀传统文化的理论知识、运用中华优秀传统文化进行思政课教学的方式方法以及在教学过程中需要注意的问题等。也可以邀请相关领域的专家学者为思政课教师作专题报告,开设有关中华优秀传统文化的讲座。要充分利用互联网,通过视频讲座和互动交流研讨等多种形式组织教师进行线上线下学习。同时,高校要积极动员、组织思政课教师到中华优秀传统文化现场,如历史遗迹、古迹和博物馆、纪念馆等进行参观学习。通过实践研修,教师能在潜移默化中感受中华优秀传统文化的魅力,增强教学的积极性和主动性。

2023 年 7 月,江苏航运职业技术学院马克思主义学院组织专兼职思政课教师前往山东师范大学开展思政课教师暑期实践研修。

研修期间,老师们开展"寻访齐鲁文化、传承华夏文明"活动,参观山东博物馆"海岱日新"展览,全方位立体了解山东省悠久历史和深厚的文化底蕴,举步济南城区感受发展变迁,见证齐鲁大地中国式现代化发展历程;沉浸式参观历城区党史教育中心、解放阁济南解放纪念馆,凝聚红色力量,践行初心使命,缅怀革命先烈,激发奋斗力量。

研修团赴著名历史文化名城、孔子故里——山东曲阜,感受千年礼乐归东鲁,万古衣冠拜素王。研修团以学习体验中华优秀传统文化为中心,在曲阜开展了一系列的学习、参观、讨论和实践活动。在实践中,老师们积极参与、知行合一,感受到了中华优秀传统文化的深刻内涵,增强了文化自信,实践了"用脚步丈量中国大地"的精神。并思考对历史文化特别是先人传承下来的道德规范,要坚持古为今用、推陈出新,有鉴别地加以对待,有扬弃地予以继承。

回眸历史,思接千载;深耕现实,展望未来。研修团教师们时刻牢记习近平总书记指示,"以史为鉴、开创未来,必须继续推进马克思主义中国化","坚持把马克思主义基本原理同中国具体实际相结合、同中华优秀传统文化相结合",在研修过程中更好汲取中华优秀传统文化的"营养",思考如何推动中华优秀传统文化创造性转化、创新性发展,以及如何推动中华优秀传统文化与思政课有机融合。

(三)完善优秀传统文化宣传教育机制

应当利用宣传栏、广播等形式做好宣传。近朱者赤、近墨者黑,环境能够影响人,也能够塑造人,文化对人具有深远持久和潜移默化的影响,优秀的文化能够增强人的精神力量、丰富人的精神世界、促进一个人的全面发展。为此,学校要充分做好相关的宣传、教育工作,在全校组织评选"我心目中最美思政课教师"等活动,并通过宣传栏、广播以及学校网站等形式介绍优秀教师的先进事迹,展示最美思政课教师的风采,号召广大教师向先进学习,向优秀看齐,发挥榜样人物的作用,在全校营造一种学习美德、践行美德、歌颂美德的浓厚氛围。

北京交通大学着眼薪火传承,充分挖掘红色校史中的人物事迹,以故事讲述、微电影、话剧等形式,广泛宣传革命战争年代郑振铎、李廉桢等投身抗日救亡的英勇事迹,新中国成立后茅以升、应尚才等爱国奉献、育才造士的奋斗历程,改革开放以来一批院士学者科研报国、潜心育人的感人故事,引导教师做助力学生全面发展的"大先生"。着眼育人典范,组织开展"讲述我的育人故事"榜样宣讲、"寻找最美交大人""感动交大"人物评选等活动,选树教书育人先进典型,挖掘师德师风感人事迹,激励广大教师见贤思齐。着眼荣誉激励,举行"光荣在党50年"纪念章颁发仪式,举办老教师荣休仪式和新入职教师宣誓仪式,增进教师职业神圣感,强化教师职业生涯仪式感。

(四)完善传统文化专业教师招聘和培养机制

作为高校来说,要有传承中华优秀传统文化的自觉,担当起弘扬中华优秀传统文化的责任和使命。高校在健全教师优秀传统文化教育长效培训机制的同时,思政课教师当中也要有一支专门研究传统文化的教师队伍。一方面,学校要有意识招聘相关专业的教师;另一方面,学校要自己培养一支传统文化思政课教师队伍,通过派出学习、定向委派研究生、博士生等,从而提升整个学校对传统文化的研究热情,创设一种学习中华优秀传统文化的浓厚氛围。依托这些老师,围绕中华优秀传统文化教育开展一系列的活动,比如中华优秀传统文化读书报告会、中华优秀传统文化长廊、中华优秀传统文化专题讲座等,有效提升整个校园的传统文化氛围,丰富教师培训内容,提升教师培训质量,让学生和教师潜移默化的濡染、熏陶优秀传统文化素养,树立正确的世界观、人生观、价值观。

2021 年 9 月 17 日下午,北京交通大学教师中华优秀传统文化读书班开班仪式及第一次课成功举办。校党委副书记文海涛出席开班仪式并讲话,她向读书班老师提出三点希望:第一,要涵养自身,做优秀传统文化的传承者;第二,要求真育人,做学生成长的"大先生";第三,要心怀家国,做民族复兴的担当者。她强调,要始终把师德师风建设摆在首要位置,发扬老一辈教育工作者"捧着一颗心来,不带半根草去"的精神。坚持"四个相统一",以赤诚之心、奉献之心、仁爱之心投身教育事业。

主讲嘉宾为国家教育行政学院国学经典研究中心主任于建福,线上线下两百余名教师参加读书班课程。于建福教授以《经师与人师——从至圣先师孔子说起》为题,从孔子生平、《论语》经典谈起,提出新时代高校教师要做到"经师"和"人师"相统一,学为人师,行为世范,做党和人民满意的"四有"好老师,做有大视野、大胸怀、大格局、大担当、修己安人的"大先生"。

读书班是师德师风专题教育的内容之一,共开设四次课程,以主题讲座、实践教育和经典导读等形式将中华优秀传统文化教育融入教师师德培训体系。学校把教师中华优秀传统文化读书班作为师德师风建设项目和品牌,不断完善体制机制,充分发挥读书班提升教师修养、涵养高尚师德的重要作用。

三、整合高校中华优秀传统文化的教育资源

目前,高校思想政治教育资源存在开发成本过高、利用效益过低的问题,缺乏实现有效融合、良性互动和相互促进的制度保障。"如果有效地将组织资源、人才资源、时间资源、环境资源、媒介资源、理论资源、精神资源等各种资源要素按其内在联系进行有机的组合,加以综合利用,就能够最大限度地实现思想政治教育的目的。"[①]高校应整合教育资源,将中华优秀传统文化与高校文化育人的融合实践。

一是以"人文课堂"融合课程文化与传统文化。高校文化育人中融入优秀的传统文

① 王刚:《正确处理思想政治教育资源开发与利用的关系》,《思想教育研究》,2015 年第 5 期,第16—19 页。

化,可创造"人文课堂"环境,促进课程文化与传统文化相互融合,可通过打造人文课堂促进中华优秀传统文化与高校文化育人的融合。具体来说,将课程分为"第一课堂"和"第二课堂",第一课堂中设置专题课堂,将中华优秀传统文化与文化专业课堂相互融合;第二课堂可以微沙龙、云课堂、读书会、微讲座、大讲坛、大家谈等方式呈现,形成讲堂品牌项目。联合第一、第二课堂,有助于相互补充知识结构、教学场域,同时加大学生的传统文化积淀成为文化素养高、文化自信强的素质型人才。另外,高校可联合传统文化课程资源,打造品牌课程,让大学生更好地了解和体验传统文化的魅力。同时,也可开设优秀的传统文化课程,以公共必修课、公共选修课、在线开放课等课程形式呈现。此外,可以微沙龙、云课堂、读书会、微讲座、大讲坛、大家谈等方式为载体,建设文化教育中心,面向全校学生开设专题讲座。文化教育中心可定期邀请在中华优秀传统文化领域有较高领悟、人文素养,学术造诣的优秀代表开设专题讲座,为高校师生带来精彩的传统文化盛宴。将优秀的传统文化与高校文化育人相融合,可作出有益的尝试,通过各种形式的传统文化课程和讲座,让学生们更好地了解和感受传统文化的魅力,从而使学生更加珍视和保护传统文化,为传承和发展中华优秀文化出力。

二是建设文化场馆育人课堂。文化场馆基地可以包括中国传统文化体验馆、中国古建筑文化馆、中国古籍图书馆等,不仅为学生提供了一个接触传统文化的机会,而且形成"文化场馆课堂",为学生们形象地展示了中国优秀的传统文化。为推动单向课堂教学模式向多元互动的展馆课堂教学模式转变,文化场馆基地可开展系列展示展陈活动,吸引学生们积极参与,激发学生学习传统文化的热情,如设置"人生八雅"——琴棋书画诗酒花茶修身之道板块,不仅有助于扩大传统文化的影响力,还能够培养学生的文化素养和审美能力。高校中华优秀传统文化教育需要更加直观、有效的方式,文化场馆基地的建设可以为此提供一个新的途径。因此,通过将展馆打造成多场景的"展馆课堂",并开展系列展示展陈活动,能够激发学生主动性,让学生主动参与到中华优秀传统文化的学习和传播中,为传承传统文化奠定基础。

三是搭建传统文化育人的"舞台课堂"。舞台作为展现文化艺术的重要表现形式之一,不仅可以展示多种艺术形式,也能够以舞台为载体,促进传统文化的弘扬。首先,高校需扩展自身的教书育人功能,为学生开展志愿讲解课堂,通过依托基地和共青团联合培养组织学生志愿者,让学生深入参与社会服务,增强社会责任感。学生积极参与志愿服务活动,为社区、学校、乡村等地的人民群众提供力所能及的帮助。志愿讲解课堂也能够帮助学生提高人际交往能力和沟通技巧,为将来的职业生涯打下良好的基础。其次,借助舞台表演的形式传播传统文化。例如,常态化引入优秀传统文化进校园,搭建以"高雅艺术进校园""讲文化长知识""非遗进校园"为主题的舞台课堂,通过这些活动,学生可以深入了解中国传统文化的内涵和魅力,增强文化自信心。同时,观看传统艺术专场也能帮助学生提高审美水平和文化素养,培养对艺术的鉴赏力和表现力。最后,可以校园文化艺术节为载体,邀请专家、学者入校开展传统文化知识普及、比赛、展演等活动,让学生们在实践中感受到中国传统文化的博大精深。此外,学生们也可参加各类传统艺术社团,发挥自己的特长和潜力,展示自己的才华和个性,提高自信心和团队意识。

四是组织实践活动弘扬传统文化。近年来,随着社会的发展和人们文化素质的提高,越来越多的人开始关注传统文化的保护和传承。在这种背景下,推进"传统文化元素进校园""传统文化元素进社区""非物质文化遗产保护"等活动,成为现代社会文化建设的重要内容。首先,推进"传统文化元素进校园",可以让中华优秀传统文化得以在学校教育中得到传承和发扬。通过系列活动,如中华文化艺术节、书画比赛、诗词朗诵等,可以将传统文化教育与学校各项活动有机融合。这不仅可以增强学生对传统文化的兴趣,同时也可以促进学生综合素质的提高。其次,推进"传统文化元素进社区",将传统文化元素传播到更为广泛的地方。比如对于学习城市设计类专业的学生而言,可举办"传统文化元素进校区"活动,为城市公共场所规划设计具有传统文化标志性元素的艺术图,让学生在设计的过程中领悟优秀传统文化。最后,推进"非物质文化遗产保护",可以让广大学生了解和关注中华优秀传统文化。通过社会实践活动等形式丰富、内容翔实的活动,可以引导广大学生关心、关注中华优秀传统文化。如此,不仅可以促进传统文化的传承和发扬,也有利于培养学生的爱国情怀和文化自信。

第七章 中华优秀传统文化融入大思政课研究

第一节 中华优秀传统文化融入大思政课的四重向度

党的二十大报告明确指出,"中华优秀传统文化源远流长、博大精深,是中华文明的智慧结晶"。开辟马克思主义中国化时代化新境界,"坚持和发展马克思主义,必须同中华优秀传统文化相结合"①。中华优秀传统文化是中华文明的智慧结晶和精华所在,是中华民族的根和魂,是中国特色社会主义植根的文化沃土,是我们在世界文化激荡中站稳脚跟的根基。习近平总书记特别强调:要"教育引导群众特别是青少年更好认识和认同中华文明,增强做中国人的志气、骨气、底气"②。这要求迈向新时代新征程,大思政课更好落实立德树人根本任务,必须植根中华优秀传统文化沃土,立"根"铸魂育人。

一、植根中华优秀传统文化沃土上好大思政课的逻辑向度

植根中华优秀传统文化沃土上好大思政课,从"铸魂育人"到"立根铸魂育人",其中蕴含着三重逻辑。

(一)植根中华优秀传统文化沃土上好大思政课的理论逻辑

中华优秀传统文化是在中国数千年文明发展史中从人民群众长期生产生活中创造出来的,蕴含着古人先贤智慧,并对当代社会、文化、政治、经济发挥积极影响,具有鲜明中国风格和民族特色的思想理念、道德规范、人文精神的总和。中华优秀传统文化是中华民族独特的精神标识,是维系全世界华人的精神纽带,也是中国文化创新的宝藏。

中华优秀传统文化是中华民族的文化根脉,积淀着中华民族最深沉的精神追求,是中华民族生生不息、发展壮大的丰厚滋养。③ 其中所蕴含的中国人民在长期生产活动中

---

① 习近平:《高举中国特色社会主义伟大旗帜 为全面建设社会主义现代化国家而团结奋斗》,人民出版社,2022年版,第18页。

② 新华社:《习近平在中共中央政治局第三十九次集体学习时强调 把中国文明历史研究引向深入 推动增强历史自觉坚定文化自信》,《人民日报》,2022年5月29日,第1版。

③ 习近平:《习近平谈治国理政》,外文出版社,2014年,第155页。

积累的宇宙观、天下观、社会观、道德观,同科学社会主义主张具有高度契合性。① 中华优秀传统文化是中华民族的突出优势,是我们最深厚的文化软实力,是大思政课取之不竭的宝贵资源。

(二)植根中华优秀传统文化沃土上好大思政课的现实逻辑

开辟马克思主义中国化时代化新境界,需要中国土壤。马克思指出,"人们自己创造自己的历史,但他们是在既定的、制约着他们的环境中,是在现有的现实关系的基础上进行创造的"②。坚持和发展马克思主义,必须同中华优秀传统文化相结合。只有植根本国、本民族历史文化沃土,马克思主义真理之树才能根深叶茂。

世界百年未有之大变局下的中国教育,需要中国气派。目前世界格局"东升西降""西强东弱"态势依旧。③ 我们既要认清局势,又要看清趋势;既要有看清"世界之乱"根源的清醒,又要有提出"中国之治"方案的自信。中国教育同样须有贡献中国方案的自信。习近平总书记在中国人民大学考察时强调,要"落实立德树人根本任务,传承红色基因,扎根中国大地办大学,走出一条建设中国特色、世界一流大学的新路",为中国教育需要中国气派指明了方向。思政课作为落实立德树人根本任务的关键课程,更应始终凸显中国特色、中国风格和中国气派。

迈向实现中华民族伟大复兴新的征程,需要中国脊梁。实现中华民族伟大复兴中国梦,全面建设社会主义现代化国家、实现高质量发展,科技是关键,教育是基础,人才是根本。教育、科技、人才是全面建设社会主义现代化国家的基础性、战略性支撑。党的二十大报告首次专章提出并论述"实施科教兴国战略,强化现代化建设人才支撑",突出的是"人才",强调的是"支撑",面向的是"复兴",需要的是"脊梁"。扛起中华民族伟大复兴大任的脊梁,首先要是中国人的脊梁,是一批又一批具有中国精气神的时代新人的脊梁。

(三)植根中华优秀传统文化上好大思政课的实践逻辑

中国共产党历来用历史唯物主义的立场观点方法看待中华民族历史,继承和弘扬中华优秀传统文化。毛泽东在《新民主主义论》中强调,对于传统文化要"剔除其封建性的糟粕,吸收其民主性的精华,是发展民族新文化提高民族自信心的必要条件"④。其后一代又一代中国共产党人从中华优秀传统文化中汲取智慧和养分,不断推进马克思主义同中华优秀传统文化相结合。

① 《中共中央关于党的百年奋斗重大成就和历史经验的决议》,人民出版社,2022年版,第46页。
② 中共中央马克思恩格斯列宁斯大林著作编译局:《马克思恩格斯选集》(第四卷),人民出版社,2012年版,第649页。
③ 谢伏瞻等:《中国社会科学院国际形势报告(2022)》,社会科学文献出版社,2022年版,第25页。
④ 毛泽东:《毛泽东选集》(第二卷),人民出版社,1991年版,第707—708页。

立足世界百年未有之大变局加速演进的时局背景，朝向为中华民族谋复兴的使命，植根中华优秀传统文化沃土，培育堪当民族复兴大任的时代新人，我们必须增强历史自觉，坚定文化自信，确立历史思维，传承好中华优秀传统文化、运用好中华优秀传统文化；必须"讲清楚中国是什么样的文明和什么样的国家，讲清楚中国人的宇宙观、天下观、社会观、道德观，展现中华文明的悠久历史和人文底蕴"①，使青少年从认识到读懂我们的国家、读懂人民、读懂中国共产党、读懂中华民族；致力于思考"以中国为观照、以时代为观照，立足中国实际，解决中国问题"；致力于回答"中国之问、世界之问、人民之问、时代之问"，致力于"彰显中国之路、中国之治、中国之理"。这是习近平新时代中国特色社会主义思想的要求，是坚持人民至上、自信自立、守正创新、问题导向、系统观念、胸怀天下立场观点方法的体现，是新时代新征程上好大思政课的根本遵循和实践要义。

二、植根中华优秀传统文化沃土上好大思政课的价值向度

植根中华优秀传统文化沃土上好大思政课，从"铸魂育人"到"立根铸魂育人"，是为了培育具有更加独特"精神气质辨识度"的人，培育鲜明"中国式"精气神的人。

（一）培育文化自信的时代新人

增强文化自信，是民族复兴的题中之义。文化自信是一个国家、一个民族发展中更基本、更深沉、更持久的力量。坚定中国特色社会主义道路自信、理论自信、制度自信，说到底是要坚定文化自信②。文化是国家和民族的灵魂。文化兴国运兴，文化强民族强。民族复兴绝不可能缺失灵魂，更不可能是"以洋为尊""以洋为美""唯洋是从"③。文化自信需要重建文化主体性，堂堂正正做中国人。④ 只有坚守中华文化立场，增强中华文化自信，才能够凝聚中国特色社会主义发展和中华民族伟大复兴的磅礴力量。

洋溢文化自信，是时代新人的应有面貌。"求木之长者，必固其根本；欲流之远者，必浚其泉源。"五千多年的中华优秀传统文化传递中国人的基因密码，滋养中国人的精神思想，熏陶中国人的精神气质，彰显中国人的精神风格，刻画中国人的精神容貌。习近平总书记强调："中国共产党、中华人民共和国、中华民族是最有理由自信的。"⑤毛泽东曾指出，"我们中国人必须用我们自己的头脑进行思考，并决定什么东西能在我们自己的土壤

① 新华社：《习近平在中共中央政治局第三十九次集体学习时强调 把中国文明历史研究引向深入 推动增强历史自觉坚定文化自信》，《人民日报》，2022 年 5 月 29 日，第 1 版。
② 习近平：《习近平谈治国理政》（第二卷），外文出版社，2017 年版，第 349 页。
③ 中共中央文献研究室：《十八大以来重要文献选编》（中），中央文献出版社，2016 年版，第 135 页。
④ 楼宇烈：《做中国人》，东方出版社，2022 年版。
⑤ 习近平：《在庆祝中国共产党成立95 周年大会上的讲话》，《人民日报》，2016 年 7 月 2 日，第 2 版。

里生长起来"①。自信人生二百年,会当水击三千里。站在民族复兴的时代潮头,时代新人唯有洋溢文化自信,才能提振民族复兴精气神。

培育文化自信,是铸魂育人的应尽之责。民族复兴的第二个百年奋斗目标,需要中国特色社会主义事业的合格建设者和可靠接班人,需要具有中国灵魂、世界眼光、堪当大任的人才支撑。植根中华优秀传统文化沃土上好大思政课,立根铸魂育人,需要更加注重提升中华民族特有的精气神,需要将文化自信表现在师生的一言一行中。重在通过传统文化价值挖掘和引领,引导广大青少年以更加积极主动的姿态、更加自觉自信自立的风貌投入"中国式"精神气质培育和本领提升之中。

(二)培育守正创新的时代新人

笃守正道、培元固本,按规律办事。"正"即正道,是事物的本质和规律。守正,就是笃守正道,坚持按规律办事。《道德经》从反面阐述了何为正道、如何依道而行:"企者不立,跨者不行。自见者不明,自是者不彰,自伐者无功,自矜者不长。"违背规律,就会弄巧成拙。要引导青少年学生从人生起步之始就当守做人之正,自强不息、厚德载物、抱朴守正、修身立品。守学问之正,为学以真、谦虚勤奋、治学严谨、精益求精。守处世之正,真诚平和、宽容善良,正直守信、谦让有礼。守行事之正,踏实认真、持之以恒、勤于实践、善于克难。

勇于创新、敢于超越,育发展先机。创新是有别于常规或常人思路的认识能力和实践能力,是人类主观能动性的高级表现,是国家和民族发展和进步的不竭动力。一个民族要想走在时代前列,就一刻也不能没有创新思维,一刻也不能停止各种创新。面对百年未有之大变局,我国发展面临着复杂的内外部环境,在加快构建新发展格局、推动高质量发展的进程中,必须走自主创新之路才能赢得未来。抓创新就是抓发展,谋创新就是谋未来。经济发展要突破发展瓶颈、解决深层次矛盾和问题,根本出路在创新,关键要靠科技力量。加强和优化社会治理,关键在体制创新。发展社会主义文化,关键要激发全民族文化创新创造活力,增强实现中华民族伟大复兴的精神力量。党的二十大报告强调指出,必须坚持"创新是第一动力",深入实施"创新驱动发展战略","开辟发展新领域新赛道,不断塑造发展新动能新优势",体现出国家对创新型人才充满希冀和渴盼。

(三)培育有天下情怀的时代新人

天下情怀是中华优秀传统文化的基因。"天下兴亡,匹夫有责","穷则独善其身,达则兼济天下",是民族的共识。"修身齐家治国平天下","家事国事天下事事事关心",是民族的文化。

---

① 《毛泽东文集》(第三卷),人民出版社,1996年版,第192页。

1. 天下情怀强调天下为公

"大道之行也,天下为公"。从古至今,"天下为公"的理想从未熄灭。两千多年前先秦儒家就在《礼记·礼运》中提出其鲜明的伦理思想和政治主张,详述在人们所共有的天下和大同社会里,"人不独亲其亲,不独子其子,使老有所终,壮有所用,幼有所长,鳏、寡、孤、独、废疾者皆有所养"。从先秦《六韬·武韬·顺启》《吕氏春秋·贵公》、东汉《汉书·谷永传》到明末清初王夫之的《读通鉴论》、黄宗羲的《明夷待访录》,再到孙中山的《三民主义》都一再阐述天下为公、天下大同思想。一代代中国共产党人也始终倡行天下为公理念。天地的博厚与无私激发起人们对于社会公平、正义的理想,一经提出,就扎根中华大地,成为激发不同时代人们追求理想的号角与旗帜。

2. 天下情怀强调民为邦本

"天下为公"的相对面是"天下为私",其实质意为强调"民为邦本"。"民惟邦本,本固邦宁"。习近平在 2017 年世界经济论坛年会开幕式主旨演讲中指出:"大道之行也,天下为公,发展是为了造福人民。要让发展更加平衡,让发展机会更加均等、发展成果人人共享"。党的二十大报告强调"必须坚持人民至上","江山就是人民,人民就是江山。中国共产党领导人民打江山、守江山,守的是人民的心","治国有常,利民为本"。为民造福是立党为公、执政为民的本质要求。必须坚持在发展中保障和改善民生,鼓励共同奋斗创造美好生活,不断实现人民对美好生活的向往。

3. 天下情怀强调胸怀天下

在中国共产党人中,毛泽东较早看到了改造中国与改造世界的一体性,"中国问题本来是世界的问题,然从事中国改造不着眼及于世界改造,则所改造必为狭义,必妨碍世界"[①]。党的二十大报告指出"必须坚持胸怀天下",强调"中国共产党是为中国人民谋幸福、为中华民族谋复兴的党,也是为人类谋进步、为世界谋大同的党"。同时指出,要拓展世界眼光,"积极回应各国人民普遍关切,为解决人类面临的共同问题作出贡献,以海纳百川的宽阔胸襟借鉴吸收人类一切优秀文明成果,推动建设更加美好的世界"。在"一带一路"倡议下,中非携手把一个个惠民项目建设在非洲大地,也把友谊深埋在非洲人民心里。青年学子不仅可从中看到和而不同、兼收并蓄的大国胸襟,顺应时代、勇立潮头的大国担当,更要从现在起厚植天下情怀,胸怀天下,以全人类共同价值推动构建人类命运共同体,让中国与世界跨越山海携手同行。

(四)培育有本领担当的时代新人

宁为狂狷之士,不做乡愿之人。汤显祖在《〈合奇〉序》中言:"士有志于千秋,宁为狂狷,毋为乡愿。"子曰:"不得中行而与之,必也狂狷乎! 狂者进取,狷者有所不为也。"范仲

---

① 《毛泽东文集》(第一卷),人民出版社,1993 年版,第 1 页。

淹一生耿介方正、担当有为,宁鸣而死、不默而生,建书院、治河道、以工代赈救灾民,为政以德、革故鼎新、任人唯贤,文能作品传千古、武能镇守一国家,是真正的国之脊梁。即使遭受构陷贬谪,也不行误政害民的好人主义。当仁不让,虽万千人亦往,不随声附和、同流合污,正是国士担当。反观乡愿之人则为人不齿,习近平曾引孔子语:"乡愿,德之贼也。"①

以天下为己任,增强本领担当。当前,世界百年未有之大变局加速演进,风险挑战明显增多,要实现中华民族伟大复兴,需要青年一代勤学苦练、增强本领,未来在工作岗位上勇于担当、善于作为,坚持原则、敢于斗争,严守规矩、不逾底线,努力成为可堪大用,能担重任的栋梁之材。

(五)培育有生命底色的时代新人

五千多年中华文化的洗礼和熏陶,使人拥有独特的中国式宇宙观、天下观、社会观、道德观。正是这些独具风格的宇宙观、天下观、社会观、道德观,能给人以别具一格的生命底色。

拥有"天人合一""万物并育""万物各得其和以生,各得其养以成"的宇宙观作为生命底色,就很好理解我国应对气候变化坚持人与自然和谐共生的基本立场和态度,很好理解全球生态治理的中国智慧和中国方案。

拥有"物之不齐,物之情也""维齐非齐""和而不同"的天下观作为生命底色,就自然会真心认同"各美其美、美人之美、美美与共、天下大同"的中国主张。

拥有"讲信修睦""亲仁善邻""与人为善""讲仁爱、崇正义、尚和合"的社会观作为生命底色,就会自觉修为以礼为先、以和为贵、以让为贤的行为风范,更好构筑中华民族独特的和谐社会价值追求和伦理精神。

拥有"仁义礼智信"的道德观作为生命底色,就会由衷钦佩孟子的浩然之气、仁爱之心,由衷推崇陈寔的清正之气、君子之风,就会自觉追求更有高度、更有境界、更有品位、更有人格气节的人生。

(六)培育有灵魂情趣的时代新人

有灵魂情趣的中国人,怀有中国式浪漫。那是一种和谐美好、反映中国式宇宙观、充满生命力想象力创造力的浪漫。一如庄子可以为我们创造一个神奇浪漫的世界,那里大树可以和小草谈心,鲲鹏可以和鸟雀论道,过去可以与未来相见,天空可以与大地握手,人类可以在天上或海底自由翱翔游走。万物与我并生,天地与我为一。其思想性和创新力为中国人的个性、情感、思想与精神风骨增添了更加深刻与浪漫的内涵。

---

① 习近平:《习近平谈治国理政》(第四卷),外文出版社,2022年版,第532页。

有灵魂情趣的中国人，拥有中国式豁达。那是一种充满生命顿悟、人生境界、中国式辩证法方法论的豁达。如同苏东坡用生命里的一种动人力量，既能悲悯于"残红褪尽"又能欣喜于"青杏小"；黯然于"枝上柳绵吹又少"而又豁然于"天涯何处无芳草"；大雨中可以"何妨吟啸且徐行"，困顿中可以"竹杖芒鞋轻胜马"，浑身湿透看到霞光可道出"归去，也无风雨也无晴"。又如同王维经历人生大难之后，用一句"行到水穷处，坐看云起时"传递出一种宁静和旷达、格局和境界、辩证与哲思。他们都让我们看到伟大的灵魂在磨难中所得到的升华。

有灵魂情趣的中国人，享受中国式审美。正如东方美学的色彩表达，是端庄是大气，是俏丽是优雅，是文化是底蕴，是诗词歌赋典故流转千年的气象和韵味。在那里，桃夭、杨妃、美人祭、龙膏烛是不同层次的粉，丹蕣、水华朱、剔红、洛神珠是深浅的红，柔蓝、碧城、东方既白、青冥是浓淡的蓝。单这些中华传统色彩的名字，就散发出醉人的东方韵。这连同气韵生动的中国画、中国书法、中国诗词、中国音乐等艺术表达，独步天下，唯我独有，滋养着中国人的灵魂情趣。

三、植根中华优秀传统文化沃土，上好大思政课的原则向度

植根中华优秀传统文化沃土，上好大思政课，从"铸魂育人"到"立根铸魂育人"，需要把握六个方面的原则。

(一)立足"中"的根本

立足"中"的根本，就是要立足于"现实的中国"上好大思政课。"现实的中国"，是中国特色社会主义国家。这是由道路、理论体系、制度和文化构成的，体现在社会主义民主政治、社会主义市场经济、社会主义先进文化、社会主义和谐社会和社会主义生态文明等主要领域，呈现为我们的道路自信、理论自信、制度自信和文化自信。"现实的中国"，是中国共产党领导下的中国。党的领导地位是中国近现代历史的选择、人民的选择，中国特色社会主义最本质的特征是中国共产党领导，中国特色社会主义制度的最大优势是中国共产党领导。"现实的中国"，是在新中国成立特别是改革开放以来长期探索和实践基础上，经过党的十八大以来在理论和实践上的创新突破，我们党成功推进和拓展了中国式现代化，正在迈上全面建设社会主义现代化国家新征程、向第二个百年奋斗目标进军的中国。

(二)坚持"马"的原理

坚持"马"的原理，就是要坚持"马克思主义基本原理"上好大思政课。"从世界社会主义500年的大视野来看，我们依然处在马克思主义所指明的历史时代。这是我们对马

克思主义保持坚定信心、对社会主义保持必胜信念的科学根据。"①马克思主义基本原理涵盖马克思主义哲学、政治经济学和科学社会主义三大领域,贯彻其中的立场观点方法是马克思主义的灵魂。马克思主义基本原理与中国革命、建设和改革相结合,产生了中国化时代化的马克思主义,形成了毛泽东思想、中国特色社会主义理论体系和习近平新时代中国特色社会主义思想。新时代新征程要把握好习近平新时代中国特色社会主义思想的世界观和方法论,坚持好、运用好贯穿其中的立场观点方法。

(三)加强"观"的引领

加强"观"的引领,就是要加强用"社会主义核心价值观"引领大思政课。党的二十大报告明确指出,"用社会主义核心价值观铸魂育人"。国无德不兴,人无德不立。要以社会主义核心价值观引领青少年学生明大德、守公德、严私德。要弘扬以伟大建党精神为源头的中国共产党人精神谱系,用好红色资源,赓续红色血脉,确保红色江山世代相传。深入开展社会主义核心价值观宣传教育,深化爱国主义、集体主义、社会主义教育,着力培养担当民族复兴大任的时代新人。结合学段特点完善思想政治工作体系,推进大中小学思想政治教育体系一体化建设。强化教育引导、实践养成、制度保障,把社会主义核心价值观融入教学、融入日常生活。

(四)突出"华"的韵味

突出"华"的韵味,就是要突出"中华优秀传统文化"独具的韵味。"如果没有中华五千年文明,哪里有什么中国特色? 如果不是中国特色,哪有我们今天这么成功的中国特色社会主义道路?"②中华优秀传统文化发展历经先秦子学、两汉经学、魏晋玄学、隋唐佛学、隋唐儒释道合流、宋明理学等六个阶段。中华文明涌现出了以"儒、释、道、墨、名、法、阴阳、农、杂、兵"等为主要代表的优秀学说思想,自春秋战国以来产生了老子、孔子、庄子等一大批思想大家。其中既有诸子百家、哲学思想、诗词歌赋、琴棋书画、传统礼仪、传统习俗、传统节日,也有中国古代神话传说、中国古代自然科学技术等。中华优秀传统文化所包含的"独特的思想理念""独特的道德规范"和"中华美学精神",是世界文化大花园中一朵璀璨奇葩,具有跨越时空超越国度的永恒魅力。

(五)强化"创"的品质

强化"创"的品质就是要强化"创造性创新性"的品质。"学古不泥古,破法不悖法"。

---

① 习近平:《深刻认识马克思主义时代意义和现实意义 继续推进马克思主义中国化时代化大众化》,《人民日报》,2017 年 9 月 30 日,第 1 版。

② 习近平:《习近平谈治国理政》(第四卷),外文出版社,2022 年版,第 315 页。

对待传统文化,坚持"古为今用"、摈弃"简单复古","以古人之规矩,开自己之生面",实现中华文化的创造性转化和创新性发展。① 强化"创"的品质,上好大思政课,要"加强对中华优秀传统文化的挖掘和阐发,使中华民族最基本的文化基因与当代文化相适应、与现代社会相协调,把跨越时空、超越国界、富有永恒魅力、具有当代价值的文化精神弘扬起来"②,紧紧"围绕我国和世界发展面临的重大问题",在"推动中华文明创造性转化、创新性发展"中为青少年学生提供正确精神指引。

(六)把握"大"的特点

这就是要把握大思政课"大"的特点。大思政课,"大"在充分调动全社会力量和资源,运用"大资源"、建设"大课堂"、搭建"大平台"、建好"大师资"。要善于运用"社会大资源",站在党中央治国理政战略全局中统筹好一切社会资源,坚持开门办思政课,运用好中华优秀传统文化的资源宝藏,讲好中国传统文化故事,讲好中华优秀传统文化在个人美德、社会公德、国家大德方面的核心理念与美德精髓,传播好中国声音,增强做中国人的骨气和底气。要善用"社会大课堂",构建一体化实践教学工作体系,落实思政课实践教学学时学分,组织开展多样化时代化的实践教学,统筹建好用好实践教学基地。要搭建"资源大平台",推进国家智慧教育平台建设使用,充分利用新一代信息技术打造网络教育宣传云平台,建设全国高校思政课教研体系。要建好"大师资体系",建设专兼结合的师资队伍,搭建师资队伍研究平台,完善国家、地方、学校三级培训的队伍综合能力提升平台体系。

四、植根中华优秀传统文化沃土上好大思政课的实践向度

植根中华优秀传统文化沃土上好大思政课,从"铸魂育人"到"立根铸魂育人",需要将中华优秀传统文化融入六个方面。

一是融入教材建设。教材是上好大思政课最基本的依托。在幼儿、小学、中学阶段,坚持正确价值导向,强化经典意识,以教材为重点,构建完善中华文化课程和教材体系。编写中华文化幼儿读物,创作系列绘本、童谣、儿歌、动画等。修订完善中小学道德与法治、语文、历史等课程教材,使中华优秀传统文化的核心思想理念、中华人文精神、中华传统美德等贯穿教育过程始终,实现内容覆盖各学科,形成纵向有机衔接、横向协同配合的格局。在高校,开设中华优秀传统文化选择性必修课程、开设中华文化公开课,在哲

① 中共中央文献研究室:《十八大以来重要文献选编》(中),中央文献出版社,2016年版,第136页。
② 习近平:《在哲学社会科学工作座谈会上的讲话》,人民出版社,2016年版,第17页。

学社会科学及相关学科专业和课程中增加中华优秀传统文化的内容①。

二是融入学科建设。构建学科建设大框架,立足学科自身学术、学问和知识,强化中国价值、中国精神、中国话语的引领作用。坚持把中华优秀传统文化融入新文科、新理科、新工科、新医学学科建设,不断从中华优秀传统文化中汲取智慧和力量。加强中华优秀传统文化相关学科建设,重视保护和发展具有重要文化价值和传承意义的"绝学"、冷门学科。推进职业院校民族文化传承与创新示范专业点建设。在中小学阶段,突出融入语文、历史、道德与法治(思想政治),有重点纳入艺术(音乐、美术等)、体育与健康学科,有机渗透其他学科,实现"3+2+N"全科覆盖②。

三是融入校园文化建设。建设高质量校园文化,将中华优秀传统文化融入校园文化活动。精心设计和组织内容丰富、形式多样的传统文化活动,邀请校内外专家举办传统文化专题讲座,利用传统节庆日和纪念日深入开展主题教育,组织班级传统文化主题演讲、征文、书画、歌舞比赛等,开展"经典诵读活动""戏曲进校园""高校原创文化经典推广活动",让学生在深度参与中感悟传统文化和经典力量,提升传统文化的亲和力和浸润力。

四是融入教师队伍建设。一是以传统"师道"精神涵养师德师风,将德才兼备、因材施教、严师重道、崇真求道、尊师爱生、师道至善、乐道自得等精神融入师德师风建设。二是使教育者先受教育,统筹用好校内校外两类育人资源、用好专职兼职两支育人队伍,加强面向全体教师的中华优秀传统文化教育培训,全面提升师资队伍水平。三是建立健全思政课特聘教授、兼职教师制度,选聘文化艺术名师大家等加入思政课教师队伍,生动鲜活上好思政课。

五是融入思政课数字化建设。让大数据、云计算、物联网、人工智能等新一代信息技术赋能中华优秀传统文化,建设中华优秀传统文化融入思政课的虚拟仿真体验教学中心等。进一步加强"全国高校思想政治理论课教师网络集体备课平台"建设,完善思政课教师网络备课服务支撑系统。用好和加大相关优质教育资源推广使用,推进国家智慧教育平台建设使用。充分利用数字化技术加强对我国考古成果和历史研究成果的传播、运用和融入,进一步弘扬中华优秀传统文化、增强文化自信。

六是融入家庭社会生活。大力推动建设书香家庭、书香社会,培养"读优秀传统文化书籍"这种"以一当十、含金量高"的文化阅读习惯,把阅读经典作为学生接触与认知中华优秀传统文化、培养文化认同感、提升文化修养、坚定文化自信的重要途径,帮助学生启智增慧、树立崇高理想、涵养浩然之气。大力弘扬践行家和万事兴、勤俭持家、耕读传家、

---

① 中共中央办公厅,国务院办公厅:《关于实施中华优秀传统文化传承发展工程的意见》,中国政府网,http://www.gov.cn/zhengce/2017-01/25/content_5163472.htm,2017 年 1 月 25 日。

② 教育部:《中华优秀传统文化进中小学课程教材指南》,教育部官网,http://www.moe.gov.cn/srcsite/A26/s8001/202102/t20210203_512359.html,2021 年 2 月 5 日。

母慈子孝、兄友弟恭等中华民族传统家庭美德。充分运用文化媒体创新传统文化传播方式,缩短青少年一代与传统文化的距离,让收藏在博物馆里的文物、陈列在广阔大地上的遗产、流传在过去时空的歌舞乐、书写在古籍里的文字活起来。

第二节　中华优秀传统文化融入大思政课建设的系统思考

习近平总书记在 2021 年 3 月两会期间指出,"'大思政课'我们要善用之,一定要跟现实结合起来","思政课不仅应该在课堂上讲,也应该在社会生活中来讲"。在党的二十大报告中,习近平总书记提出:坚持和发展马克思主义,必须同中华优秀传统文化相结合。中华优秀传统文化源远流长、博大精深,是中华文明的智慧结晶,我们必须坚定历史自信、文化自信,坚持古为今用,推陈出新,把马克思主义思想精髓同中华优秀传统文化精华融通起来。深刻理解和贯彻落实习近平总书记重要思想,切实解决好大思政课如何"善用之"、怎么"跟现实结合起来"、怎么"在社会生活中来讲",马克思主义怎么与中华传统文化相结合,并融入大思政课建设等问题,是新时代大思政课建设与发展面临的重大理论和实践课题。下文根据习近平总书记关于大思政课和思政课建设的一系列重要讲话精神,运用系统科学的理论与方法,就新时代中华优秀传统文化融入大思政课建设做些粗浅的探讨。

新时代大思政课建设是一项复杂的系统工程,它是由若干子系统构成,如教育者系统、教育信息系统、受教育者系统、教育环境系统等。每个子系统又有自己的子系统,如教育者系统有专职教师系统、兼职教师系统等;受教育者系统有不同学段(大、中、小学)学生系统;教育环境系统有学校环境、家庭环境、社会环境和网络环境等。中华优秀传统文化博大精深,共蕴含的宇宙观、天下观、社会观、价值观、道德观等是青少年学生思想政治教育的重要内容。将其融入大思政课建设,使这一系统处在最优化的状态,发挥最佳的功能效益,必须以习近平新时代中国特色社会主义思想为指导,运用系统科学的理论与方法,强化"系统思维",精准把握其系统特征及各子系统之间的内在联系及规律,优化其结构和环境、强化其育人功能,构建科学的大系统发展观。具体有以下几个方面。

一、中华优秀传统文化融入大思政课建设必须确保大思政课建设铸魂育人的政治方向

大思政课作为社会主义学校教育与资本主义学校教育具有本质区别的代表性课程,是社会主义学校教育阶级性、政治性和党性最集中的体现,必须把政治建设放在首位。

（一）坚持以习近平新时代中国特色社会主义思想铸魂育人

大思政课的核心要义,就是以习近平新时代中国特色社会主义思想铸魂育人。习近平新时代中国特色社会主义思想是当代中国马克思主义、二十一世纪马克思主义,是中华文化和中国精神的时代精华,实现了马克思主义中国化新的飞跃。大思政课建设要实现其铸魂育人目标,就要大力推进习近平新时代中国特色社会主义思想理论体系、学科体系建设,加强其原创性系统性学理化学科化研究阐释,构建系统的学科体系、学术体系和课程教材体系,扎实推进"三进"使之真正入耳入脑入心,并外化于学生的实际行动。使广大青少年学生成为习近平新时代中国特色社会主义思想和社会主义核心价值观的坚定信仰者、积极传播者、模范践行者。

（二）坚持党的教育方针,为党育人、为国育才

2019 年习近平总书记在学校思想政治理论课教师座谈会上的重要讲话中指出:"办好思想政治理论课,最根本的是要全面贯彻党的教育方针,解决好培养什么人、怎样培养人、为谁培养人这个根本问题。"大思政课是学校教育中最具政治属性的关键课程,在社会主义现代化人才培养中具有不可替代的作用。因此,大思政课建设要把全面贯彻党的教育方针放在首位,充分发挥其在学校教育中的政治和价值引领作用,实现其为党育人,为国育才的根本目标。

（三）立足"两个大局""两个结合"谋划创新发展

习近平总书记强调:"办好思政课,要放在世界百年未有之大变局、党和国家事业发展全局来看待,要从坚持和发展中国特色社会主义、建设社会主义现代化强国、实现中华民族伟大复兴的高度来对待。"[1]党的二十大报告中提出:坚持和发展马克思主义,必须同中国具体实际相结合,必须同中华优秀传统文化相结合的重大命题。大思政课建设与创新发展,必须心怀"国之大者",立足"两个大局"、坚持"两个结合",面向世界和未来,构建科学的理论教学和实践教学体系。

一是要准确把握世界百年未有之大变局,抢抓机遇,迎接挑战,以积极构建人类命运共同体的国际视野谋划大思政课建设与创新发展。当今世界政治风云复杂多变,国际局势不稳定性不确定性日益突出。面对这一百年未有之大变局,大思政课建设与创新发展要有全球视野和时代眼光,积极构建具有中国特色和时代特点的大思政教学体系,并通过大思政课"回答好'世界怎么了''人类向何处去'的时代主题",帮助青少年学生在复

---

① 习近平:《思政课是落实立德树人根本任务的关键课程》,《求是》,2020 年第 17 期,第 4—16 页。

杂多变的国际环境中明辨是非善恶美丑,坚定"四个自信",自觉运用马克思主义的立场观点和方法去分析世界发展的潮流,把握世界发展的大势和人类社会发展的规律,担当起造福人类的大任。二是要立足实现中华民族伟大复兴的战略全局,谋划大思政课建设与创新发展。实现中华民族伟大复兴,是近代以来中国人民最伟大的梦想。中国共产党百年奋斗的历史,就是一部把马克思主义普遍原理同中国实际相结合,同中华优秀传统文化相结合,实现中华民族伟大复兴的奋斗史。党的二十大擘画了实现第二个百年奋斗目标的宏伟蓝图,在这一战略全局中,大思政课建设要找准定位,明确方向,确立大思政课育人新理念,构建大思政课育人新格局,实现大思政课教学高质量发展。培养一代代接续奋斗的习近平新时代中国特色社会主义思想的坚定信仰者和忠实实践者,解决实现中华民族伟大复兴千秋大业后继有人的大问题。

二、中华优秀传统文化融入大思政课建设必须强化大思政课的整体效能

新时代大思政课建设是一项长期复杂的系统工程,它是由多个子系统按照逻辑统一性的要求构成的有机整体。这个有机整体的性质、功能与运动规律不是各子系统性质、功能和运动规律的简单加和,而是具有新的属性、功能和运动规律,具有"1+1>2"的整体功效。为此,大思政课建设既要充分发挥各子系统的功能作用,又要加强各子系统间的密切合作,使系统确立一盘棋的整体观,实现大思政课教育教学效果最大化,主要体现在以下几个方面。

(一)坚持党的一元化领导

2022年4月,习近平总书记在考察中国人民大学时指出:"思想政治理论课能否在立德树人中发挥应有的作用,关键看重视不重视、适应不适应、做得好不好。""要加强党对思想政治理论课建设的领导。各级党委要把思政课建设摆上重要议程,在工作格局、队伍建设、支持保障等方面采取有效措施。"①坚持党的一元化领导就是要严格贯彻落实高校党委领导下的校长负责制和中共中央办公厅《关于建立中小学校党组织领导的校长负责制的意见》,落实各级党委大思政课建设的主体责任,把定期研究大思政课建设问题、党委班子成员联系高校和讲思政课、学校的书记校长是大思政课建设的第一责任人、大思政课建设情况纳入党委班子考核和政治巡视等落到实处,见到实效。

(二)加强顶层设计和整体规划

习近平总书记高度重视青少年学生的思想政治教育工作和思政课建设,多次出席有

---

① 习近平:《思政课是落实立德树人根本任务的关键课程》,《求是》,2020年第17期,第4—16页。

关会议并作重要讲话,其一系列重要讲话精神为新时代大思政课建设的顶层设计和整体规划指明了方向,奠定了基础。中共中央办公厅、国务院办公厅《关于深化新时代学校思想政治理论课改革创新的若干意见》,教育部及有关部委出台的关于思政课教师队伍建设、课程思政建设、大中小学思政课一体化建设的文件等都是新时代大思政课建设顶层设计和整体规划的重要内容并为各地制定规划提供了基本的遵循。

(三)统筹推进大中小学思政课建设一体化

2019 年习近平总书记在学校思想政治理论课教师座谈会上指出:"要把统筹推进大中小学思政课一体化建设作为一项重要工程,推动思政课建设内涵式发展。"大中小学思政课一体化建设是由大中小学思政教育教学规律和青少年成长成才规律决定的。青少年学生思想品德的形成具有长期性、同时性、多端性、反复性、系统性等鲜明特征,而且不同的学段具有不同的特点。因此,大中小学思政课一体化建设,就是要遵循规律,打破过去各学段思政课教学各自为政、单打独斗的局面,建立健全高效的一体化的组织协调体系、一体化的课程教材体系、一体化的教育教学实施体系、一体化的服务保障体系、一体化的课程督导和评估体系等,形成大中小学思政课横向贯通、纵向衔接系统化、规范化的有机整体,发挥出思政课教学最大化的功能效益。

(四)学校家庭社会思政教育的一体化

马克思主义认为,人的本质就其现实性来说,是一切社会关系的总和。青少年学生思想品德的形成受多种因素的影响和制约,在青少年学生的思想政治教育中学校是主阵地、思政课是主渠道,教师是主力军。学校要遵循党的教育方针,按照习近平总书记提出的"八个相统一"的要求,推动大思政课的改革创新,按照"六个要"的要求,建设一支精干的大思政课"大先生"队伍,充分发挥学校立德树人主阵地作用。家庭是孩子教育的重要阵地,良好的家庭教育是学校教育的基础和前提。家长要承担家庭教育的主体责任,以良好的家风和家教帮助青少年学生养成良好的思想品德和行为习惯,为新时代立德树人提供重要支撑。社会是青少年思政教育的大课堂、大舞台。社会要建立党委统一领导、党政齐抓共管、有关部门各负其责、全社会协同配合的工作格局。这一党委统一领导,党政齐抓共管的思想是我党长期从事青少年思政教育的经验总结,符合青少年学生成长成才的规律和思想政治教育的规律。由此可见,大思政课建设必须调动学校、家庭、社会三方的积极性,充分发挥各自的优势,并加强协调配合形成整体教育合力。

三、中华优秀传统文化融入大思政课建设必须推进各要素协同发展

协同论认为:一个复杂的大系统能否发挥协同效应是由系统内部各子系统之间协同作用决定的。协同得好,系统的整体功能就好,就会产生"1+1>2"的功效。反之则会使

系统内部各子系统相互掣肘、增加内耗,使系统处于低效或混乱无序的状态。大思政课建设是一项复杂的系统工程,它是由若干子系统(要素)组成,这些子系统的协同作用如何,影响和决定着整个系统的功能效益。因此,要使大思政课建设系统处在最佳的功能状态,必须增加各子系统之间的协同作用,使之相互密切配合,协同有序,既能充分发挥各自的功能作用,又能增加系统的整体功能,产生"1+1>2"的功效。

(一)"三全育人"同频同步

学校的根本任务就是立德树人,培育德智体美劳全面发展的社会主义事业建设者和接班人。学校一切工作都要紧紧围绕这一根本任务,充分发挥各部门的育人功能,相互协调配合,同频同步,构建全员育人、全程育人、全方位育人的新格局。"三全育人"是新时代党和国家对育人规律认识的深化和把握,是大思政课改革创新的必然要求,也是大思政课建设提质增效的基本遵循。

(二)课程思政与思政课程同向同行

2016年习近平总书记在全国高校思想政治工作会议上强调:"要用好课堂教学这个主渠道,思想政治理论课要坚持在改进中加强,其他各门课都要守好一段渠、种好责任田,使各类课程与思想政治理论课同向同行,形成协同效应。"课堂教学是学校立德树人的主渠道,但长期以来,存在着思政课与其他各类课程相互隔离脱节的问题,各讲各的课,各种各的田,缺乏衔接与沟通。特别是在各类专业课程教学中,重视知识的传递,忽视知识传递中的政治和价值引领,忽视科学精神和科技伦理教育,课程思政不到位甚至缺位。因此,必须按照习近平总书记的要求,深入挖掘各类课程中蕴含的思政育人元素,增强课程思政的教育功能,使之与思政课程同向同行,发挥课堂教学在育人中的整体功效。

(三)教师学生协同互动

课堂教学实践证明:课堂教学效果受多种因素的影响和制约,但最关键的是两个要素——教师与学生。即课堂教学中教师的主导性与学生主体性的发挥,以及教师与学生之间的协同互动。大思政课教学是人影响人、人塑造人的过程,是人的知识、思想、情感、心灵、人格相互交流影响的过程,在这种相互交流影响中实现育人目标,实现教学相长。因此,大思政课教学要取得好的效果,必须构建和谐健康积极向上的师生关系和学习共同体。首先要按照"六个要"的标准,建设一支精干高效的由马克思主义理论家和思政课"大先生"组成的思政课教师队伍。这支队伍不仅要具有较高的政治业务素养和娴熟的教育教学方法与技能,还要有对教育教学和学生的大爱和热情,了解和把握青少年思想品德的现状、特点和规律,善于与学生沟通交流。2022年4月习近平总书记在中国人民大学考察时指出:"广大教师要严爱相济、润己泽人,以人格魅力呵护学生心灵,以学术造诣开启学生智慧,把自己的温暖和情感倾注到每一个学生身上,让每一个学生都健康成长,让每一个孩子都有人生出彩的机会。"其次,要充分调动学生学习主体的积极性、主动性和创造性,把学生对真理知识和人生理想价值的追求,与大思政课教育教学活动结合起来,把学生自主性、探究性学习与教师的教育引导结合起来,要用心教,学生要用心悟,达到沟通心灵、启智润心、激扬斗志,实现大思政课教学中教师与学生知识思想和心灵的同频共振,教学相长。

(四)线上线下协同互补

当今时代,人类社会正由信息社会向智能社会急速推进,人工智能与教育深度融合、相互赋能、创新发展而形成的智能教育,有力地冲击着现代教育的范式,为未来教育的变革发展提供了无限的生机与活力,成为世界各国教育竞争的制高点。2016年习近平总书记在全国高校思想政治工作会议上指出:"要运用新媒体新技术使工作活起来,推动思想政治工作传统优势同信息技术高度融合,增强时代感和亲和力。"中共中央办公厅和国务院办公厅也提出:推动人工智能等现代信息技术在思政课教学中的应用的明确要求。因此,新时代大思政课的数字化、智能化建设已成为大思政课改革创新的必然趋势。一是要按照教育新基建"六个新"的要求,为大思政课数字化、智能化建设夯实"数字基座",奠定数字化、智能化的物质和技术基础。二是要将人工智能、大数据、云计算、物联网等现代信息技术与新时代大思政课课程教材体系深度融合,构建数字化、智能化的大思政课课程教材体系,使之实现数字化转型和智能化升级,具有较强的交互、协作、体验、探究等功能。三是要积极构建大思政课数字化、智能化教学平台,包括数字化、智能化教育教学资源服务平台,如马克思主义理论文献库、各类文化资源、大数据库、教师学生信息资源库等;数字化、智能化大思政课课堂教学支撑平台,如大思政课教师集体备课和交流研讨平台、网课、慕课、虚拟课堂、云课堂、虚拟仿真思政课体验教学中心等;数字化、智能化教学评估和监测平台等。四是要优化大思政课数字化、智能化教育教学环境,如优化"智慧教室""智慧校园""智慧社区"环境,净化网络环境等。五是要大力提升大思政课教师的数字化、智能化素养。即提升其智能意识、智能思维、智能技能、智能伦理等素养,使其快速适应大思政课数字化、智能化教育教学并与时俱进,创新发展。

加强大思政课数字化、智能化建设,拓展线上资源和空间,使线上线下教育教学相互支持、相互协调,协同并进是数字化和智能时代发展的需要,是大思政课创新发展的必然选择,也是青少年学生成长成才的必然要求。

（五）五育并举协同共育

社会主义学校教育的根本任务是培养德智体美劳全面发展的社会主义建设者和接班人，在德智体美劳五育中，思想政治教育是统帅，是灵魂，对其他四育具有政治和价值引领的功能作用，同时又蕴含于其他四育之中。五育相互协调，相互促进，符合大思政课教育教学规律和青少年学生成长成才规律。充分发挥五育协同共育的整体功能，必须实现学校、家庭、社会教育密切配合，党政工团齐抓共管，尤其要充分发挥青少年学生接受教育和自我教育的积极性、主动性和创造性，彰显个性，发掘潜能，发挥其主体功能。

四、中华优秀传统文化融入大思政课建设必须确立全时空的开放观

系统理论认为：一个系统只有与外部环境保持物质、能量和信息的交流，才具有系统自我调节功能，不断促进系统内部的"熵"减少，使系统内部结构更趋精致，功能更趋完善，实现系统从无序向有序、由低级向高级发展。大思政课建设是一项复杂的开放的系统工程，它与外部环境有着千丝万缕的联系，有着广泛深入的人员、物质、能量和信息的交流。要使这一开放系统处在最优化的状态，必须立足"两个大局"，面向世界和未来，延展教育时空，拓展教育资源，强化其与外部环境之间的合作与交流，确立时时、处处、泛在的开放观。

（一）强化人员交流

大思政课建设重点是人，关键在教师。大思政课建设与外部环境人员的交流主要是学生、教师和社会有关人员等方面。一是表现在系统内及系统与社会之间大量的学生流动。每学年中，系统内部由低年级到高年级、低学段到高学段都有大量的学生流动；系统与社会之间每学年都有上千万合格的大中专学生走上社会，又有大批新生从社会走进校园。二是表现在大思政课教师队伍建设中人员的交流。在大思政课教师队伍建设中，既要按照习近平总书记"六个要"的要求全面提升大思政课教师的政治业务素质，建设一支精干高效的教师队伍；也要按照学生规模配足配强教师，吸纳新生力量，满足这支队伍建设的数量需求；还要从教育教学实际出发，吸纳社会道德模范、劳动模范、英雄人物等从事一定的教育教学工作，部分党政领导干部也要为学生上好思政课。三是表现在学校服务社会、社会服务学校过程中的人员交流。学校除了每年向社会输送大批的合格人才外，还通过学生社会实践，师生志愿者服务等形式，为社会提供一定的教育、医疗、法律、防疫、救灾等知识和人才服务；社会根据学校发展和建设的需要，提供必要的人力支持等。

（二）加大物质交流

大思政课建设是以物质技术建设为基础的，基本的经费投入，基础设施建设、能源技术保障等，是大思政课实施的物质技术基础，也是大思政课改革创新的基本保障。如在大思政课数字化、智能化建设中，没有教育新基建为其奠定数字化基座，提供强大的物质技术支撑和应用环境，大思政课数字化、智能化建设就是一句空话。

（三）净化信息交流

当代青少年学生生活在信息的海洋中，各色各类信息无不对他们思想品德和行为习惯的养成产生这样或那样的影响。因此，采取多种有效措施，净化学校和师生与外部环境之间的信息交流，弘扬主旋律和正能量，消除各种有害信息对广大师生的影响，是大思政课建设面临的重要任务。

（四）拓展新时空

大思政课教育教学的一个重要功能就是优化青少年学生成长成才的时空，加速其社会化进程。因此，在大思政课建设中既要利用好传统教育时空，又要积极拓展新时空。一是牢记初心使命，确立大思政课建设的大历史观。即牢记我们党的初心使命，牢记我们党对青少年学生进行思想政治教育和开设思政课的初心使命，把铸魂育人放在大思政课建设的首位。要强化"四史"教育，增强青少年学生的自信心、自豪感和历史使命感，坚定他们走好自己的"长征路"，实现中华民族伟大复兴的决心和信心。二是充分利用传统教育空间。物理空间和社会空间是大思政课教育教学最基本最常用的两个空间。课堂教学、校园文化、社会实践活动、志愿者活动等都是在这两空间进行的。但总体看这两空间利用还不够，尤其是社会空间开发拓展不够，社会教育资源开发利用不够。因此要确立社会即课堂的教育理念，用好社会空间大舞台。三是积极拓展网络空间和虚拟空间。随着社会信息化、数字化、智能化进程的加快，网络空间和虚拟空间已成为人们生产生活学习的重要空间。青少年学生作为网络生态中的"原住民"，他们在网络空间和虚拟空间中生活学习的时间更长，受其影响最大，依赖度更高。因此，拓展并净化网络空间和虚拟空间，把大思政课教学与人工智能、大数据等现代信息技术深度融合，构建数字化、智能化、沉浸式、体验式、交互式教学体系，是时代发展的需要，也是大思政课自身建设和青少年学生成长成才的需要。

五、中华优秀传统文化融入大思政课建设必须坚持知行合一，全面育人

(一)大思政课建设坚持知行合一的实践观,是大思政课教学规律和青少年学生成长成才规律所决定的

首先,大思政课教学具有鲜明的实践性特征。主要表现在两个方面:一是大思政课教育教学作为中国特色社会主义教育的重要组成部分,它产生于我国社会主义革命建设和改革发展的实践,并为其服务员,为其培养建设者和接班人。二是大思政课教育教学理论来源于中国特色社会主义理论与实践,又为发展中国特色社会主义理论与实践服务。它始终把马克思主义与中国革命和建设实际相结合的理论成果——毛泽东思想、邓小平理论、习近平新时代中国特色社会主义思想作为教育教学的重要内容,并根据不同历史时期革命和建设的需要,丰富和发展其思想、理论和内容方法,使之更具科学性、理论性和系统性。

其次,知行合一是青少年学生成长成才的必由之路。马克思主义认为,全部社会生活在本质上是实践的。习近平总书记强调:青年要成长为国家栋梁之材,既要读万卷书,又要行万里路,坚持知行合一。习近平总书记在中国人民大学考察时指出:"希望广大青年用脚步丈量祖国大地,用眼睛发现中国精神,用耳朵倾听人民呼声,用内心感应时代脉搏,把对祖国血浓于水、与人民共呼吸共命运的情感贯穿学业全过程、融汇在事业追求中。"教育实践经验表明,温室里育不出万年松。学校只有把知识育人与实践育人有机结合,把学校小课堂与社会大课堂科学整合,才能使学生把书本知识与社会知识、人生经历、社会实际相结合,在社会大熔炉中经风雨、见世面、长才干,在实现中华民族伟大复兴的征程中,实现自己人生的理想和价值。

(二)坚持实践育人,全面构建大思政课实践教学体系

课堂理论教学体系和实践教学体系,是大思政课教学的两个重要组成部分。这两个体系只有相互协同、相互支撑,才能更好地发挥大思政课的育人功能。在当前的大思政课建设中,课堂理论教学体系基本形成,实践教学体系还比较薄弱。因此必须按照习近平总书记"重视实践育人,不断拓展学生实践平台和路径"的要求,全面构建各学段一体化的家庭学校社会高度协调的大思政课实践教学体系。

第一,依法促进家庭教育的实践育人功能。家庭是人生的第一课堂,父母是孩子的第一任教师,家庭教育在青少年思想品德的形成和良好行为习惯的养成中具有独特的实践育人功能。因此,要充分发挥家庭家风和家教对青少年学生全面发展的影响,使之由爱家、爱父母,到爱党、爱国、爱社会主义;由从事简单的家务劳动,到热爱劳动、崇尚劳动精神,热爱劳动人民;从在家当一个好孩子,到在社会当一个好公民;等等。总之,家庭要

围绕立德树人的根本任务,发挥自己独特的优势,为青少年学生思想品德的形成和成长成才扣好第一颗扣子奠定坚实的基础。

第二,创新学校教育的实践育人功能。实践教学是大思政课教学的重要组成部分。对于实现大思政课的育人目标具有重要的功能作用。当前,学校思政课实践教学已有较好的基础,积累了一定的经验。但根据"大思政课我们要善用之"的要求,学校大思政课实践教学还需要进一步改进加强和创新发展。首先,要加强党对实践教学的领导,学校党组织要把加强大思政课实践教学纳入学校工作的重要议事日程,学校的书记和校长要扛实主体责任,并带头参与实践教学。其次,要制定科学的规划、计划、政策和措施,建立健全体制机制,调动校内一切积极因素,保证实践教学科学有序创新发展。最后,学校要积极协调家庭和社会,使学校家庭社会实践育人协调一致,同向同步同行。

第三,充分发掘利用社会实践教学育人功能。社会实践教学是大思政课实践教学的重要组成部分,对于实现大思政课教学的育人目标和青少年学生的社会化等都具有重要作用。我们要"善用"大思政课,很重要的一个方面就是要善用社会大课堂、大舞台和大资源,将亿万中国人正在书写的时代篇章作为实践教学的鲜活教材,把理论与实践,知与行有机统一起来,构建社会实践育人的大格局。一是要加强党对社会实践教学的统一领导,建立健全体制机制,并制定科学的规划和政策。二是要充分发掘利用社会实践教学资源,建足建强适合各学段学生开展社会实践教学的基地和平台。配足配好社会实践教学师资队伍,尤其是要把那些具有崇高道德风尚,无私奉献精神的英模人物等纳入师资队伍建设。要积极开发利用红色教育基地资源,特别是以中国共产党人精神谱系为表征的基地和资源,对青少年学生进行"四史"教育。尤其要开发利用好新时代中国特色社会主义建设所取得的理论和实践成果,如抗疫精神、脱贫攻坚精神、北京冬奥精神这些青少年学生能够亲见、亲历、亲为,鲜活生动的宝贵资源。三是要抓好组织实施。即由学校牵头,社会各方配合抓好落实。如成立学生社会实践教学领导小组、协作组、共同体等,推动思政课实践教学与学生社会实践活动、志愿者服务活动结合,思政小课堂与社会大课堂结合。

第四,夯实数字化、智能化大思政课新基建,拓展大思政课实践教学网络空间和虚拟空间。大思政课新基建,是教育新基建的重要组成部分,广义上讲,是指将人工智能、大数据、物联网、云计算等现代信息技术与大思政课教学系统各要素深度融合、相互赋能,推动大思政课教学资源朝着数字化、智能化、虚实结合的方向发展,为青少年学生思想政治教育构建更具真实性、体验性、交互性和个性的人机协同、人机融合的智慧化的教育教学新形态。在这种新的形态中,虚拟现实(VR)、增强现实(AR)、混合现实(MR)等技术构建的虚拟仿真思政课体验教学中心等设施,都可为大思政课实践教学提供沉浸式、体验式、交互式更强的教学形态。学生足不出户,即可游览祖国的名山大川,参观社会主义革命和建设的巨大成就展等;也可在虚拟环境中参加与大思政课教学相关的学习互动活动。在这种虚拟的实践场域中，学生身临其境的"在场感"和与环境的互动，丰富了其知觉体验，增强了其情感认知与实践体验。特别是刚刚兴起的元宇宙，为大思政课实践教学提供了更多的机遇和严峻的挑战。元宇宙是整合多种新技术而产生的新型虚实相融的互联网应用和社会形态，它基于扩展现实技术提供沉浸式体验，基于数字孪生技术生成现实世界的镜像，基于区块链技术搭建经济体系，将虚拟世界与现实世界在经济系统、社交系统、身份系统上密切融合，并且允许每个用户进行内容生产和世界编辑。由此可见，在元宇宙这种虚实相融、泛在互联、智能开放的社会形态中，青少年学生都可拥有自己唯一的元宇宙身份标识，都可随时随地通过相应的数字设备进入元宇宙，进行学习工作生活等社会活动，这些活动，都具有仿真现实又超越现实的沉浸式体验，成为青少年学生认识自然和人类社会规律的新方法，也为大思政课实践教学开辟了新路径。如何运用元宇宙进行大思政课教学，提高思政课教学的实效，防范和化解其对青少年学生产生的不良影响，是大思政课建设面临的重大理论和实践课题。对此，我们现在就要高度重视，科学预测，积极应对，用其长，避其短，使之更好地为人才培养和大思政课建设服务。

第八章　中华优秀传统文化融入高校思政课数字化建设研究

当今时代,以人工智能、大数据等现代信息技术引领的新一轮科技革命和产业革命,正迅速地推动人类社会向数字化、智能化快速发展,数字地球、数字国家、数字政府、数字经济等概念已迅速融入人类社会的生产和生活,数字化生存已成为人类社会生存的一种新形态。在这种数字化浪潮中,教育面临着自身的数字化建设和为国家数字化建设提供高质量数字化人才支撑的艰巨任务。思想政治理论课作为教育中立德树人、铸魂育人的关键课程,加强中华优秀传统文化融入其数字化建设,对实现国家和教育的数字化转型及自身的创新发展等都具有重要意义。

第一节　中华优秀传统文化融入高校思政课数字化建设的重要意义

思政课数字化建设是思政课顺应数字化时代潮流,与人工智能、大数据等现代信息技术深度融合,相互赋能,在实现数字化转换、升级的基础上创新发展形成的一种思政课教学的新形态、新范式。思政课数字化建设对于数字中国、网络强国、教育数字化建设,以及思政课自身建设和青年学生数字化生存与发展等都具有重要意义和价值。

一、中华优秀传统文化融入高校思政课数字化建设是思政课服务"数字中国"和中国式现代化建设的必然选择

习近平总书记指出:"数字技术正以新理念、新业态、新模式全面融入人类经济、政治、文化、社会、生态文明建设各领域和全过程,给人类生产生活带来广泛而深刻的影响。"①面对迅猛发展的数字化浪潮,习近平总书记强调"推动实施国家大数据战略,加快完善数字基础设施,推进数据资源整合和开放共享,保障数据安全,加快建设数字中

---

① 新华社:《习近平向 2021 年世界互联网大会乌镇峰会致贺信》,中国政府网,https://www.gov.cn. xinwen/2021-09/26/content_5639378. htm,2021 年 9 月 26 日。

国"①。《中华人民共和国国民经济和社会发展第十四个五年规划和 2035 年远景目标纲要》中专设"加快数字化发展建设数字中国"章节,并对加快数字经济、数字社会、数字政府,营造良好数字生态作出重要部署。当前,我国数字基础设施建设强力、有序推进,数字政府、数字社会、数字教育、医疗、养老等快速发展。特别是数字经济进入发展爆发期,2020 年中国数字经济规模达到 39.2 万亿元,占 GDP 比重达 38.6%,2021 年中国数字经济规模超 45 万亿元,占 GDP 比重超过 40%。2022 年中国数字经济规模达 50 万亿元,数字经济已然成为中国高质量发展的重要"引擎"。数字经济的快速发展,许多新业态迅速生成,造成新职业人才供需矛盾突出,据预测,我国未来五年数字化人才缺口近千万。同时还面临着数亿产业大军和全民提升数字素养和技能、2035 年建成数字人才强国的艰巨任务。"数字中国"建设的快速推进,亟须教育也加快其自身的数字化转型,构建高质量教育体系,为国家数字化建设提供高素质数字化人才支撑。思政课作为教育立德树人,铸魂育人的关键课程,其出发点和落脚点,都是为中国式现代化建设和实现中华民族伟大复兴培育一代又一代接续奋斗的建设者和接班人。其数字化建设,必将促进高素质数字化人才培养,为数字中国和中国式现代化建设提供重要支撑。

二、中华优秀传统文化融入高校思政课数字化建设是教育数字化建设的重要组成部分

教育是社会发展的基石,在数字化建设中具有基础性、先导性作用。因此世界各国都非常重视教育数字化建设。2020 年 9 月,联合国教科文组织、国际电信联盟和联合国儿童基金会联合发布了《教育数字化转型:学校联通,学生赋能》。同年欧盟发布了《数字教育行动计划(2021—2027)》。美、日、韩等许多国家制定了教育数字化发展规划和计划。我国高度重视教育数字化建设,习近平总书记多次强调,把人工智能等现代信息技术与教育融合,推动教育创新发展,建设教育强国。国务院《十四五数字经济发展规划》中把深入推进智慧教育,推进教育新型基础设施建设,推动"互联网+教育",提升全民数字素养和技能等列入重要日程。近年来,我国教育数字化建设急速推进,在数字基础设施、数字资源、数字平台、师生数字素养提升等方面都取得了显著成绩。在教育信息化2.0 的基础上,教育部等六部门发布《关于推进教育新型基础设施建设构建高质量教育支撑体系的指导意见》,教育新基建将为教育数字化建设提供坚实的技术物质基础,奠定坚实的数字化基座。2022 年全国教育工作会议上教育部作出"实施教育数字化发展战略行动",加快教育数字化转型和智能化升级的重要部署。2022 年 3 月 28 日,教育部举行国家智慧教育平台启动仪式。党的二十大提出"推进教育数字化,构建全民终身学习型社

① 新华社:《习近平在中共中央政治局第二次集体学习时强调 审时度势精心谋划超前布局力争主动 实施国家大数据战略加快建设数字中国》,三湘风纪,http://www.sxfj.gov.cn/news/10975389.html,2017 年 12 月 10 日。

会、学习型大国"，"坚持和发展马克思主义必须同中华优秀传统文化相结合"，"坚守中华文化立场，提炼展示中华文明的精神标识和文化精髓，加快构建中国话语和中国叙事体系"的宏伟目标。党的二十大精神和上述战略举措的实施，将进一步加快教育数字化建设进程，缩小教育数字鸿沟，促进教育公平而有质量的发展。

课堂教学数字化建设是教育数字化建设中最基础、最根本的建设，是衡量教育数字化建设质量和效能的基本标志。思政课是青少年学生思想政治教育的主渠道、主阵地，是课堂教学中最具政治和价值引领的关键课程，其核心价值是以习近平新时代中国特色社会主义思想和社会主义核心价值观铸魂育人，培养德智体美劳全面发展的社会主义建设者和接班人。因此说，中华优秀传统文化融入高校思政课数字化建设是教育数字化建设的重要组成部分，又对教育数字化转型具有政治和价值引领功能。

三、中华优秀传统文化融入高校思政课数字化建设对思政课自身发展和青少年学生数字化生存发展具有重要意义和价值

"思政课的本质是讲道理，要注重方式方法，把道理讲深、讲透、讲活。"①思政课数字化建设就是将思政课与现代信息技术深度融合、相互赋能，使教学图文声形并茂，沉浸、交互、体验、探索功能更强，个性化、精准化、数字化、智能化程度更高，讲道理更深、更透、更活，为青少年学生喜闻乐见。它有助于改变过去课堂教学中存在的照本宣科，枯燥说教，"签到率""抬头率"低等现象，把思政课打造成讲道理的优质课、精品课和"金课"。同时，思政课具有"因事而化、因时而进、因势而新"的显著特征，从思政课产生那天起，其教学内容总是与时代、时局、时事密切结合；教学手段方式方法总是与现代教育技术密切融合，从幻灯、电影、电视、投影仪到电子课件、慕课、翻转课堂、网上教学等，以教学的信息化促进思政课教学的高质量发展，且取得了显著的成绩。青少年学生作为"数字生态"中的原住民，他们对数字技术及应用具有天然的喜好和接受能力。正如习近平总书记在二十届中央政治局第五次集体学习时指出的："网络已成为广大青少年学习生活的重要空间，要提高网络育人能力，扎实做好互联网时代的学校思想政治工作和意识形态工作。"因此，我们教育学生学会生存，当前很重要的就是教育他们学会数字化生存与发展，使之成为数字中国的建设者和社会主义事业接班人。思政课数字化建设可以为他们的成长与发展奠定坚实的基础。综上所述，思政课数字化建设，符合思政课教育教学规律、创新发展规律和青少年学生成长成才规律，对于培养高质量数字化人才和提升全民数字素养与技能，促进数字中国建设都具重要意义。

---

① 新华社：《习近平在中国人民大学考察时强调 坚持党的领导传承红色基因扎根中国大地 走出一条建设中国特色世界一流大学新路》，《人民日报》，2022 年 4 月 25 日，第 1 版。

第二节　中华优秀传统文化融入高校思政课数字化建设的主要路径

中华优秀传统文化融入高校思政课数字化建设是一个长期复杂的系统工程,涉及中华优秀传统文化内容体系、思政课全要素、全过程,其主要路径如下。

一、树立中华优秀传统文化融入高校思政课数字化教学新理念

高校思政课教育教学理念通常是指高校思政课教育教学共同体成员在长期的思政课教育教学实践中形成的为大多数共同体成员认同的思想、观念、概念与法则等。在高校思政课数字化建设进程中,那些顺应时代潮流,符合教育教学规律和学生成长规律的理念应该坚持,有些理念将被淘汰,而以下新理念将逐步确立并指导思政课数字化建设实践。

(一)大思政课教学理念

习近平总书记指出,"'大思政课'我们要善用之"①。大思政课是新时代思政课的创新与发展,其核心价值是以习近平新时代中国特色社会主义思想铸魂育人,培养一代代接续奋斗的社会主义建设者和接班人。大思政课具有铸魂育人的大政治观、一盘棋的大整体观、同频共振的大协同观、全时空的大开放观、知行合一的大实践观。强调党的领导、"三全育人"、大中小学思政一体化、学校家庭社会齐抓共管、线上线下协同推进、课程思政与思政课程同向同行,知行合一、实践育人等新时代思政课教育教学新思想、新理念,符合新时代思政课教育教学规律和青少年学生成长规律。因此,高校思政课数字化建设过程中,必须确立大思政课教学理念,并贯穿于全过程。

(二)个性化、精准化教学理念

现行的班级授课制,是以班级中多数学生的知识基础和认知能力等设计课堂教学的。这种课堂教学考虑了一般性和共性,忽视了特殊性和个性。思政课教学也是如此,不仅常规教学采用的是班级授课,而且很多是大班级授课,一班一百多个学生,一门课教完教师连学生的名字都叫不全,因材施教更无从谈起。在高校思政课数字化建设中,由于人工智能、大数据等现代信息技术的应用,课堂教学、学校管理、学生日常生活积

---

① 新华社:《习近平在看望参加政协会议的医药卫生界教育界委员》,人民网,http://cpc.people.com.cn/n1/2021/0306/c64094-32044476.html,2021 年 3 月 6 日。

累的海量数据,得以实现数据化、精细化、智能化的采集、分类和处理,并贯穿于教、学、管、测、评全过程。根据收集的学生的学习、生活、生理、心理、交往、情感等海量数据,通过深度学习算法等智能化处理,可以对学生的学习态度、认知水平、知识基础、个人爱好、情感倾向、心理特征、身体状况、个性特点等进行画像,并依此画像制订出学生个性化学习教育的规划或计划。教师根据这个规划或计划,对学生进行面对面的、线上或线下相结合的个性化精准化教学,也可根据算法推荐的数字化教学资源指导学生自主性、探究性学习和实践。

(三)数据价值与安全理念

在当前迅猛发展的数字化时代,数据已成为与土地、材料、能源、资本、技术等要素具有同等重要作用的生产要素,且更具基础性和战略性。数据是重要的战略资源和新的生产力,已成为人们的共识。在思政课数字化建设的进程中,海量的教育教学和管理数据是高校思政课教学最重要最宝贵的资源,是思政课教学中具有基础性和战略性的要素,是高校思政课教学力和学习力的集中表现。思政课教学数据蕴藏在思政课教学的全过程、全要素、全时空,具有普遍、共享和无限增长的禀赋,可为高校思政课教学提质增效和改革创新提供不竭的内生动力。因此,在思政课教学数字化建设中,师生及有关人员都要强化数据意识,确立数据资源、数据价值、数字安全、数字伦理等理念,把数据资源作为思政课教学的重要资源,充分发挥其育人功能。要不断提升师生及有关人员的数字素养与技能,提升教育教学数据的共采共建共享水平,依法保障师生的个人隐私和数据系统的安全运行。

(四)人机协同理念

高校思政课教学数字化建设是一个人机高度协同的过程,必须强化师生及有关人员的人机协同理念。一是要强化人的主体性和能动性。在高校思政课教学数字化建设过程中,人工智能、大数据等现代信息技术迭代更新、迅猛发展,其智能化程度会越来越高,一些智能教学设备如智能学伴、智能助教、智能导学等广泛应用,以深度学习算法为代表的算法推荐会更多地应用于学生思政课教学和自主性学习及学业评估等方面,人机共教、人机共育成为高校思政课新常态。高校思政课教学实践证明,思政课教学育人不论在理论教学环节还是在实践教学环节,不论是线上教学还是线下教学,都离不开教师的言传身教和教学环境潜移默化的熏陶,离不开学生的自主性、探究性学习。不断进化的数字化智能教学设备,可以把教师和学生从繁杂枯燥的简单重复性的教与学活动中解脱出来,使之把主要精力和时间用在实现思政课教学育人目标上,但它不能代替教师思想道德、人格等因素对学生的影响以及学生的个性化、自主性学习。二是要强化教师的主导地位。随着思政课数字化进程的加快,数字化、智能化教学软件、硬件、算法推荐、虚拟仿真思政课体验教学中心、元宇宙、生成式 AI 技术等智能技术设备得以普及应用。在上述智能教学设备设计研发中,要强化教师的主导作用,突出主流意识形态和社会主义核心价值观的政治引领作用,以保证高校思政课教学数字化建设的正确方向。当前,在网络虚拟空间和一些算法推荐中,存在一些企业为追求高额利润而推出庸俗化、低级趣味化,甚至散布错误思潮消解主流意识形态和社会主义核心价值观的产品,对青少年学生思想品德的形成产生消极的影响。另外,数字化智能教学设备自身也有很大的局限性,其处理的都是冷冰冰的数据和符号,缺乏温情、人文关怀和对学生的大爱,由此推出的对学生思想品德、学业成绩和成长发展的评价具有一定的局限性和片面性。若依此给学生定论,有些会与学生思想实际相去甚远,甚至会影响学生一生的发展。因此智能设备的评价只能作为参考,对学生思想品德、学业成绩、发展前景的评价要由教师根据平时的表现,参照智能设备的评价从长远的发展的关心爱护的观点出发而确定。

(五)应用为王的建设理念

中华优秀传统文化融入高校思政数字化建设是一项长期的系统工程,其建设要从国情、校情和教情实际出发,秉持应用为王的建设理念,以能用、够用、好用,简便高效服务于教师的教学科研和学生的学习成长为准则,把提升应用效益和服务质量放在首位,不好高骛远、贪大求洋,不搞形式主义的花架子。要严防思政课数字化建设中"重硬件、轻软件,重形式、轻内容,重购买、轻应用",中华优秀传统文化和高校思政课教学"两张皮"现象的发生。

二、夯实中华优秀传统文化融入高校思政课数字化教学新基座

2021 年 7 月,教育部等六部门发布了《关于推进教育新型基础设施建设构建高质量教育支撑体系的指导意见》,教育新基建是国家新基建的重要部分和垂直应用,是实现教育数字化转型的重要引擎,是实现教育高质量发展的基础支撑。高校思政课数字化建设是教育数字化转型的重要组成部分,其基础设施建设也是教育新基建的重点,且具有鲜明的思政课程特色。

高校思政课数字化教学新基建是指高校—思政课教育教学本位的,以促进思政课系统数字化生态构建与创新发展为目标的新基建。它不仅包括技术层面基础设施建设,也包括师生数字素养与技能、新型教学理念与方法、个性化教育资源服务、数据驱动的教学评价与治理、数字生态与文化建设等方面。

高校思政课教学建立在一定的物质技术基础上,如传统教学中的教室、黑板、粉笔、简单的电化教学设备等。思政课数字化建设必须以现代信息技术为基础,奠定坚实的数字基座。一是新信息网络基础设施。要把其纳入教育专网建设规划,达到千兆进校园、

百兆进班级的要求,为思政课教学联接校内外、国内外、物理空间与虚拟空间、师生密切沟通交流等搭建桥梁纽带。推进思政课"课堂用、经常用、普遍用"。二是新平台体系基础设施。新平台是推进信息技术与思政课深度融合的舞台,主要包括"国家智慧教育平台""思政课教学平台""思政课教学服务平台""思政课教师集体备课平台""思政课教学管理、评价平台""大中小学思政课一体化建设平台"等。三是新资源基础设施。思政课数字化新资源是指经过数字化处理或者经过再加工制作的、可以在信息网络上运行的,具有开放、共享、沉浸、体验、交互功能的教育教学资源。主要包括习近平新时代中国特色社会主义思想为核心内容的教材教辅资源;马克思主义文献资源;中国革命和建设的红色教育资源;中华优秀传统文化资源;思政课优质课程及精品课、金课资源;思政课测试、评价资源等。四是新智慧校园基础设施。新智慧校园是指在思政课数字化建设中,能为思政课教育教学和人才培养提供智慧教学、智慧学习、智慧管理、智慧测评、智慧安防的充满正能量的育人空间。主要包括智慧教室、智慧实验室、智慧"四史"及校史教育室、思政课虚拟仿真教学、体验室等。五是创新应用基础设施。主要是指基于新资源、新校园,将现代信息技术与思政课教育教学深度融合的创新应用基础设施。把高校思政课与现代信息技术深度融合,相互赋能,推动其在教学、教研、测试、评价、管理等方面创新发展。如利用人工智能、大数据、VR(虚拟现实)、AR(增强现实)、MR(混合现实)、元宇宙等现代信息技术,促进高校思政课实现交互式、沉浸式、体验式、探究式教学等。2022年4月25日,习近平总书记到中国人民大学考察调研,第一站便深入智慧教室观摩思政课教学。该校"将新媒体技术引入思政课教学,打造了包括课程精讲、经典教学案例库和知识点集萃在内的'习近平新时代中国特色社会主义概论'课程一体化教学资源,可供北京60余所高校学生在线使用……研制系列VR(虚拟现实)精品课件、XR(扩展现实)项目,创设虚拟仿真沉浸式教学体验,推动精湛技术与教学内容深度融合……课堂既有'面对面'又有'键对键',显著提升了教学互动的频次和效果"[1]。六是可信安全基础设施。主要是为高校思政课教学和学生的学习成长提供社会主义核心价值观引领的、充满正能量的技术设施和资源,抵制和消除资产阶级思想和错误思潮及黄、赌、毒污染信息对青少年学生的消极影响,确保思政课教育教学数据安全和师生个人隐私安全。这需要利用人工智能基于大数据的安全分析,融合安全、网络、身份等多个组件协同解决安全可信问题。如江西省教育专网建设,就"采用内部人员身份认证登录方式,在互联网出口部署防火墙、入侵防御等安全防护设备,有效杜绝非法信息侵入,提升系统安全性"[2]。

---

① 周昭成:《打造高精尖水平的思政"金课"》,求是网,http://www.qstheory.cn/laigao/ycjx/2022-05/30/c_1128708283.htm,2022年5月30日。

② 子墨:《教育新型基础设施建设之教育专网专题 如何建好用好教育专网》,中国教育信息化在线,https://www.163.com/dy/article/H342Q2T90516900B.html,2022年3月23日。

三、转换中华优秀传统文化融入高校思政课数字化教学新范式

高校思政课数字化建设是一个长期的、全要素、全方位的转换过程,是思政课提质增效创新发展的过程,其新范式主要如下。

(一)以学为主、导学结合的教学新形态

传统的高校思政课教学是以教师和教材为中心,教学中的师生关系就是主客之间的授—受灌输关系,是供给侧主导的供需关系。在高校思政课数字化建设中,随着高校思政课教学的数字化智能化水平提升,学生学习的主体地位得以加强,其个性化、自主性、探究性、创造性学习成为学习的主要方式。教学中的师生关系是需求方主导的供需关系。以学生需求为导向的个性化、精准化教学使高校思政课教学更具针对性和实效性,因材施教成为现实。同时,学生也可以根据教师的指导和算法推荐的教学资源,自我设计,自主安排学习内容、时间、空间、方式方法等。学生真正成为自己学习的主人。因此,教师必须确立以学生为中心的教育思想,其职能由"教"向"导"转变,成为学生理想信念价值、道德情操人格的引领者,数字技术应用与数字化学习方法的引导者,学生学习的陪伴者和学习问题的解惑者,心理健康和心理问题的疏导者,真正成为学生的导师。

(二)以问题(主题)为导向的全时空研学新模式

传统的高校思政课教学主要是教师与学生面对面的班级授课,加上少量的社会实践活动。近年来开展的线上教学,仍是网络空间中师生"面对面"的班级授课。在思政课数字化建设进程中,高校思政课教学大多是在智慧校园、智慧教室中进行的,因此,突破时空的以问题(主题)为导向的探究式、交互式研学新模式得以实施。围绕问题(主题)师生间、生生间开展广泛深入探讨和协作交流,既发挥教师的主导作用,又发挥学生的主体作用,师生成为亲密的学习伙伴和学习共同体。这种以问题(主题)为导向的学习共同体的研学,既可突破高校思政课课堂教学时间,也可跨越物理空间、社会空间和网络虚拟空间,形成"时时、处处、人人"可学可研的泛在化研学新模式。同时,这种新模式可以在传统的物理空间和社会空间进行,也可在网络虚拟空间进行,不仅可以进行理论知识教学,也可进行实践教学,特别是在网络虚拟环境中,学生与环境可以互动,更具亲临感和沉浸式具身体验。如"虚拟仿真思政课体验教学中心"、元宇宙等设施都具有这些功能。

(三)功能齐全的智能化新教材

现行的高校思政课教材是以纸质教材为主,以电子教材为辅的教材,具有文字、图表和简单的音像功能。高校思政课数字化教材则是利用现代数字技术、智能技术将传统教

材及其他有关的思政教育资源进行数字化转换和数字化升级,使以习近平新时代中国特色社会主义思想为核心内容的课程教材体系,向图文声形并茂的数字化、可视化、网络化、泛在化转换,并具有交互、协作、体验、探究等功能。通过思政课数字化教材建设,将思政小课堂与社会大课堂、网上云课堂联结起来,将思政课教学的物理空间、社会空间与网络虚拟空间融合起来,将理论教学与实践教学结合起来,促进学生个性化学习和全面成长。

(四)精准高效的教学评价新方法

高校思政课是学校立德树人的关键课程,在青少年学生理想信念、道德品质、情感情操、人格及人生观、价值观和世界观的形成中具有重要作用。高校思政课教学评价作为思政课教学体系的重要组成部分,在保证思政课教学的思想性、政治性、针对性、有效性等方面具有重要的作用。在过去的高校思政课教学评价中,虽然有学生参与评价、教师自评、同行评价和教育行政部门督导评价,但大多是定性的结果评价,没有起到应有的作用。这是因为青少年思想政治品德的形成受多种因素的影响和制约,是一个长期复杂的过程,高校思政课教学也是一个多要素组合的动态的复杂过程。因此,对高校思政课短时段的教学和青少年学生思想品德、道德情感、人格等非智力因素影响进行结果评价,很难做到精准。但在思政课数字化建设中,人工智能、大数据等现代信息技术广泛应用,教学过程中和教学环境中留下了海量的教师与学生的行为数据、状态数据和环境数据等,对这些海量数据的智能化处理,即可对高校思政课教学进行精准的过程评价、结果评价、增值评价和综合评价。另外,根据大中小学思政课一体化建设的总体部署和要求,利用上述现代信息技术可对每个学段的思政课教学进行评价,也可对每个学段的青少年学生群体或个体行为数据、状态数据和环境数据等进行智能化处理,对其思想道德品质的状态进行评价,通过精准的画像分析,可以增强各学段之间思政课教学的有机衔接,提高思政课教学的针对性和时效性。

(五)协同开放的教学新生态

系统理论认为,一个系统要实现功能最大化,组成系统的各要素必须高度协同,减少内耗,并与环境进行物质、能量和信息的交流。青少年学生的思想政治教育是一项复杂的系统工程,由多要素组成且受多种因素的影响和制约。在青少年学生的思想政治教育中,思政课是主渠道,思政课教师是主力军。但是仅靠主渠道和主力军是不够的。必须有其他渠道和生力军的配合和支持,营造协同育人的生态环境。因此,高校思政课数字化教学范式转换中,一个重要方面就是构建健康、文明、向上的高度协同开放的教学新生态。主要包括以习近平新时代中国特色社会主义思想和社会主义核心价值观统领的数字化校园文化;清朗的网络虚拟空间和充满正能量的网络文化;有机衔接并充分利用的学校、家庭、社会教育教学数据资源；高度融合的思政小课堂、社会大课堂和网上云课堂；安全可信的思政课教育教学数据资源和个人隐私保护技术体系；等等。

四、中华优秀传统文化融入高校思政课数字化教学关键是提升师生的数字素养与技能

高校思政课数字化建设的进程与质量决定于师生的数字素养与技能水平。因此，提升师生的数字素养与技能水平，不仅是师生适应数字化社会生存与发展的需要，也是中华优秀传统文化融入高校思政课数字化建设的必然要求。师生的数字素养与技能是师生"学习工作生活应具备的数字获取、制作、使用、评价、交互、分享、创新、安全保障、伦理道德等一系列素质与能力的集合"[①]，是数字化时代教师从教、学生学习成长必备的核心素养与能力。提升师生的数字素养与技能，不是简单地普及数字知识与技术，而是重在提升其数字意识、计算思维、数字化学习工作生活能力和社会责任及行为规范，形成正确的人生观、价值观、道德观、法制观、教学观和成才观。一是强化师生的数字意识。师生的数字意识是指师生利用人工智能、大数据等现代信息技术延展自己的认知和思维的意识，如数字资源意识、数字工具意识、数据价值意识、数据身份意识、数字学习意识、数字伦理意识、数字安全意识等。二是强化师生数字素养与技能培训，并贯穿于高校思政课教学的全过程。如举办不同形式的教师数字素养与技能提升培训班、研讨班，为学生开设有关的选修课或讲座等。三是将提升师生数字素养与技能同大中小学思政课一体化建设相结合，统一规划、统一组织、统一实施，从小学学段抓起，各学段有机衔接，贯穿于思政课数字化建设全过程。四是在高校思政课数字化建设的实践中，在师生数字化工作、生活、学习的实践中边干边学，边学边干，不断培育提升师生的数字素养与技能，使之更好地适应思政课数字化教学的需要和数字化社会生存与发展的需要。

---

① 中央网络安全和信息化委员会：《提升全民数字素养与技能行动纲要》，中国网信网，http://www.cac.gov.cn/2021-11/05/c_1637708867754305.htm，2021 年 11 月 5 日。

第九章　习近平文化思想指引中华优秀传统文化融入高校思政课教学研究

第一节　习近平文化思想概述

习近平文化思想的诞生经历了一个逐步形成的过程,从最早的社会主义文化观的提出,到党的十九大报告对社会主义文化观的全面阐述,再到2023年10月的全国宣传思想文化工作会议首次提出"习近平文化思想"这一纲领性的论断,标志着习近平文化思想的正式形成,也标志着我们党对习近平新时代中国特色社会主义思想的认识达到了一个新的高度。

一、习近平文化思想的提出

党的十八大以来,以习近平同志为核心的党中央立足党和国家事业发展全局,坚持把文化建设摆在治国理政突出位置,作出一系列重大部署,创新性提出一系列新思想新观点新论断,形成了习近平文化思想。习近平文化思想系统回答了新时代坚持和发展什么样的中国特色社会主义文化、怎样坚持和发展中国特色社会主义文化的重大课题,深刻阐述了新时代文化建设的地位作用、目标任务、方针原则、战略路径、实践要求,是新时代党领导文化建设实践经验的理论总结,是坚持"两个结合"、推进马克思主义文化理论创新的重大成果,是明体达用、体用贯通的科学体系。①

在党的十九大报告中,习近平总书记强调指出:"文化是一个国家、一个民族的灵魂。文化兴国运兴,文化强民族强。没有高度的文化自信,没有文化的繁荣兴盛,就没有中华民族伟大复兴。要坚持中国特色社会主义文化发展道路,激发全民族文化创新创造活力,建设社会主义文化强国";"中国特色社会主义文化,源自于中华民族五千多年文明历史所孕育的中华优秀传统文化,熔铸于党领导人民在革命、建设、改革中创造的革命文化和社会主义先进文化,植根于中国特色社会主义伟大实践。发展中国特色社会主义文

---

① 新华社:《〈习近平文化思想学习纲要〉出版发行》,《人民日报》,2024年12月4日,第1版。

化,就是以马克思主义为指导,坚守中华文化立场,立足当代中国现实,结合当今时代条件,发展面向现代化、面向世界、面向未来的,民族的科学的大众的社会主义文化,推动社会主义精神文明和物质文明协调发展。要坚持为人民服务、为社会主义服务,坚持百花齐放、百家争鸣,坚持创造性转化、创新性发展,不断铸就中华文化新辉煌"。这些重要论述集中反映了习近平新时代中国特色社会主义的文化观。

在党的十九大报告中习近平总书记阐述了发展中国特色社会主义文化的"六大"核心理念和"五大"基本方略。"六大"核心理念,即"坚定文化自信";"坚守中华文化立场";"坚持中国特色社会主义文化道路";"坚持为人民服务、为社会主义服务";"坚持百花齐放、百家争鸣";"坚持创造性转化、创新性发展"。"五大"基本方略,即"牢牢掌握意识形态工作领导权";"培育和践行社会主义核心价值观";"加强思想道德建设";"推动社会公德、职业道德、家庭美德、个人品德建设";"推动文化事业和文化产业发展",共同形成了习近平文化思想的理论框架。

2023 年 10 月,全国宣传思想文化工作会议在京召开,首次提出习近平文化思想。全国宣传思想文化工作会议总结了习近平总书记有关文化建设的新思想新观点新论断,明确提出了习近平文化思想的提出标志着我们党对中国特色社会主义文化建设规律的认识达到了新高度,表明我们党的历史自信、文化自信达到了新高度,为新征程的持续发展提供了强大思想动力。在与时代同行中应运而生并丰富发展的习近平文化思想,深刻回答了新时代我国文化建设举什么旗、走什么路、坚持什么原则、实现什么目标等根本性问题,丰富和发展了马克思主义文化理论,为做好新时代宣传思想文化工作、担负起新的文化使命、创造人类文明新形态提供了科学行动指南。

二、习近平文化思想的创新贡献

(一)突出了思想创新的科学性

习近平文化思想坚持马克思主义立场观点方法,在继承发展中华优秀传统文化思想的基础上,运用马克思主义的文化理论,面对新的时代提出了一系列新思想新观点新论断,形成了科学的文化理论体系。

(二)突出了思想创新的人民性

习近平文化思想是来自人民、服务人民的精神财富。习近平文化思想始终坚持人民至上,把服务人民的文化需要作为文化建设的根本出发点和落脚点,强调坚持以人民为中心的工作导向,是指导人民不断铸就中华文化新辉煌的强大思想武器。

(三)突出了思想创新的实践性

"新时代建设什么样的中国特色社会主义文化强国、怎样建设中国特色社会主义文化强国"成为习近平文化思想的现实课题。习近平文化思想明确了新时代文化强国建设的路线图和任务书,对于我们在新时代开展社会主义现代化文化历史实践、文化理论实践和文化应用实践具有现实意义。

(四)突出了思想创新的开放性

马克思主义不是一成不变的教条,而是科学的世界观和方法论,习近平文化思想用宽广视野吸收人类创造的一切优秀文明成果,坚持在改革中守正出新、在开放中博采众长,探索时代课题、回应时代挑战,充分彰显出鲜明的时代性和开放性。

习近平文化思想的产生既是马克思主义文化思想在中国的新发展,也是中华优秀传统文化思想的自然延续,更是新时代两个文明建设的理论成果,更是中国特色社会主义思想的重要内容。

第二节 习近平文化思想的重要内容

一、习近平文化思想的核心内涵

(一)坚持党对文化的领导是保障

文化是意识形态的重要内容,坚持党的领导就必须坚持党对文化工作的领导,必须牢牢掌握党在文化建设发展中的领导权,这是推动新时代中国特色社会主义文化不断发展进步的保障。在党的十九大报告中习近平总书记也明确提出要牢牢掌握意识形态工作领导权,并充分阐述了意识形态在文化建设中的重要作用。"意识形态决定文化前进方向和发展道路。必须推进马克思主义中国化时代化大众化,建设具有强大凝聚力和引领力的社会主义意识形态,使全体人民在理想信念、价值理念、道德观念上紧紧团结在一起。要加强理论武装,推动新时代中国特色社会主义思想深入人心。深化马克思主义理论研究和建设,加快构建中国特色哲学社会科学,加强中国特色新型智库建设。坚持正确舆论导向,高度重视传播手段建设和创新,提高新闻舆论传播力、引导力、影响力、公信力。加强互联网内容建设,建立网络综合治理体系,营造清朗的网络空间。落实意识形态工作责任制,加强阵地建设和管理,注意区分政治原则问题、思想认识问题、学术观点问题,旗帜鲜明反对和抵制各种错误观点。"[①]党的领导是一切工作的根本,这既是我们党

---

① 习近平:《习近平著作选读》(第二卷),人民出版社.2023年版,第34—35页。

执政的基础,也是我们党带领全国各族人民实现中国式现代化的基础,更是我们学习贯彻习近平文化思想的遵循。

(二)满足人民的文化需要是根本

中国共产党代表的是最广大人民的利益,始终把服务人民的幸福作为根本,这既是党的宗旨,也是现阶段解决我国面临的社会主要矛盾的重要内容。习近平总书记曾经指出:"中国特色社会主义进入新时代,我国社会主要矛盾已经转化为人民日益增长的美好生活需要和不平衡不充分的发展之间的矛盾。"[①]"满足人民过上美好生活的新期待,必须提供丰富的精神食粮。"[②]以满足人民文化需要的习近平文化思想正是把人民的需要放在了最重要的位置,这体现了习近平文化思想的鲜明政治品格和耀眼的价值底色。马克思和恩格斯在《共产党宣言》中指出:"至今发生过的一切运动都是少数人的运动,或者都是为少数人谋利益的运动。无产阶级的运动是绝大多数人为绝大多数人谋利益的独立自主的运动。"[③]"共产党人同其他无产阶级政党不同的地方,只是:一方面,在各国无产者的斗争中,共产党人特别重视和坚持整个无产阶级的不分民族的共同利益;另一方面,在无产阶级和资产阶级的斗争所经历的各个发展阶段上,共产党人始终代表着整个运动的利益。"[④]习近平文化思想始终坚持人民至上的文化观点,坚持文化必须来源于人民的生活实践,必须服务于人民的需要,坚持把实现好、维护好、发展好最广大人民群众的最根本文化需要作为出发点和落脚点,致力于丰富人民精神世界,增强人民精神力量,提升人民群众的文化获得感、幸福感。

(三)守正创新是文化发展的动力

习近平总书记在党的十九大报告中指出:"中国特色社会主义文化,源自于中华民族五千多年文明历史所孕育的中华优秀传统文化,熔铸于党领导人民在革命、建设、改革中创造的革命文化和社会主义先进文化,植根于中国特色社会主义伟大实践。发展中国特色社会主义文化,就是以马克思主义为指导,坚守中华文化立场,立足当代中国现实,结合当今时代条件,发展面向现代化、面向世界、面向未来的,民族的科学的大众的社会主义文化,推动社会主义精神文明和物质文明协调发展。要坚持为人民服务、为社会主义服务,坚持百花齐放、百家争鸣,坚持创造性转化、创新性发展,不断铸就中华文化新辉煌。"[⑤]充分阐明了习近平文化思想的来源,那就是中华优秀传统文化的接续,中国革命的

---

①　习近平:《习近平著作选读》(第二卷),人民出版社.2023年版,第9—10页。
②　习近平:《习近平著作选读》(第二卷),人民出版社,2023年版,第36页。
③　马克思,恩格斯:《共产党宣言》,人民出版社,2014年版,第39页。
④　马克思,恩格斯:《共产党宣言》,人民出版社,2014年版,第41页。
⑤　习近平:《习近平著作选读》(第二卷),人民出版社,2023年版,第34页。

实践,时代发展的需要。守正创新是习近平文化思想最重要的思想方法。"我们党历来用历史唯物主义的立场观点方法看待中华民族历史,继承和弘扬中华优秀传统文化。早在 1938 年,毛泽东同志就说过:'我们这个民族有数千年的历史,有它的特点,有它的许多珍贵品。对于这些,我们还是小学生。今天的中国是历史的中国的一个发展;我们是马克思主义的历史主义者,我们不应当割断历史。从孔夫子到孙中山,我们应当给以总结,承继这一份珍贵的遗产。这对于指导当前的伟大的运动,是有重要的帮助的。'"①充分说明了习近平文化思想坚决要维护马克思主义的指导地位,同时也要继承发展中华优秀传统文化,这是习近平文化思想发展的不竭动力。"我们坚持把马克思主义基本原理同中国具体实际相结合、同中华优秀传统文化相结合,不断推进马克思主义中国化时代化,推动了中华优秀传统文化创造性转化、创新性发展。要坚持守正创新,推动中华优秀传统文化同社会主义社会相适应,展示中华民族的独特精神标识,更好构筑中国精神、中国价值、中国力量。"②

(四)服务社会主义文明是发展方向

在党的二十大报告中,习近平总书记明确提出:"从现在起,中国共产党的中心任务就是团结带领全国各族人民全面建成社会主义现代化强国、实现第二个百年奋斗目标,以中国式现代化全面推进中华民族伟大复兴。"③作为社会主义建设中的与物质文化相对应的精神文化,同样也是现代化的重要方面,是服务社会主义建设的重要精神力量。"中国式现代化是物质文明和精神文明相协调的现代化。物质富足、精神富有是社会主义现代化的根本要求。物质贫困不是社会主义,精神贫乏也不是社会主义。我们不断厚植现代化的物质基础,不断夯实人民幸福生活的物质条件,同时大力发展社会主义先进文化,加强理想信念教育,传承中华文明,促进物的全面丰富和人的全面发展。"④精神文明和物质文明是协调发展的统一体,在推动物质文明进步的同时,也必须把精神文明放到同等重要的地位。"文化是一个国家、一个民族的灵魂。文化兴国运兴,文化强民族强。没有高度的文化自信,没有文化的繁荣兴盛,就没有中华民族伟大复兴。要坚持中

① 中共中央党史和文献研究院,中央学习贯彻习近平新时代中国特色社会主义思想主题教育领导小组办公室:《习近平新时代中国特色社会主义思想专题摘编》,中央文献出版社,党建读物出版社,2023 年版,第 327 页。

② 项久雨:《习近平文化思想的理论特质》,《中国高校社会科学》,2024 年第 1 期,第 4—11,157 页。

③ 本书编写组:《党的二十大报告学习辅导百问》,学习出版社,党建读物出版社,2022 年版,第 16 页。

④ 本书编写组:《党的二十大报告学习辅导百问》,学习出版社,党建读物出版社,2022 年版,第 17 页。

国特色社会主义文化发展道路,激发全民族文化创新创造活力,建设社会主义文化强国。"①2023 年 6 月在文化传承发展座谈会上,习近平总书记再次指出文化建设的使命就是建设文化强国,建设现代文明,"在新的起点上继续推动文化繁荣、建设文化强国、建设中华民族现代文明,是我们在新时代新的文化使命"。并对如何实现这一要求提出了三点要求:第一,坚定文化自信。中华文明历经数千年而绵延不绝、迭遭忧患而经久不衰,这是人类文明的奇迹,也是我们自信的底气。坚定文化自信,就是坚持走自己的路。第二,秉持开放包容。中华文明的博大气象,就得益于中华文化自古以来开放的姿态、包容的胸怀。秉持开放包容,就是要更加积极主动地学习借鉴人类创造的一切优秀文明成果。第三,坚持守正创新。必须以守正创新的正气和锐气,赓续历史文脉、谱写当代华章。这为我们更好地推动社会主义文化建设指明了方向。

二、习近平文化思想的主要特征

(一)是马克思主义文化思想的新发展

中国共产党把马克思主义作为指导思想,马克思文化建设的思想作为马克思主义的重要内容,也必然成为我们党领导文化建设的重要指南,也必然要把文化领导也建立在马克思主义思想之上。马克思主义经典作家虽然没有对文化建设进行过专门的研究和探讨,但是在经典作家的经典文献中,都在不同程度上对文化建设进行过论述。马克思的文化观是基于劳动和实践基础上的唯物辩证的文化观,它同样也诞生于人类的劳动。马克思指出:"正是在改造对象世界中,人才真正地证明自己是类存在物。这种生产是人的能动的类生活。通过这种生产,自然界才表现为他的作品和他的现实。"②正是基于劳动产生文化才使得马克思主义文化建设思想从根本上区别了其他的文化来源观。马克思主义经典作家也正是从这个理论基础出发,揭示了文化的起源和本质,文化的发展规律和文化在不同民族中的多样性。习近平文化思想正是在对马克思主义经典作家文化建设思想继承的基础上,结合时代发展要求创造性地提出了习近平文化思想。

"坚持和发展马克思主义,必须同中国具体实际相结合。我们坚持以马克思主义为指导,是要运用其科学的世界观和方法论解决中国的问题,而不是要背诵和重复其具体结论和词句,更不能把马克思主义当成一成不变的教条。"③老一辈的革命家正是在坚持马克思主义基本原理的基础上,结合中国的具体实践,创造性地提出了中国共产党人的

---

① 习近平:《习近平著作选读》(第二卷),人民出版社,2023 年版,第 33 页。
② 中共中央马克思恩格斯列宁斯大林著作编译局:《马克思恩格斯文集》(第 1 卷),人民出版社,2009 年版,第 163 页。
③ 本书编写组:《党的二十大报告学习辅导百问》,学习出版社,党建读物出版社,2022 年版,第 13 页。

文化思想。在新民主主义革命时期,毛泽东集中大家的智慧提出:"民族的科学的大众的文化,就是人民大众反帝反封建的文化,就是新民主主义的文化,就是中华民族的新文化。"①中华人民共和国成立以后,又提出"为了保证科学和艺术的繁荣,必须坚持'百花齐放、百家争鸣'的方针。……对于中国过去的和外国的一切有益的文化知识,必须加以继承和吸收,并且必须利用现代的科学文化来整理我国优秀的文化遗产,努力创造社会主义的民族的新文化"。"双百方针"的提出,为建设社会主义新文化提供了重要指南。

党的十八大以后,以习近平同志为核心的党中央,审时度势,面对国内外新的形势、新的要求,创造性地提出了新时代文化建设的新观点、新思想。在党的十九大报告中重申建设文化强国,"文化是一个国家、一个民族的灵魂。文化兴国运兴,文化强民族强。没有高度的文化自信,没有文化的繁荣兴盛,就没有中华民族伟大复兴。要坚持中国特色社会主义文化发展道路,激发全民族文化创新创造活力,建设社会主义文化强国"②。2023年10月7日至8日,全国宣传思想文化工作会议在北京召开,会议传达学习了习近平总书记的重要指示,对做好当前和今后一个时期宣传思想文化工作进行具体部署,并首次提出习近平文化思想。"这次会议最重要的成果,就是正式提出和系统阐述习近平文化思想,在党的宣传思想文化事业发展史上具有里程碑意义。新时代以来,围绕宣传思想文化工作,以习近平同志为核心的党中央召开的会议之密集、作出的决策部署之全面,习近平总书记论述之丰富系统、深刻厚重,在党的历史上是不多见的。习近平总书记准确把握世界范围内思想文化相互激荡、我国社会思想观念深刻变化的趋势,以马克思主义政治家、思想家、战略家的历史主动精神、非凡理论勇气、卓越政治智慧、强烈使命担当,把宣传思想文化工作摆在治国理政的重要位置,亲自谋划、亲自部署、亲自推动,就文化建设一系列根本性问题阐明原则立场、廓清理论是非、指明奋进方向,提出了一系列新思想新观点新论断。习近平总书记先后两次出席全国宣传思想工作会议,就文艺工作、党的新闻舆论工作、网络安全和信息化工作、哲学社会科学工作、高校思想政治工作、文化传承发展等主持召开会议并发表一系列重要讲话,多次主持召开中央政治局常委会会议、中央政治局会议审议通过一系列宣传思想文化工作改革发展方面的规划和方案,在各地考察各类文化传承发展项目并提出一系列要求,在多个重大国际场合阐明对全球文化、文明发展和交流互鉴的一系列中国立场、中国方案。在2018年8月全国宣传思想工作会议上,习近平总书记用'九个坚持'高度概括了我们党对宣传思想工作的规律性认识;在2023年6月文化传承发展座谈会上,明确了文化建设方面的'十四个强调',鲜明提出坚持党的文化领导权、深刻理解'两个结合'、担负新的文化使命等重大创新观点,提出建设中华民族现代文明的重大任务;这次习近平总书记重要指示,又对宣传思想文化

---

① 毛泽东:《毛泽东选集》(第二卷),人民出版社,1991年版,第708—709页。
② 习近平:《习近平著作选读》(第二卷),人民出版社,2023年版,第33—34页。

工作提出'七个着力'的要求。习近平总书记在新时代文化建设方面的新思想新论断，内涵十分丰富、论述极为深刻，是新时代党领导文化建设实践经验的理论总结，丰富和发展了马克思主义文化理论，构成了习近平新时代中国特色社会主义思想的文化篇，形成了习近平文化思想。习近平文化思想既有文化理论观点上的创新和突破，又有文化工作布局上的部署要求，明体达用、体用贯通，明确了新时代文化建设的路线图和任务书，标志着我们党对中国特色社会主义文化建设规律的认识达到了新高度，表明我们党的历史自信、文化自信达到了新高度，并在我国社会主义文化建设中展现出了强大伟力，为做好新时代新征程宣传思想文化工作、担负起新的文化使命提供了强大思想武器和科学行动指南。"[1]

(二) 是中华优秀传统文化在新时代的自然接续

中华优秀传统文化作为中华民族的一种标识，代表着几千年中华文化的价值传承，更是中华民族的赖以生存的文化基因。"文化是一个国家、一个民族的灵魂。中国共产党之所以能够领导人民成功走出中国式现代化道路、创造人类文明新形态，很重要的一个原因就在于根植中华文化沃土，使古老的中华文明在与马克思主义基本原理相结合的过程中，实现了创造性转化和创新性发展。我们党在革命、建设、改革的历史进程中，形成的革命文化、社会主义先进文化，与中华优秀传统文化同根同源，并在与马克思主义基本原理相结合的过程中不断升华，凝聚着中华民族共同经历的奋斗历程，是中华民族共同创造的精神家园，是中国特色社会主义道路越走越宽广的强大精神力量。正如习近平总书记所强调的：'如果没有中华五千年文明，哪里有什么中国特色？如果不是中国特色，哪有我们今天这么成功的中国特色社会主义道路？'党的十八大以来，以习近平同志为核心的党中央将文化自信置于前所未有的高度，深刻汲取博大精深的中华优秀传统文化所蕴含的丰富哲学思想、人文精神、道德理念，为中华民族伟大复兴汇聚起更基本、更深沉、更持久的力量。"[2]

从马克思主义经典作家的著作中我们也可以看出，他们都认为文化的发展离不开本民族历史的发展。"马克思主义认为，作为意识形态的文化，具有历史的继承性。每一个社会的特定的意识形态，无论就其内容或形式来说，都有两个来源：内容上，主要是反映现实的社会存在、社会经济形态，同时也保留着历史上形成的对过去社会的某些意识或材料；形式上，主要是从过去继承下来的方式、方法和手段，同时又根据新的内容和条件对它们加以改造、补充和发展，并增添某些新的具体形式。没有这两个来源，任何社会意

---

① 《求是》杂志评论员：《把习近平文化思想贯彻落实到宣传思想文化工作各方面和全过程》，人民网，http://ztjy.people.cn/n1/2023/1016/c457340-40096037.html，2023 年 10 月 16 日。

② 谢辉：《准确把握"两个结合"的深刻内涵》，《光明日报》，2022 年 8 月 24 日，第 6 版。

识形态的发展都无从谈起。"①列宁也指出:"无产阶级文化应当是人类在资本主义社会、地主社会和官僚社会压迫下创造出来的全部知识合乎规律的发展。应当明确地认识到,只有确切地了解人类全部发展过程所创造的文化,只有对这种文化加以改造,才能建设无产阶级的文化。"②

毛泽东在继承马克思主义文化观点的基础,也提出文化建设必须创造性地吸收传统文化的有益因素。"剔除其封建性的糟粕,吸收其民主性的精华,是毛泽东对批判性地利用古代文化的解答。中国数千年的历史创造了灿烂的古代文化,具有中华民族的独特品格。充分利用并不代表不加区别地吸收古代文化遗产。要认识到,'文化遗产中有许多毒素和糟粕',必须剥离古代文化遗产中一切封建腐朽的毒素,厘清文化遗产中不同性质因素,坚持历史唯物主义的观点,创造出符合人民群众的新文化。以对待孔子哲学为例,毛泽东指出,'孔孟有一部分真理,全部否定是非历史的看法'。"③

"党的十八大以来,中国共产党人更加深刻地认识到马克思主义之所以能够被中国人民所接受,并不断发扬光大,既因为马克思主义本身的真理性,还因为马克思主义'同我国传承几千年的优秀历史文化和广大人民日用而不觉的价值观念融通',认识到只有'植根本国、本民族历史文化沃土,马克思主义真理之树才能根深叶茂',要实现长期执政,政党的指导思想就必须立足中国自身'独特的文化传统、独特的历史命运、独特的国情'进而鲜明提出了'第二个结合'。一方面,'第二个结合'将中华民族的民族精神和文化传统深层次注入马克思主义,聚变为新的理论优势,拓展了中国特色社会主义道路的文化根基;另一方面,用马克思主义激活了中华优秀传统文化中富有生命力的优秀因子并赋予其新的时代内涵,不断推动中华优秀传统文化创造性转化、创新性发展,从而进一步巩固文化主体性。"④

(三)是"两个文明"建设的应有之义

中国特色社会主义是全面发展的社会主义,也是物质文明与精神文明协调发展的社会主义。党的十八大报告就明确表示:"我们必须清醒认识到,我国仍处于并将长期处于社会主义初级阶段的基本国情没有变,人民日益增长的物质文化需要同落后的社会生产之间的矛盾这一社会主要矛盾没有变,我国是世界最大发展中国家的国际地位没有变。

① 沙健孙:《毛泽东关于社会主义文化建设的若干思想》,《毛泽东邓小平理论研究》,2012年第8期,第1—15,114页。

② 沙健孙:《毛泽东关于社会主义文化建设的若干思想》,《毛泽东邓小平理论研究》,2012年第8期,第1—15,114页。

③ 王国龙,王琦:《毛泽东文化遗产观及其当代价值》,《毛泽东研究》,2023年第3期,第88—98页。

④ 中国传媒大学党报党刊研究中心课题组:《习近平文化思想的生成逻辑、原创性贡献与传媒新使命》,《传媒观察》,2024年第1期,第5—14页。

在任何情况下都要牢牢把握社会主义初级阶段这个最大国情,推进任何方面的改革发展都要牢牢立足社会主义初级阶段这个最大实际。"在 2013 年全国思想政治工作会议上,习近平总书记再次强调:"经济建设是党的中心工作,意识形态工作是党的一项极端重要的工作。党的十一届三中全会以来,我们党始终坚持以经济建设为中心,集中精力把经济建设搞上去、把人民生活搞上去。只要国内外大势没有发生根本变化,坚持以经济建设为中心就不能也不应该改变。这是坚持党的基本路线 100 年不动摇的根本要求,也是解决当代中国一切问题的根本要求。同时,只有物质文明建设和精神文明建设都搞好,国家物质力量和精神力量都增强,全国各族人民物质生活和精神生活都改善,中国特色社会主义事业才能顺利向前推进。"在党的二十大报告中,习近平总书记再次重申:"中国式现代化是物质文明和精神文明相协调的现代化。物质富足、精神富有是社会主义现代化的根本要求。物质贫困不是社会主义,精神贫乏也不是社会主义。我们不断厚植现代化的物质基础,不断夯实人民幸福生活的物质条件,同时大力发展社会主义先进文化,加强理想信念教育,传承中华文明,促进物的全面丰富和人的全面发展。"

物质文明和精神文明的协调发展是中国式现代化的重要内涵,也是我们党奋斗目标的重要内涵。党的二十大报告指出:"中国式现代化的本质要求是:坚持中国共产党领导,坚持中国特色社会主义,实现高质量发展,发展全过程人民民主,丰富人民精神世界,实现全体人民共同富裕,促进人与自然和谐共生,推动构建人类命运共同体,创造人类文明新形态";"到二〇三五年,……基本建成法治国家、法治政府、法治社会;建成教育强国、科技强国、人才强国、文化强国、体育强国、健康中国,国家文化软实力显著增强;人民生活更加幸福美好"。建设高度的社会主义精神文明,也是社会主义的制度特征和政治优势。"社会主义作为一种新的比资本主义更高级的社会形态,之所以能够代替资本主义,就是因为它不仅能够创造出比资本主义更高的生产力,生产出更多的物质财富,而且更加重视精神生产,能够形成比资本主义精神文明更高形态的精神财富——社会主义的精神文明,不断改善人民的物质文化生活和精神生活,促进人的全面发展。社会主义作为一种崭新的社会制度,本质上需要发挥先进思想文化的引领作用,用解放思想激发人民群众的创造力;需要发挥先进的生产关系和社会制度对经济基础的反作用,推动解放和发展社会生产力,促进物质生产和精神生产的持续发展。"①

(四)是习近平新时代中国特色社会主义思想的重要组成部分

习近平新时代中国特色社会主义思想是一个内涵丰富、理论体系完整的科学思想体系,是在对我国社会主义建设的实践总结和对时代要求的深刻判断基础上形成的马克思

---

① 吴洁人:《推进"两个文明"协调发展是当代中国共产党人的历史担当》,《中国领导科学》,2017年第 10 期,第 9—12 页。

主义指导思想。"党的十八大以来,以习近平同志为核心的党中央坚持以马克思列宁主义、毛泽东思想、邓小平理论、'三个代表'重要思想、科学发展观为指导,坚持解放思想、实事求是、与时俱进、求真务实,坚持辩证唯物主义和历史唯物主义,紧密结合新的时代条件和实践要求,以全新的视野深化对共产党执政规律、社会主义建设规律、人类社会发展规律的认识,进行艰辛理论探索,取得重大理论创新成果,创立了习近平新时代中国特色社会主义思想。"[1]习近平文化思想也是习近平新时代中国特色社会主义思想的重要组成部分。"习近平新时代中国特色社会主义思想内涵十分丰富,涵盖了经济、政治、法治、科技、文化、教育、民生、民族、宗教、社会、生态文明、国家安全、国防和军队、'一国两制'和祖国统一、统一战线、外交、党的建设等各方面。"[2]

在习近平新时代中国特色社会主义思想体系中,有关文化的论述也是极其重要的组成部分。"全面建设社会主义现代化国家,必须坚持中国特色社会主义文化发展道路,增强文化自信,围绕举旗帜、聚民心、育新人、兴文化、展形象建设社会主义文化强国,发展面向现代化、面向世界、面向未来的,民族的科学的大众的社会主义文化,激发全民族文化创新创造活力,增强实现中华民族伟大复兴的精神力量。"要广泛践行社会主义核心价值观。"社会主义核心价值观是凝聚人心、汇聚民力的强大力量。弘扬以伟大建党精神为源头的中国共产党人精神谱系,用好红色资源,深入开展社会主义核心价值观宣传教育,深化爱国主义、集体主义、社会主义教育,着力培养担当民族复兴大任的时代新人。推动理想信念教育常态化制度化,持续抓好党史、新中国史、改革开放史、社会主义发展史宣传教育,引导人民知史爱党、知史爱国,不断坚定中国特色社会主义共同理想。用社会主义核心价值观铸魂育人,完善思想政治工作体系,推进大中小学思想政治教育一体化建设。坚持依法治国和以德治国相结合,把社会主义核心价值观融入法治建设、融入社会发展、融入日常生活。"

习近平文化思想是一个不断丰富发展的体系,随着中国特色社会主义实践的不断发展,随着时代的不断变化,必将不断丰富发展,也必将不断丰富和发展习近平新时代中国特色社会主义思想的丰富内涵。

---

① 刘云山:《深入学习贯彻习近平新时代中国特色社会主义思想》,人民网,http://politics. people. com. cn/n1/2017/1106/c1024-29627813. html,2017 年 11 月 6 日。

② 刘云山:《深入学习贯彻习近平新时代中国特色社会主义思想》,人民网,http://politics. people. com. cn/n1/2017/1106/c1024-29627813. html,2017 年 11 月 6 日。

第三节　习近平文化思想是中华优秀传统文化融入高校思想政治理论课教学的行动指南

一、指出了引领高校思想政治理论课教学要用好文化资源实现文化传承

高校思想政治理论课教学是关系培养什么样的人、如何培养人以及为谁培养人的根本问题，必须"发挥课堂教学主渠道作用，推动思想政治理论课改革创新，深入挖掘各学科专业课程的育人功能，加强对课堂教学和各类思想阵地的管理，推动党的创新理论和革命传统进教材进课堂进头脑"[①]。而推动中华优秀传统文化融入高校思想政治理论课教学，也必须以习近平新时代中国特色社会主义思想和习近平文化思想为指南，全面总结分析用好中华优秀传统文化的资源，并在此基础上不断创新发展。

中华优秀传统文化是一个博大精深的宝库，拥有丰富的文化思想，这是我们继承和创新的基础。2023年6月，习近平总书记在文化传承发展座谈会上就指出："中华优秀传统文化有很多重要元素，比如，天下为公、天下大同的社会理想，民为邦本、为政以德的治理思想，九州共贯、多元一体的大一统传统，修齐治平、兴亡有责的家国情怀，厚德载物、明德弘道的精神追求，富民厚生、义利兼顾的经济伦理，天人合一、万物并育的生态理念，实事求是、知行合一的哲学思想，执两用中、守中致和的思维方法，讲信修睦、亲仁善邻的交往之道等，共同塑造出中华文明的突出特性。"[②]"只有全面深入了解中华文明的历史，才能更有效地推动中华优秀传统文化创造性转化、创新性发展，更有力地推进中国特色社会主义文化建设，建设中华民族现代文明。"[③]习近平总书记对中华文化的继承和发展提出了新的观点，这就要求我们在高校思想政治理论课教学融入中华优秀传统文化时，要全面了解中华优秀传统文化，用好中华优秀传统文化，才能继承和创新，可以说，了解和应用是基础，创新发展是指向。

贯彻落实《中共中央办公厅、国务院办公厅关于实施中华优秀传统文化传承发展工

[①]　新华社：《使新时代思想政治工作始终保持生机活力——中央宣传部负责人就〈关于新时代加强和改进思想政治工作的意见〉答记者问》，新华网，http://cpc. people. com. cn/n1/2021/0726/c64387-32170613. html,2021年7月26日。

[②]　新华社：《习近平在文化传承发展座谈会上强调 担负起新的文化使命 努力建设中华民族现代文明》，新华网，http://www. news. cn/politics/leaders/2023-06/02/c_1129666321. htm,2023年6月2日。

[③]　新华社：《习近平在文化传承发展座谈会上强调 担负起新的文化使命 努力建设中华民族现代文明》，新华网，http://www. news. cn/politics/leaders/2023-06/02/c_1129666321. htm,2023年6月2日。

程的意见》,推动中华优秀传统文化融入教育教学,组织师生学习中华文化重要典籍,增加中华优秀传统文化内容。组织开展礼敬中华优秀传统文化活动,开设文化讲堂,推进戏曲、书法等民族艺术和传统体育进校园,邀请中华优秀传统文化名家、非物质文化遗产继承人等进校园进课堂,组织创作和推介中华传统优秀文化艺术作品,更好地以文化人、以文育人。加强革命文化和社会主义先进文化教育,深化中国共产党党史、中华人民共和国国史、改革开放史和社会主义发展史学习教育,继承革命传统,传承红色基因。充分利用改革发展的伟大成就、重大历史事件和中华历史名人纪念活动、国家公祭仪式、历史纪念日、爱国主义教育基地等,大力弘扬以爱国主义为核心的民族精神和以改革开放为核心的时代精神,培养爱国情怀、改革精神和创新能力。深入挖掘特色文化资源,传承和弘扬优秀传统和先进文化。

二、指出了引领高校思想政治理论课教学要实现以文育人创新传播方式

高校思想政治理论课是落实立德树人根本任务的关键课程,是实现以文育人的关键课程,高校思想政治理论课教学要牢牢把握育人功能,把立德树人根本任务贯穿教学全过程。教师要按照四有好老师、四个引路人的要求,在塑造学生品格、政治能力上下功夫,让思政课入耳入脑入心,引导学生树立坚定的理想信念。"习近平总书记强调,'青年人有理想、敢担当、能吃苦、肯奋斗,中国青年才会有力量,党和国家事业发展才能充满希望。'青年强,则国家强。青年之强,首先应强在信仰上、思想上、精神上。青年一代的理想信念、精神素养,是一个政党薪火传承的重要基础,是一个国家发展活力的重要体现。"①

同时也要结合青年人的特点,创新传播方式,使思政课教学呈现活泼生气。"必须从政治上着眼、从思想上入手、从青年特点出发,善于用青年易于接受的语言和方式阐述党的主张,善于把线上互动和线下沟通结合起来,善于把思想政治工作同解决实际问题结合起来,不断提高对青年的引导力、说服力、亲和力。……针对当代青年富于思辨精神、习惯独立思考、喜爱探究寻求等特点,深入透彻讲清楚习近平新时代中国特色社会主义思想的世界观和方法论,展示其植根于辩证唯物主义和历史唯物主义的真理根基,彰显其润泽于中华优秀传统文化的智慧光辉,真正让科学指南'动'起来,将思想武器'用'起来,指导帮助青年运用贯穿其中的立场、观点、方法观察世界、认识社会、分析问题、解答困惑,不断提高战略思维、历史思维、辩证思维、系统思维、创新思维、法治思维、底线思维能力,不断提高对党的基本理论、基本路线、基本方略的领悟力,把理论武装、思想认同牢

---

① 唐铮:《把思想政治工作贯穿教育教学全过程》,人民网,http://cpc.people.com.cn/n1/2023/0713/c64387-40034658.html,2023 年 7 月 13 日。

牢建立在知其言更知其义、知其然更知其所以然的通透彻底上。"①

进一步加强思想政治理论学科建设、课程建设和教师队伍建设,改革教学内容,创新教学方法,不断增强教学的吸引力、说服力、感染力。注重以问题为导向开展专题式教学,实施思想政治理论课教学行动,充分利用网络新技术手段,探索研究式、互动式、案例式、情景式和体验式教学方法,坚持集体备课和青年教师导师制度,通过开展教学竞赛、课堂观摩、课前试讲、教学督导、听课评课等教学活动,推出一批精彩教案、精彩课件、精彩课堂。切实加强马克思主义基本原理等必修课建设,加强思想政治理论选修课、通识课、社会实践课、形势与政策课建设,构建"大思政"课程体系。依托网络平台,加快推进思想政治理论课微课程资源库建设,加强校级思想政治理论课教学团队建设。制定思想政治理论课教师培养培训规划,并将其纳入学校人才工程,选拔思想政治理论课教学科研骨干参加省内外培训班、研讨班,定期开展新任教师岗前培训、寒暑假业务培训、网络在线学习培训和组织社会实践、学习考察活动,鼓励教师参加国内外访学、脱产进修、攻读学位和挂职锻炼,提升教育教学水平。实施思想政治理论课专职教师任职资格制度,完善任职资格标准,严把准入关。推行思想政治理论课特聘教授制度,建立特聘教授资源库,邀约或聘请有较高理论素养和丰富实践经验的党政干部、专业课教师、社科理论界研究人员等参与思想政治理论课教学。

三、指出了引领高校思想政治理论课教学要塑造自信自强的文化主体力量

推动高校思想政治理论课教学,其目的就是要塑造自信自强的一代新人。"有文化自信的民族,才能立得住、站得稳、行得远。中华文明历经数千年而绵延不绝、迭遭忧患而经久不衰,这是人类文明的奇迹,也是我们自信的底气。坚定文化自信,就是坚持走自己的路。坚定文化自信的首要任务,就是立足中华民族伟大历史实践和当代实践,用中国道理总结好中国经验,把中国经验提升为中国理论,既不盲从各种教条,也不照搬外国理论,实现精神上的独立自主。要把文化自信融入全民族的精神气质与文化品格中,养成昂扬向上的风貌和理性平和的心态。"②

增强大学生的文化自信,培养自信自强的主体力量,就必须在理想信念上下功夫,不断增强大学生对中国特色社会主义的自信。"时代新人不仅要有高强本领才干和自主创新能力,更要有高尚道德品质和坚定文化自信。高校思政课通过科学分析世界、人生、价值的根本问题,旗帜鲜明地驳斥历史虚无主义、极端个人主义、狭隘功利主义等错误思

① 本报评论员:《着力加强对广大青年的政治引领 学习贯彻习近平总书记同团中央新一届领导班子成员集体谈话时的重要讲话精神系列评论之二》,《中国青年报》,2023年6月30日,第2版。
② 习近平:《在文化传承发展座谈会上的讲话》,人民网,http://cpc.people.com.cn/n1/2023/0831/c64094-40067929.html,2023年8月31日。

潮,引导大学生树立正确世界观、人生观、价值观,做社会主义核心价值观的坚定践行者。"①"政治上的坚定源于理论上的清醒。理想信念只有建立在对科学理论的理性认同上,建立在对历史规律的正确认识上,建立在对基本国情的准确把握上,才能虔诚而执着、至信而深厚。陈望道积极接触和宣传马克思主义理论,不仅成为首个中文全译本《共产党宣言》的翻译者,还参与创建了上海共产主义小组、上海社会主义青年团。蔡和森在赴法国勤工俭学期间翻译上百种介绍马列主义和俄国革命的书籍,系统提出了建党理论和建党原则,在团的一大上当选中央执行委员会委员。坚定理想信念,必先知之而后信之,信之而后行之。新时代中国青年做到理想远大、信念坚定,就要带头学习马克思主义理论,从内心深处厚植对党的信赖、对中国特色社会主义的信心、对马克思主义的信仰。"②

增强大学生的文化自信,培养自信自强的主体力量,就必须把习近平文化思想贯穿人才培养的全过程,做到宣传教育、示范引领和实践养成相统一,学之用之践行之。在宣传教育上,要以"中国梦"学习教育为重点,深入开展国家意识、社会责任意识和民族团结进步教育,让学生在宣传教育中感受"中国梦"的现实依据、坚实基础和未来目标理想;同时也要做好以生命意识教育为重点的安全教育,切实加强师生安全教育和风险防范教育,关注师生的心理健康,让师生在身心安全的环境下不断成长;以诚信建设为重点,加强社会公德、职业道德、家庭美德、个人品德教育,提升师生道德素养。通过举办专题报告、辅导讲座、图片展等形式,切实加强诚信教育;完善诚信激励和失信惩戒机制,特别是加大失信惩戒力度和诚信典型宣传,营造守信光荣、失信可耻的校园氛围。深化公民道德宣传日活动,开展道德模范进校园活动,改进道德讲堂进基层活动,形成崇德向善、礼让宽容的道德风尚。扎实开展身边的榜样学习活动,通过评选表彰先进典型,引导师生见贤思齐、争当先进。常态化开展社会公益和文明共建帮扶活动,把学校打造成社会主义精神文明的示范区和辐射源。

①　于文博,张小燕:《高校思政课增进大学生文化自信的三重逻辑》,《北京教育(德育)》,2024年第1期,第54—59页。

②　本报评论部:《理想远大、信念坚定(人民观点)——把青春播撒在民族复兴的征程上》,《人民日报》,2022年5月16日,第5版。

第四节　习近平文化思想指导高校思想政治理论课教学的着力点

一、着力加强党对思想政治理论课教学工作的领导

党政军民学、东西南北中,党是领导一切的,高校思想政治理论课教学也是如此,必须坚持党的领导。"新时代以来,在以习近平同志为核心的党中央坚强领导下,在习近平新时代中国特色社会主义思想特别是习近平文化思想科学指引下,我们着力解决意识形态领域党的领导弱化问题,推动新时代宣传思想文化事业取得历史性成就,意识形态领域形势发生全局性、根本性转变。中华优秀传统文化的风骨神韵、革命文化的刚健激越、社会主义先进文化的繁荣兴盛,在新时代的伟大实践中蓬勃展开,共同铸就了我们坚定文化自信的强大底气。实践充分证明,做好新时代新征程宣传思想文化工作、担负起新的文化使命,习近平文化思想既是强大思想武器,又是科学行动指南。"①

高校重视思想政治理论课教学,就必须把党的领导贯穿思想政治理论课教学的全过程、全环节。"各高校党委要全面统筹各领域、各环节、各方面的资源和力量,力戒形式主义、官僚主义,加强体制机制、项目布局、队伍建设、条件保障等方面的系统设计,定期分析高校思想政治领域情况,研究解决重大问题,协调推进重点任务落实,党委主要负责同志落实领导责任,分管领导落实直接责任。党委书记是思想政治工作第一责任人,校长和其他班子成员履行'党政同责、一岗双责'。高校领导班子成员要主动进课堂、进班级、进宿舍、进食堂、进社团、进讲座、进网络,深入一线联系学生。……发挥党支部战斗堡垒和党员先锋模范作用,优化支部设置,实施教师党支部书记'双带头人'培育工程,建强党支部书记队伍。严格党的组织生活各项制度,着重加强教师党支部和学生党支部建设、发展党员和党员教育管理工作。加强教师党支部与学生党支部共建,鼓励校企、校地党支部共同开展组织生活。落实党建带团建制度,做好推优入党工作。"②

---

① 本报评论部:《着力加强党对宣传思想文化工作的领导(人民观点)——坚持以习近平文化思想为引领不断开创宣传思想文化工作新局面》,《人民日报》,2024年1月18日,第6版。
② 教育部,中共中央组织部,中共中央宣传部,中共中央政法委员会,中央网络安全和信息化委员会办公室,财政部,人力资源社会保障部,共青团中央:《教育部等八部门关于加快构建高校思想政治工作体系的意见》,中国政府网,https://www.gov.cn/zhengce/zhengceku/2020-05/15/content_5511831.htm,2020年5月15日。

二、着力建设具有强大凝聚力和引领力的社会主义意识形态

意识形态工作是党的一项极端重要的工作,是为国家立心、为民族立魂的工作。高校作为大学生最密集的地方,是为未来社会主义建设培养接班人的地方,更应该重视意识形态工作。习近平总书记在党的二十大报告中指出:"'意识形态工作是为国家立心、为民族立魂的工作。'历史和现实反复证明,能否做好意识形态工作,'事关党的前途命运,事关国家长治久安,事关民族凝聚力和向心力'。中国特色社会主义高校肩负着培养社会主义事业建设者和接班人的历史使命,推动新时代高校意识形态工作高质量发展,事关中国特色社会主义高校的办学方向,事关建设现代化强国、实现中华民族伟大复兴的历史任务能否如期完成。"①

因此,作为高校必须牢牢把握意识形态工作领导权、主动权,把握好立德树人根本任务,把握好社会主义的办学方向,真正把意识形态工作贯穿始终,要聚"价值最大公约数",画"理想信念同心圆"。这就需要高校"全面抓好思政课课程设计、教学方法创新等环节,构建科研、教学、实践、观摩于一体的教学流程,形成独立的教学体系、专业化的教学活动,整体提升思政课建设质量和水平。结合专业课程教学内容实际,专业课教师要积极、主动将价值观教育与专业知识传授融合起来,找准育人角度,提升育人能力,明确思想政治教育的融入点、教学方法和载体途径,全面推进课程思政建设。发挥高校马克思主义学院作用,对专业课教师进行习近平新时代中国特色社会主义思想和形势政策专题辅导,提高专业课教师的马克思主义理论修养,培养一批课程思政教学名师和教学团队,实现专业课程与思政课同向同行,形成思政课程和课程思政交互融合、协同育人新局面"②。

三、着力培育和践行社会主义核心价值观

党的十八大以高度凝练的 24 个字阐述的社会主义核心价值观涵盖了国家价值目标、社会价值取向和公民价值准则三个层面的价值标准。在多层次构成的社会主义核心价值体系中,社会主义核心价值观居于核心地位,是社会主义核心价值体系基本内容的高度凝练和集中表达,体现社会主义核心价值体系的根本性质和基本特征,反映社会主义核心价值体系的丰富内涵和实践要求。社会主义核心价值观是中华民族长期积累形成的中华优秀传统文化的代表,是中华民族传承不息的血脉。"社会主义核心价值观所倡导的国家、社会和公民个人不同层次的价值追求,同中华民族伟大复兴中国梦的目标

① 靳文,刘昕:《新时代高校意识形态工作高质量建设研究》,《兰州文理学院学报(社会科学版)》,2023 年第 5 期,第 56—60 页。

② 李汉超:《找准高校意识形态工作着力点》,《共产党员(河北)》,2024 年第 2 期,第 40 页。

追求是一致的。党的二十大报告在谈到增强实现中华民族伟大复兴的精神力量的时候明确讲到了'社会主义核心价值观是凝聚人心、汇聚民力的强大力量'。一种文化之所以能够自信，就是因为站在人民主体的立场上，符合社会历史发展的规律和文化建设的规律，能够满足人民主体的需求和促进经济、政治、社会的良性发展。社会主义核心价值观明确提出了国家、社会、个人等不同层面的价值目标，这样的价值目标也是社会主义文化建设的价值追求，因此文化自信离不开核心价值观的自信。"①我们讲授思想政治理论课就是要让广大青年学子明确国家和民族以及个人的价值追求，能够继承和发扬中华优秀传统文化，更好地为社会主义建设服务。

思想政治理论课是立德树人的关键和核心课程，因此，讲好思想政治理论课，让社会主义核心价值观成为课堂教育的主渠道、主阵地就成为思想政治理论课教学的重要任务之一。要推进社会主义核心价值观融入思政课堂教学，做好"三进"工作。不断引导和教育广大学生认真思考做实做学问的道理，不断增强社会主义核心价值观的坚定信念。同时也需要围绕中华优秀传统文化来打造各种价值观的资源，尤其要重视思想政治理论课的教材编写工作，把能够反映社会主义核心价值观的内容反映在教材为核心的教学资源中，让学生熟知了解和学习。同时也要抓好宣传教育和教育实践，让学生在社会主义核心价值观的氛围中感受正能量，体验民族力量和中华优秀传统文化价值。要充分利用中华文化的优秀资源，让学生在参观、实践中感受中华优秀传统文化的魅力，培养自信自强的价值情操。

四、着力提升思想政治理论课的传播力、引导力、影响力、公信力

思想政治理论课是宣传习近平中国特色社会主义思想、社会主义意识形态、中华优秀传统文化等的主渠道、主阵地，课程教学要牢牢把握教育引导的主导权、话语权。"习近平总书记指出：'舆论导向正确，就能凝聚人心、汇聚力量，推动事业发展；舆论导向错误，就会动摇人心、瓦解斗志，危害党和人民事业。'站在新时代新起点上，面对新的使命任务，我们要坚持以正确舆论引导人，做到所有工作都有利于坚持中国共产党领导和我国社会主义制度，有利于推动改革发展，有利于增进全国各族人民团结，有利于维护社会和谐稳定。"②

同时也要充分利用现代多媒体技术，充分发挥多媒体技术在思政课教学中的作用。"随着互联网新媒体持续向现实社会生活嵌入，网络空间已经成为凝聚共识的新空间、汇

---

① 师东海：《在习近平文化思想指引下培育和践行社会主义核心价值观》，《前进》，2023 年第 10 期，第 17—22 页。

② 谢新洲等：《进一步壮大主流价值、主流舆论、主流文化》，《人民日报》，2024 年 1 月 19 日，第 9 版。

聚正能量的主阵地、打赢舆论斗争的最前沿。加强网上舆论阵地建设、壮大网上主流思想舆论是巩固壮大主流思想舆论的关键。要深刻认识媒体融合发展的重要性、长期性和系统性,加强全媒体传播体系建设,把握融合规律,提升传播质效,塑造主流舆论新格局。"①要不断创新弘扬新时代社会主义核心价值观的宣传载体,充分利用"互联网+"中华优秀传统文化教学模式,把中华优秀传统文化和互联网紧密结合,形成互动式、沉浸式、全景式的教育教学环境,不断提升广大学生的参与感、接受度,使中华优秀传统文化入脑入心,真正成为学生的身体力行的规范。

广大教师也要直面真问题,在纷繁复杂的国际形势中,正确面对来自国内外的疑问,不断增强马克思主义立场,用马克思主义的立场观点分析释义各种思潮,不断增强广大学生明辨是非的能力。教师应当"具有培养国际化视野学生的担当精神,培养能够坚持正确的政治方向,具有坚定的理想和信念,能够站在马克思主义立场上明辨是非,抵制各种错误和腐朽思想侵蚀,能够做好马克思主义理论、中国特色社会主义制度和党的宗旨的宣介工作,讲好中国故事,展现中国的进步力量,展现中华文明价值的新时代人才,把中国特色社会主义道路、理论、制度、文化的优势,把中国共产党为什么能、马克思主义为什么行、中国特色社会主义为什么好等问题讲透彻,消除误解和曲解,使更多的外国人了解并认同中国的发展理念和政治观念"②。在世界范围内让更多人从中华优秀传统文化和历史的厚度中理解中国叙事、听懂中国声音。

---

① 谢新洲等:《进一步壮大主流价值、主流舆论、主流文化》,《人民日报》,2024 年 1 月 19 日,第 9 版。

② 孔天舒,孔翊铭:《增强中华文明国际传播力的路径探析》,《山东社会科学》,2023 年第 12 期,第 133—139 页。

后　记

在中共河南省委宣传部、省社科规划办、郑州大学的大力支持帮助下,《中华优秀传统文化融入高校思政课教学研究》一书即将付梓。在此,我们衷心感谢中共河南省委宣传部王战营部长、河南省社科规划办公室侯红路主任和郑州大学出版社的鼎力相助。本书借鉴吸纳了一些专家学者的思想和观点,在此一并致谢!

《中华优秀传统文化融入高校思政课教学研究》是河南兴文化工程研究专项项目(2022XWHWT08)的研究成果。全书撰写分工如下:蒋笃运(郑州大学)拟定研究提纲并统稿;张雪琴(郑州轻工业大学)撰写第一章;谢梦菲(河南省教育资源保障中心)撰写第二章;张宗岱(郑州大学)撰写第三章;杜社娟(郑州大学)、李明(信阳师范大学)撰写第四章;杨韬(河南机电职业学院)撰写第五章;赵昕(郑州大学)撰写第六章;谢梦菲(河南省教育资源保障中心)、詹璐遥(河南开放大学)撰写第七章;谢梦菲(河南省教育资源保障中心)、蒋晓龙(中共罗山县委)撰写第八章;范如永(河南理工大学)撰写第九章。

由于我们水平有限,书中难免缺点错误,欢迎大家批评指正!

作　者

甲辰年仲夏